新编21世纪高等职业教育精品教材 ◆ 物流类

U0794831

智慧仓配运营

ZHIHUI CANGPEI YUNYING

主 编 方巍巍 黄正华 谢漫彬

中国人民大学出版社

·北京·

图书在版编目（CIP）数据

智慧仓配运营 / 方巍巍，黄正华，谢漫彬主编. 北京：中国人民大学出版社，2025.2. --（新编 21 世纪高等职业教育精品教材）. -- ISBN 978-7-300-33661-9

Ⅰ. F25-39

中国国家版本馆 CIP 数据核字第 2025Y9V109 号

新编 21 世纪高等职业教育精品教材 · 物流类

智慧仓配运营

主　编　方巍巍　黄正华　谢漫彬

Zhihui Cangpei Yunying

出版发行	中国人民大学出版社		
社　　址	北京中关村大街 31 号	邮政编码	100080
电　　话	010 - 62511242（总编室）		010 - 62511770（质管部）
	010 - 82501766（邮购部）		010 - 62514148（门市部）
	010 - 62515195（发行公司）		010 - 62515275（盗版举报）
网　　址	http://www.crup.com.cn		
经　　销	新华书店		
印　　刷	北京溢漾印刷有限公司		
开　　本	787 mm×1092 mm　1/16	版　　次	2025 年 2 月第 1 版
印　　张	15.5	印　　次	2025 年 2 月第 1 次印刷
字　　数	355 000	定　　价	42.00 元

版权所有　侵权必究　　　印装差错　负责调换

前　言

物流是国民经济的基础。党的二十大报告指出，构建优质高效的服务业新体系，推动现代服务业同先进制造业、现代农业深度融合。加快发展物联网，建设高效顺畅的流通体系，降低物流成本。党的二十届三中全会通过了《中共中央关于进一步全面深化改革推进中国式现代化的决定》，明确提出要“完善流通体制，加快发展物联网，健全一体衔接的流通规则和标准，降低全社会物流成本”，充分体现了国家对物流行业发展的重视。进入 21 世纪，我国物流行业总体规模快速增长，面临前所未有的发展机遇。特别是随着数字经济的飞速发展，诸多数字化技术应用开始与物流产业相结合，智慧物流应运而生。智慧物流有利于推动社会各环节流程再造，促进业态模式创新，帮助提高物流效率，节省物流成本；能够为以国内大循环为主体、国内国际双循环相互促进的新发展格局提供强力支撑。

智慧仓储和配送作为智慧物流系统中的重要环节，涉及物流管理和技术等诸多学科领域，对保障社会再生产的顺利进行起着非常重要的作用。目前我国很多仓配运营企业秉承现代的理念，执行传统的运营方法。虽然一些企业在设施设备的建设上有了较大的发展，如自动化立体仓库在医药、电商等领域已经开始广泛应用，从业人员的专业水平和服务意识也在不断提高，但是总体水平仍然偏低，效率和效益不均衡。要实现传统仓配运营向智慧仓配运营的转变，除硬件设备上的改善外，企业还必须有高端技能型仓配运营管理人才。

为了适应物流管理专业学生的学习需要，本教材以高职院校物流管理专业课程教学的基本要求为依据，以培养高端技能型人才的综合职业能力为目标，结合物流企业物流管理的现状、仓配运营企业的特点、仓配运营企业相关工作岗位内容和技能要求，融入本学科领域的最新研究成果，力争内容具有前沿性，呈现方式多样，富有启发性。

根据不同类型仓配运营企业的特点，结合学生认知能力变化和知识学习递进规律，本教材共设 8 个项目，具体为智慧仓储认知、智慧仓储设施设备、智慧仓储作业、智慧仓储库存控制管理、智慧仓储运营管理、智慧配送、智慧配送中心、智慧配送商务管理，每个项目下设 2～4 个任务。

本教材由义务工商职业技术学院的方巍巍和黄正华、广州华南商贸职业学院的谢漫彬担任主编。具体编写分工为：方巍巍编写项目一至项目五、黄正华编写项目六至八、谢漫彬负责案例和资料收集工作。在本教材的编写过程中，编者参阅了大量资料、著作，在此特向有关作者表示衷心的感谢。由于编者水平有限，书中难免存在不妥和疏漏之处，敬请广大读者批评指正。

编者

目　录

项目一
智慧仓储认知

学习目标

※ 知识目标

1. 明确智慧仓储的概念
2. 了解仓储的功能和分类
3. 掌握仓储管理的概念和智慧仓储管理的基本内容

※ 能力目标

1. 能解释智慧仓储的概念
2. 能分析判断仓库的类别、作用和特点
3. 能简要分析企业仓储管理的工作内容

※ 素养目标

1. 培养专业知识和责任心，以适应智慧物流的发展
2. 有社会担当，立志成为社会急需的物流人才

案例引入

浙江义乌是一个闻名世界的商贸名城，小商品经济十分发达，商业流通的发展带动了物流行业的飞速发展。目前，义乌已形成以快递、货运、仓储等为主要内容的物流体系。根据相关数据统计，义乌全市现有货运物流企业千余家。

庞大的仓储业务量对仓储管理水平提出了很高的要求，越来越多的企业开始提高仓储智慧化水平。它们借助各种先进的仓储管理技术来提升物流服务水平和仓储设施供给能力，满足区域日趋庞大的仓储服务需求，降低物流商务成本。

智慧仓储已经成为现代物流的一个重要组成部分，在物流系统中起着至关重要的作用。仓储对优化区域投资环境、增强区域综合竞争力具有重要的意义。那么仓储对经济发展和物流行业的发展发挥了哪些作用？不同类型的仓储拥有哪些功能？仓储管理水平的高低会对企业效率产生哪些影响？

任务一　智慧仓储概述

情境导入

物流效率的高低决定企业的竞争力和利润增长情况。仓储是现代物流产业链中不可或缺的一环，高效合理的仓储可以帮助企业加快商品流动速度、降低成本、保障交易的顺利进行，并实现对资源的有效控制和管理。近年来，信息化、物联网、射频识别等技术在物流行业中被不断运用，智慧物流开始在我国普及。如何运用先进物流技术帮助物流企业以最低的成本提供高质、高效的仓储服务，成为各大物流企业关注的重点。仓储的概念、功能和分类等，已成为仓储企业员工必须了解和掌握的知识。

任务分解

1. 了解智慧仓储的概念
2. 理解仓储的功能和分类

素养园地

大数据、智能机器人等技术和设备促进物流行业快速发展，新时代的物流人才只有具备创新理念和能力，具有爱岗敬业、责任心强、专业性强的品质，才能适应行业的发展，促进物流模式的革新。

知识准备

一、智慧仓储的概念

仓储是指利用仓库存放、储存和保管未使用物品的行为。仓是指仓库，即存放物品的建筑物或场地，它既可以是传统意义上的房屋建筑，也可以是一些大型容器、洞穴或者特定的场地等，具有存放和保护物品的功能；储表示收存以备用，有收存、保管、交付使用的含义。

智慧仓储是在传统仓储的基础上，对仓储的设施、存储的管理系统、行为规范和标准等进行科学的设计和改进，利用信息化、物联网和机电一体化等现代化智能技术和设备构建统一的仓储网络，实现仓储的自动化和智能化，降低仓储成本，提高运营效率，提升仓储管理水平。

与传统仓储相比，智慧仓储的作用可以概括为降本和增效两方面。在降本方面，传统仓储行业是典型的劳动密集型行业，存在重复性较强、体力劳动较多、工作环境较差、回报率较低等问题；而在智慧仓储中，大量智能机械的应用可以帮助企业节约人力成本，提高作业效率。在增效方面，自动化控制、智能仓储机器人、大数据、射频识别等技术和设备的应用，使智慧仓储的仓储、装卸、搬运、分拣、配送等环节作业效率和管理水平得到了有效提升。

二、智慧仓储发展背景

（一）物流总额提升，对物流效率和产业技术升级提出了迫切要求

物流是企业生产的前提，是企业运作的保证。近 10 年来，我国物流行业的总需求稳步提升，2023 年全国社会物流总费用达 352.4 万亿元，同比增长 5.2%。物流成本在经济增长和企业成本中占到的比率越来越高。人们开始越来越重视物流这一“第三利润源泉”。提升物流效率、推动物流总费用占 GDP 比例下降，智能仓储物流是很好的突破口，因此需要建立高效智能的物流系统。

（二）行业深度融合，是国民经济发展的必然要求

制造业与物流业的深度融合是我国长期以来重点支持的方向，近年来物流业开始与制造和电商等进行深度融合，我国制造业开始向智能制造方向发展，对自动化率、全产业链协同、生产柔性化程度提出了更高的要求，对配套物流的要求也随之提升。因此物流业的智能化将成为制造业向高端、智能方向升级的重要基础。

电商行业的飞速发展，离不开强大物流体系的支撑。物流企业为满足电子商务分布式、多样化、个性化、经济性、高品质等诸多需求，借助智慧物流将偏远地区、三四线城市等地区的电子商务体系和物流服务体系进一步完善加强。农村电商物流体系、西部地区物流体系和生鲜冷链电商物流体系也都依靠智慧物流得到了较快的发展。

三、智慧仓储的特点

（一）仓储业务的自动化和智能化

智慧仓储物流技术采用自动化设备和系统，实现物料搬运、仓储、分拣等操作的自动化。使用机器人、自动导引车、自动货架等设备可以减少人工干预，提高操作效率和准确性。

（二）仓储决策的自动化

智慧仓储物流技术通过传感器、物联网和大数据，实现对仓库内物料、设备和作业过程的实时监控。通过可视化的界面和数据分析，管理人员可以随时了解库存情况、工作进度和异常情况，进行及时调整和决策；通过分析仓储数据和建立模型，系统能够实现异常报警和预测分析，可以提前预警设备故障、库存不足等问题，帮助企业及时采取措施，减少损失和降低风险。

（三）仓储的灵活性和适应性强

智慧仓储物流技术具有较强的灵活性和适应性，它可以适应不同需求和变化的市场环境，能够根据实际情况进行动态调整和优化。例如，智慧仓储物流技术能够根据物料运输需求和任务优先级，进行智能调度和路径规划。通过算法和规则，智慧仓储物流技术可以优化货物的路径选择、搬运顺序，最大限度地提高操作效率，减少运输时间和降低成本。

四、仓储的功能

视频

仓储的功能

仓储的功能一般分为基本功能和增值服务功能两部分。基本功能是指仓储企业为了满足市场的基本储存需求所提供的储存保管、存期控制、数量管理和质量维护等服务。仓储企业通过提供基本功能获得利益，体现了仓储的基本价值。随着市场竞争的加剧，仓储企业为了获得竞争优势，会提供更多的服务来提高仓储附加值，以促进商品流通，由此产生了仓储的增值服务功能。增值服务功能是指仓储企业通过提供高质量的作业和服务，使服务对象获取额外的利益，主要包括交易中介、流通加工、配送、配载等功能。

（一）基本功能

1. 储存保管

储存保管是仓储最基本的功能之一，是指人们把生产出来的各种商品存放保管起来，保证商品价值不受损害。储存保管不仅能提供存货缓冲，还能使生产活动在受到材料来源和顾客需求限制的条件下提高效率。

2. 存期控制

仓储的第二个基本功能是存期控制，是指通过仓储对市场流通进行控制。同学们应该都听说过囤积居奇，即商人在预见自己手中的商品要涨价的时候，把商品储存起来，等到价格高了再卖出去；如果预见某种商品要大跌，他们则会快速清仓，把剩余的商品低价出售以收回成本。这实际上就体现了仓储的存期控制功能，无论是长期储存，还是短期周转，均通过仓储来调节，从而控制商品在市场上的流通。

3. 数量管理

仓储的数量管理包括两个方面的内容：一方面，存货人交付保管的仓储物数量和提取仓储物数量必须一致；另一方面，保管人可以按照存货人的要求分批收货或分批出货，对储存的商品进行数量控制。例如，客户把商品存放在仓库中，有时候是一次性全部提取，有时候是分批提取，每次提取的数量不一致，这就要求保管人对每次提取的商品数量仔细进行清点，防止发生错误，并且及时把清点库存的信息反映给客户。

4. 质量维护

对于存放在仓库里的商品，仓储企业必须保证其完整性和质量不受损害。仓储企业要根据商品的不同特性，采取不同的保管措施。例如，玻璃等易碎品必须轻拿轻放，不能放在高位。

（二）增值服务功能

1. 交易中介

仓储企业经营人利用自身与商品使用部门广泛的业务联系，开展现货交易中介业务，帮助存货人销售仓储商品。这一业务既可以加速仓储商品的周转、增加仓储企业的收益，也可以使仓储企业增加新业务。

2. 流通加工

仓储企业可以通过帮助存货人对商品进行简单的制造、加工活动来获得利润。加工原是生产环节的任务，但随着消费的个性化、多元化发展，许多企业将产品的定型、分装、组配、贴商标等工序留到仓储环节进行。流通加工可以缩短生产时间、节约材料、提高成品率，保证供货质量和更好地为消费者服务。例如：一家汽车电池制造商把未做标志的产品装运到仓库中，并向仓库的工作人员提供相关的商标牌号及待印图案。一旦接到客户订单，且订单上要求使用特定的标志，仓库的工作人员就会把特定的标志印制到电池上，然后用定制的盒子将产品包装起来。进入仓库的产品是无区别的，但是顾客接收到的却是定制的产品和包装，这中间的加工活动就是仓库的工作人员提供的增值服务。

3. 配送

目前，越来越多的仓储企业为客户提供一站式的仓储配送服务，配送开始成为仓储行业的一项基本增值服务。仓库可以根据客户生产和销售的需要，将生产和销售需要使用的商品、原材料或零部件小批量、多批次地送达客户指定地点或收货人手中，帮助企业降低库存和运输成本，实现准时制生产。

4. 配载

仓库把零担配成整车或整箱，把运输沿线的货物或同一目的地的货物集中起来发送。配载使仓库拥有整合的经济功能，可以提高车辆利用率和满载率，有效降低货物的运输成本。

视频

仓储的分类

五、仓储的分类

仓储活动的本质是对商品进行储存和保管，仓储活动以保管活动为中心。物流系统中存在各种各样的仓储活动，这些仓储活动的服务范围和服务对象都有着比较大的差异。根据运作主体、仓储功能、仓储处理方式的不同，可以将仓储分为不同的类别。

（一）按运作主体划分

1. 企业自营仓储

企业自营仓储是指某个企业自己建立仓库，自己管理，进行仓储活动。这类仓储初期投资较大，但以后的日常运行成本很低。自营仓储适用于组织实力强、市场潜力大的企业。企业自营仓储具有固定的规模、位置和技术水平，这使得这类仓储缺乏一定的柔性，对市场需求变化的适应速度较慢。

2. 公共仓储

公共仓储是指企业租用不属于本企业的仓库或一定数量的库位，以满足自己的仓储需要，并支付相应的租金。使用公共仓储的最大优点是可以节省资金的投入，减小企业在资金方面的压力。企业可以减少在土地购买、仓库建设和仓库作业设备方面的投资，降低仓库初期的运行成本，缩减雇用、培训仓库管理人员的开支等。

3. 战略储备仓储

战略储备仓储是国家根据国防安全、社会稳定的需要，对战略物资实行战略储备而形成的仓储。战略储备由国家进行控制，通过立法、行政命令的方式进行。战略储备特别重视储备品的安全性，且储备的时间较长。战略储备物资主要有粮食、石油、有色金属、淡水等。

自营仓储由于固定投资大、对库存的控制能力比较强、专用性较好，因此适合性能较为独特、对仓储环境要求较高，且库存周转量大、需求较为稳定的企业。相反，如果某种商品对仓储环境的要求和普通商品相同，而且库存周转量小，或者需求量波动剧烈，企业就可以使用公共仓储，以增强物流系统的灵活性。

（二）按仓储功能划分

1. 物流中心仓储

物流中心仓储是指以物流管理为目的的仓储活动，是为了有效实现物流的空间与时间价值，对物流的过程、数量、方向进行调节和控制的重要环节。物流中心一般设在经济发达地区的中心，交通便利，企业储存成本较低。

2. 配送仓储

配送仓储也称配送中心仓储，是指商品在配送交付消费者之前进行的短期仓储，是商品在销售或者生产、使用前的最后储存环节，在该环节还要进行销售或使用前的简单加工与包装等前期处理。配送仓储商品品种繁多、批量少，在仓储实践中，往往需要进行拆包、分拣、组配等作业，主要目的是支持销售。配送仓储注重对商品存量的控制。

3. 运输转换仓储

运输转换仓储是指衔接铁路、公路、水路等不同运输方式的仓储，一般设置在不同运输方式的相接处，如在港口、车站库场所进行的仓储。这种仓储是为了保证不同运输方式的高效衔接，减少商品的装卸和停留时间。运输转换仓储具有大进大出的特点，商品存期短，周转率高。

4. 保税仓储

保税仓储是指存货人使用海关核准的保税仓库存放保税商品的仓储行为。保税仓储会涉及保税仓库的使用。保税仓库是指为满足国际贸易的需要，设置在一国国土之上，在海关关境以外的仓库。保税商品主要是指暂时进境后还需要复运出境的商品，或者海关批准暂缓纳税的进口商品。保税仓储受到海关的直接监控，一般位于进出境口岸附近。

（三）按仓储处理方式划分

1. 保管仓储

保管仓储是指仓库储存存货人交付的商品，存货人支付仓储费用的仓储方式。

2. 加工仓储

加工仓储是指承担储存与加工双重职能的仓储方式。对某些必须进行加工整理后才可发运的商品，企业可以设加工专用仓库，对商品进行挑选、整理、加工、包装，然后出运，如农副产品等的加工仓储。

3. 消费仓储

消费仓储是指存货人不仅将一定数量、品质的商品交付仓储企业储存保管，而且与其相互约定，将商品的所有权也转移给仓储企业，在合同期届满时，仓储企业将相同种类、相同品质、相同数量的替代品返还给存货人的仓储方式。

任务二 智慧仓储管理

情境导入

仓储是一项复杂的服务作业，涉及场地安排、设备和人员配置、作业流程设置、信息传递和成本管理等多个方面。如果想做好仓储工作，就必须对仓储服务进行计划、组织、控制和协调。如何根据不同企业的特点合理规划、管理仓储作业，成为现代仓储的重点。

任务分解

1. 了解仓储管理的概念
2. 掌握智慧仓储管理的基本内容

素养园地

智慧仓储管理包含仓库建设、智能设备配置、仓储流程设计、机构设置等大量内容，要求从业人员是复合型人才。希望同学们通过学习智慧仓储管理的内容，培养职业自豪感和认同感。

知识准备

一、仓储管理的概念

仓储管理是指对仓库和仓库中储存的商品进行管理。这种对仓库和仓库储存商品的管理工作，是仓储企业为了充分利用所拥有的仓储资源提供高效的仓储服务所进行的计划、组织、控制和协调活动。仓储管理的基本任务就是满足客户需求，科学合理地做好仓库规划建设、商品入库、商品保管养护和出库等工作，为客户创造价值。在智慧仓储中，仓储企业可以借用仓库内各类智能设备收集的海量数据进行实时分析和精准预测，帮助企业更好进行仓储管理。

仓储是连接供应方和需求方的桥梁。从供应方的角度来看，仓储包含有效率的流通加工、库存管理、运输和配送等活动。从需求方的角度来看，仓储必须以最大的灵活性和及时性来满足各类顾客的需要。因此，对于企业来说，仓储管理的意义重大。在新经济、新竞争形势下，企业在注重效益、不断挖掘与开发自己的竞争能力的同时，已经越来越注意到仓储合理管理的重要性。精准的仓储管理能够有效控制、降低流通和库存成本，是企业保持优势的关键助力与保证。

随着现代物流商品逐渐多样化、技术设备不断更新和储存技术的不断变化，仓储管理也在不停地发展，主要经历了简单仓储管理、复杂仓储管理和智慧仓储管理三个阶段（见表 1－1）。

表 1－1　仓储管理的发展阶段

简单仓储管理	复杂仓储管理	智慧仓储管理
（1）由于生产力水平低下，库存商品数量和品种较少 （2）仓库结构简单、设备简陋 （3）仓储管理工作比较简单，工作人员主要负责商品出入库的计量及看管工作	（1）机器生产替代手工生产之后，库存商品数量增多、品种复杂、性质各异 （2）社会分工越来越细，使仓库职能发生变化，仓库不再只是储存和保管商品，还增添了分类、挑选、整理、加工和包装等功能	（1）信息技术、大数据、智能设备的应用，使仓储管理发生了巨大变化，智能控制、自动分拣、机器人等技术在仓储中获得广泛运用 （2）工作人员更加专业，仓储管理更加科学和智能

二、智慧仓储管理的基本内容

视频

智慧仓储管理的基本内容

（一）仓库选址与建设

仓库选址是指在一个具有若干供应点及若干需求点的经济区域内，选一个地址建立仓库的规划过程。合理的选址方案应该使商品通过仓库的汇集、中转、分发后达到需求点的全过程的效益尽可能最大化。因为仓库的建筑物及设备投资很大，所以企业选址时要慎重，如果选址不当，所造成的损失往往不可弥补。

（二）仓库设备选择与配置

智慧仓储除了拥有传统仓储中的叉车、货架、托盘和各种辅助设备，还需要配置 WCS、WMS、AGV、KIVA 等智能化的软、硬件设备。企业恰当地选择适用于不同作业类型的软、硬件设备，将大大降低仓库作业中的人工作业劳动量，提高商品流通的顺畅性，保障商品在流通过程中的质量。

（三）仓储作业管理

仓储作业包括入库、堆存、保管、出库、检验和理货等，是仓储管理日常所面对的基本管理内容。仓储作业的组织应该遵循高效、低耗的原则，充分利用合理的设备、先进的保管技术和有效的管理手段，实现仓储快进、快出，提高仓储利用率，降低成本，不发生差、损、错事故，保持连续、稳定的作业。

（四）仓储库存控制

仓储库存控制是对商品以及其他资源进行管理和控制，使储备保持在经济合理的水平上。库存控制是仓储管理的一个重要组成部分。它是在满足客户服务要求的前提下，通过对企业的库存水平进行控制，尽可能地降低库存水平，以提高物流系统的效率、提升企业的市场竞争力。

（五）仓储管理机构设置

仓储管理机构是开展有效仓储管理的基本条件，是一切管理活动的保证和依托。仓储管理机构需要围绕仓储经营的目标来设置。仓储管理机构应结构简单、分工明确，各环节互相合作、相互促进。

（六）仓储商务活动开展

仓储商务活动主要是仓储对外的经济联系活动，包括市场定位、市场营销、客户服务、纠纷处理等。仓储商务活动是仓储经营和发展过程中的关键工作，是经营收入和仓储资源充分利用的保证，其目的是实现仓储企业利润最大化。

（七）仓储信息技术应用

信息技术是智慧仓储管理的重要内容，仓储管理信息系统、射频识别、EDI 等信息和管理技术的应用既是智慧仓储区别于传统仓储的主要特点，也是智慧仓储高效、准确、及时的前提条件。

（八）仓储综合成本控制

成本控制是企业管理的重要工作内容，仓储管理也不例外。仓储的综合成本控制不但要考虑库房内仓储运作过程中各环节的协调关系，还要考虑物流过程各功能间的背反效应，以平衡局部利益和总体利益最大化的关系。选择恰当的成本控制方法和手段，对仓储过程中每一个环节的作业表现和成本加以控制是实现仓储管理目标的要求。

三、仓储管理的特点和原则

（一）仓储管理的特点

仓储管理的特点是由仓储管理的内容所决定的。随着社会的发展和科学技术的进步，仓储管理呈现出经济性、技术性和综合性的特点。

1. 经济性

仓储活动是社会化大生产的重要组成部分，并且仓储活动也是生产性的，具有生产力三要素，即劳动力、劳动工具和劳动对象。和其他物质生产活动一样，仓储活动创造商品价值，并且随着仓储活动内容的增加，实现商品价值的范围也在逐渐扩大，如延迟生产、再包装等作业过程在仓储过程中完成。

2. 技术性

随着科学技术的进步，智慧仓储管理中应用了大量的信息技术，仓储作业机械化程度也不断提高，这对仓储管理提出了更高的要求。在现代化的仓储管理中，仓储作业的机械化、仓储管理的信息化已是发展趋势，各种新技术得以运用，这些都充分体现了仓储管理技术性的特点。

3. 综合性

仓储管理是社会经济中一个不可缺少的部分，是各生产企业保持正常生产的重要环节，是调节社会需求的重要手段。在整个仓储管理过程中，仓储企业要综合利用各学科理论，进行商品管理和库存控制，保证商品的正常生产和流通，降低成本。智慧仓储管理包括新技术、新设备、新管理理念与方法，涉及的行业十分广泛，因此仓储管理具有综合性的特点。

（二）仓储管理的原则

1. 效率原则

效率是在一定劳动要素投入量时的产品产出量。只有较少的劳动要素投入量和较多的产品产出量才能称为高效率。高效率就意味着劳动产出大，劳动要素利用率高。高效率是现代生产的基本要求。仓储的效率表现在仓容利用率、商品周转率、进出库时间、装卸车时间等指标上。高效率仓储表现为快进、快出、多存储、保管好。

仓储生产管理的核心就是效率管理，实现以最少劳动量的投入，获得最多的产出。劳动量的投入包括生产工具、劳动力的数量以及它们的作业时间和使用时间。效率是其他仓储管理活动的基础，如果没有仓储效率，就不会有经营效益，企业就无法开展优质的服务。高效率的实现是管理艺术的体现——管理人员通过准确核算、科学组织、妥善安排场所和空间，使机械设备与人员合理配合，部门与部门、人员与人员、设备与设备、人员与设备之间默契配合，保证作业过程有条不紊地进行。

高效率仓储还需要管理过程规范化，具体包括规范化的现场的组织，标准化、制度化的操作管理，严格的质量责任制的约束机制。若现场作业混乱、操作随意、作业质量差甚至出现作业事故，显然就不可能有高效率。

2. 经济效益原则

企业生产经营的目的是获得最大化利润，这是经济学的基本假设条件，也是社会现实的反映。利润是经济效益的表现，而实现利润最大化则需要做到经营收入最大化和经营成本最小化。

仓储企业经营也有追求利润最大化的动机。作为参与市场经济活动主体之一的仓储企业应围绕获得最大经济效益的目的进行组织和经营。同时，仓储企业需要承担部分社会责任，履行环境保护、维护社会安定、满足社会不断增长的需要等社会义务，实现社会效益。

3. 服务原则

仓储活动本身就是向社会提供服务产品，服务是贯穿在仓储活动中的一条主线，仓储的定位、具体操作、对储存商品的控制等，都围绕服务进行。仓储管理是围绕服务定位，即围绕如何提供服务、改善服务、提高服务质量开展的工作，包括直接的服务管理和以服务为原则的生产管理。

仓储服务水平与仓储经营成本有着密切的相关性，两者相互对立。服务好，成本就高，收费也高。仓储管理就是为在降低成本和提高服务水平之间保持平衡而进行的工作。仓储企业进行服务定位的策略一般是：进入或者引起竞争时期采用高服务、低价格且不惜增加仓储成本的策略；积极竞争时期采用较低的成本以提供较高的仓储服务的策略；稳定竞争时期采用提高服务水平，维持成本不变的策略；已占有足够的市场份额、处于垄断竞争时期采用服务水平不变，尽力降低成本的策略；退出或完全垄断时期采用大幅降低成本，同时降低服务水平的策略。

四、仓储管理在物流中的作用

从某种意义上讲，仓储管理在物流管理中占据核心地位，已成为供应链管理的核心环节。这是因为仓储总是承接物流各环节的活动，如采购与生产之间、生产的初加工与精加工之间、生产与销售之间、批发与零售之间、不同运输方式转换之间。物流各环节之间往往存在不均衡性，仓储正是解决这种不均衡性的手段。仓储环节汇集上下游流程中的所有矛盾。企业通过仓储管理，可以实现物流过程的整合。仓储在物流中的作用包括以下七种。

（一）仓储是物流过程中的重要环节

物流过程主要包括运输和仓储两种运作方式，运输和仓储用“移动”和“静止”来实现“供给”与“需求”之间的衔接。运输是靠商品的位置移动来实现其价值的功能，而传统的仓储是靠改变商品的出售时间来实现其增加价值的功能。现代仓储是指商品在流通过程中处于停歇或静止状态的物流形式。

（二）仓储可保证社会再生产过程顺利进行

仓储过程不仅是商品流通的必要保证，也是社会再生产过程得以顺利进行的必要条件。商品的生产过程需要原材料、零件、配件的准备和供给，如果商品生产的链条中缺少了仓储过程，生产就难以实现，商品的再生产过程就会停止。

（三）仓储可优化商品流通，节约流通费用

物流过程中的仓储环节是商品流通网络中的一个节点。仓储作业可以使商品顺畅流通，加快商品流通的速度，降低商品流通的总体成本。通过储存、分拣等过程，仓储使商品流通过程中的单位商品流通距离缩短、时间减少，从而降低商品流通的综合成本。

（四）仓储可保证商品再流通过程中的质量

企业通过仓储环节，对流通商品进行检验，加强商品进入市场前的质量检查工作，可以最大限度地防止不合格商品流入市场。因此，做好商品进出库的检验工作，并管理好商品的在库质量，是仓储管理的重要任务。

（五）仓储可为商品进入市场做好准备

在仓储作业环节，仓储企业可以进行商品的整理、包装、质检、分拣、贴标签、再加工等工作。在销售末端环节运营成本越来越高的情况下，尽可能地利用仓库集中作业的低成本和有效性，可以为下一个流通环节提供方便，创造价值。

（六）仓储可为生产提供方便

在仓储环节完成部分生产活动，可以达到降低生产成本或储存成本的目的，以快速应对客户对商品的特殊要求，并减少生产和存货的品种与数量。

（七）仓储可为逆向物流提供场所

一般意义的仓储为商品从原材料到产成品的流通过程提供场所，而现代商品流通向着可持续发展的方向发展，商品的包装物及其使用后的回收引起了人们的注意。商品流通对逆向物流提出了新的要求，仓库也是逆向物流中必不可少的通道和场所。

任务三　智慧仓储的典型应用

情境导入

某家具行业的一线领先品牌致力于为客户提供舒适的家居解决方案。近几年，随着电商平台订单的增多，家具产品出入库相较以往更加频繁。如何使仓储环节的工作周期缩短，满足家具企业流程化生产制造和消费市场的需求成为亟待解决的问题。在经过深思熟虑后，该品牌决定对仓储进行智能化改造：一是企业结合自身仓储管理情况，制定完善的智慧仓储管理实施方案，引入智慧仓储管理系统，实时监测仓库；二是企业从智慧仓储管理工作需要出发，制定各项出入库规章制度，对每一项操作流程的要求进行细化完善，从而实现对智慧仓储系统的充分利用；三是企业借助射频识别、穿梭车、AGV等智能技术、设备，解决生产线节奏慢、仓储空间利用率低、人工成本高、设备要求高等问题。

任务分解

了解无人仓和智慧云仓的应用

素养园地

感受国产物流设备和技术的发展，激发专业自豪感、民族自豪感，培养创新能力。

知识准备

一、无人仓

（一）无人仓的概念

无人仓（见图1－1）是现代信息技术和智能设备应用在仓储领域的创新，实现了货物从入库、上架、拣选、补货，到包装、检验、出库等物流作业流程的智能化和无人化。

图1－1　无人仓

无人仓具备自主识别货物、追踪货物流动、自主指挥设备执行生产任务、不需要人工干预等条件。无人仓会针对仓库内无数传感器感知的海量数据进行分析，精准预测仓库内作业情况，自主协调智能设备运转，并根据任务执行反馈的信息及时调整策略，形成对仓库作业的闭环控制。它具备智能感知、实时分析、精准预测、自主决策、自动控制、自主学习的特征。

（二）无人仓的主要构成

1. 硬件

针对存储、搬运、拣选、包装等不同环节，无人仓中有各种自动化物流设备：典型的存储设备有自动化立体仓库等，典型的搬运设备有输送线、AGV、穿梭车、KIVA、无人叉车等，典型的拣选设备有机械臂、分拣机等，典型的包装设备有自动包装机、自动贴标机等。

2. 软件

仓库控制系统（WCS）是一个硬件管理系统，用于控制仓库内的机器设备，如输送带、自动化货架、AGV、机械臂等。WCS 与 WMS 集成，通过与 WMS 进行数据交换，实现对仓库内设备的控制和优化。

WCS 的主要功能包括：（1）设备控制，即对仓库内的机器设备进行控制，包括输送带、自动化货架、机器人等；（2）任务分配，即根据 WMS 的指令，对机器设备进行任务分配，以实现高效的物流运转；（3）故障处理，即对机器设备进行故障检测和处理，以保证设备的正常运转。

仓库管理系统（WMS）是一个软件管理系统，用于执行库存管理、货物流转、订单处理等任务。WMS 可以帮助仓储企业更好地掌控仓库内的物流和库存，提高仓库的运营效率和准确性。

WMS 的主要功能包括：（1）库存管理，即实时监控仓库内的库存情况，包括货物的数量、位置、状态等信息；（2）订单处理，即自动处理订单，包括订单的接收、分配、拣选、打包、发货等过程；（3）货物流转，即跟踪货物在仓库内的流转路径，包括货物的入库、出库、转移等过程；（4）数据分析，即对仓库内的数据进行分析，包括库存周转率、货物流转效率、订单处理效率等指标。

WCS 和 WMS 是仓库管理过程中的两个重要组成部分，它们之间有着密切的关系。WCS 负责控制仓库内的机器设备，以实现高效的库存运转，WMS 负责管理仓库内的库存和订单。WCS 和 WMS 协同工作可以实现对仓库内物流和设备的高效管理，优化仓库的运营效率和准确性，提高仓库的管理水平。

（三）无人仓主要应用领域

（1）在劳动密集型且生产波动比较明显的行业，如电商行业的仓储企业（对物流时效性要求很高，企业用工成本高）采用无人仓，能够有效提高仓储效率，降低企业成本。

（2）在劳动强度比较大或劳动环境恶劣的行业，如化工企业引入无人仓，能够有效降低操作风险，提高作业安全性。

（3）在物流用地成本相对较高的企业，如城市中心地带的快消品批发中心采用无人仓，能够有效提高土地利用率，降低仓储成本。

（4）在作业流程标准化程度较高的行业，如烟草、汽配行业采用无人仓，使标准化的商品生产流程更易于衔接标准化的仓储作业流程，实现自动化作业。

（5）在管理精细化要求比较高的行业，如医药行业采用无人仓，可以实现更加精准的库存管理。

二、智慧云仓

（一）智慧云仓的概念

智慧云仓是一种基于大数据平台的仓库储存，它将云计算和传统的仓储业务相结合，利用云计算的高效、弹性、可扩展等特点，根据大量具体的数据计算分析，为仓储企业和客户提供灵活、高效的仓储服务。它是指通过互联网技术使仓储服务数字化、智能化、共享化的一种新型仓储物流服务模式。

传统的仓储业务通常需要大量的固定资产投入，如仓库、设备等，并且业务需求会季节性和波动性变化，导致资源利用率低下。智慧云仓的出现让这些问题得到解决。智慧云仓基于云仓储的物流体系，让传统物流模式发生颠覆式的变化，物流企业不再是一个个独立的个体，它们会通过“云”的形式被连接起来，让社会资源最大化整合，让订单形成规模、货物形成规模、配送形成规模，最终达成规模经济。

（二）智慧云仓的类型

目前智慧云仓主要有三种类型，分别是物流快递类智慧云仓、电商平台类智慧云仓、第三方智慧云仓。

1. 物流快递类智慧云仓

物流快递类智慧云仓具备规模大、自动化程度高、运营能力强、订单响应速度快、履行能力强等功能，其布局采用全网协同的形式。目前国内大型快递公司都已筹建自己的智慧云仓，如中通云仓、百世云仓、顺丰云仓等。此类智慧云仓的优势是价格低、揽收及时、库内操作费低，整体性价比高。

2. 电商平台类智慧云仓

电商平台类智慧云仓一般由大型电商平台建立，如阿里巴巴、京东等。电商卖家可以将自己的商品存放在电商平台的智慧云仓中，当客户下单后，他们只需要将订单推送到平台智慧云仓的 WMS 系统中，智慧云仓会根据相关数据进行分析，协同多地仓储，选择最合适的方式进行货物的分拣、打包、发货、配送等。此类智慧云仓的优势是会根据数据处理库存，有很强的自动化订单履行能力，主动以货主为单位对库存分布自动进行优化。

3. 第三方智慧云仓

对于很多中小电商企业来说，电商平台类智慧云仓的成本较高，服务标准化要求严格，它们难以适应。第三方智慧云仓的出现很好地解决了这一问题，它们深耕于电商供应链领域，以仓库为基地，为电商商家提供灵活多样的服务。此类智慧云仓的优势是灵敏性强，能够针对不同的商品业务类型提供不同的服务。

项目小结

本项目首先介绍了智慧仓储的概念、仓储的功能和分类；接着介绍了仓储管理的概念与智慧仓储管理的基本内容、仓储管理的特点和原则、仓储管理在物流中的作用；最后介绍了无人仓和智慧云仓。通过本项目的学习，希望同学们能够加深对智慧仓储和仓储管理的认识，为今后从事仓储管理工作打下基础。

同步练习

一、判断题

1. 仓储就是在特定场所储存物品，其对象必须是实物动产。(　　)

2. 智慧仓储是在传统仓储的基础上，利用信息化、物联网和机电一体化等现代化智能技术和设备构建统一的仓储网络，实现仓储的自动化和智能化的仓储。(　　)

3. 实行仓储管理可以降低运输成本和提高运输效率。(　　)

4. 进行商品储存是仓储活动的表征，也是仓储最基本的任务。(　　)

5. 智慧云仓主要有三种类型，分别是物流快递类智慧云仓、电商平台类智慧云仓、第三方智慧云仓。(　　)

6. 库存就是储存，是包含储备在内的一种广泛的经济现象，是一切社会形态都存在的现象。(　　)

二、单选题

1. (　　) 是指仓库储存存货人交付的商品，存货人支付仓储费的仓储方式。

A. 保管仓储　B. 加工仓储　C. 合同仓储　D. 消费仓储

2. 下列不属于智慧仓储特点的是 (　　)。

A. 仓储业务的自动化　B. 仓储决策的自动化

C. 仓储的灵活性　D. 仓储的低成本

3. 下列不属于仓储管理特点的是 (　　)。

A. 复杂性　B. 经济性　C. 技术性　D. 综合性

4. 下列不能作为仓储物的是 (　　)。

A. 电视机　B. 餐桌　C. 小学课本　D. 知识产权

5. 无人仓中的常用硬件设备不包含 (　　)。

A. AGV　B. 穿梭车　C. KIVA　D. WMS

6. 第三方物流企业仓储属于 (　　)。

A. 自用仓库仓储　B. 公共仓储　C. 合同仓储　D. 战略储备仓储

7. 仓储有 (　　) 仓储和静态仓储两种。

A. 动态　B. 流动　C. 静止　D. 停滞

8. 当某些库存承担维持国家安全的使命时，这些库存通常被称为 (　　)。

A. 战略储备　B. 保险库存　C. 国家储备　D. 制造库存

9. 仓储管理活动可以表述为：仓储管理人员和作业人员借助仓储设施和设备，对 (　　) 进行收发保管。

A. 库存物　B. 仓库　C. 仓库管理系统　D. 重要商品

10. 在仓储过程中，对商品进行保护、管理，防止商品损坏而丧失价值，体现了仓储的 (　　) 功能。

A. 保管　B. 整合　C. 加工　D. 储存

三、简答题

1. 仓储具有哪些功能？

2. 智慧仓储的特点有哪些？

3. 仓储管理具有哪些特点？

4. 无人仓的软、硬件设备包含哪些？

5. 仓储管理应该遵循哪些原则？

四、案例分析

体育用品行业近年来出现了产品生命周期缩短、消费者个性化倾向明显、体育产品中科技附加值提升等新趋势。鸿星尔克体育用品有限公司（以下简称鸿克公司）作为深耕国内体育用品多年的企业，决定把产品的营销和研发定位为公司的核心竞争力。考虑到存货管理的难度和风险，鸿克公司萌生了将仓储业务进行外包的想法。经过多方调研和选择，鸿克公司最终决定和捷运物流建立合作伙伴关系，将公司的服装仓储业务外包。

1. 背景分析

服装消费在时间上具有敏感性，服装企业必须快速迎合市场需求，尽可能减少因配送不及时造成的断款、断色、断码等问题，同时又要消除产品大量积压对成本以及企业发展的影响，这就造成了服装企业的仓储管理普遍复杂的现状。因为一般服装企业的库存单元都有成千上万种，再加上本身的条形码技术应用并不成熟，企业又缺少现代化仓储管理人才，所以常常有系统显示有货却不能及时配货等问题。对此，很多服装企业都选择使用信息化解决方案来加速产品流转。但鸿克公司意识到，信息化手段并不能完全解决库存问题。仓储环节连接着生产和销售，要管好仓库，除了要掌握产品销售信息、在库信息以及配送信息，还要对整体存在的问题进行分析和规划。

鸿克公司给自己的定位是运动品牌，经营品种主要包括服装、鞋类、体育配件。其中服装和鞋类产品占 85％。服装本身季节性强及货号、色号多的产品特性也给鸿克公司的仓储管理增加了不小的难度。虽然鸿克公司的存货周期有所缩短，但其下游仍然积压了大量存货。鸿克公司的主要竞争对手，耐克和锐步这样的国际一线运动品牌在中国的存货周转期要短得多，因此缩短存货周期是鸿克公司改进仓储管理、减少存货的关键一环。

鸿克公司在北京、上海和佛山三地分别建了三个分拨中心。上海仓库投入使用一年后就需要不断继续扩充仓库面积，很难支持业务的快速增长，同时也限制了物流网络规划的合理调整。

面对仓库面积给自身发展带来的制约，鸿克公司开始考虑改变原来的管理理念。鸿克公司暂停物流设施建设的投入，对仓储管理进行重新定位，开始有了将仓储外包的想法。当时，一些专业物流公司在国内建立了许多大的分拨中心。如果能与其合作，一定比公司自己做更经济，同时还能享受可持续的专业化服务。

鸿克公司在国内共有几百家经销商，有的采购规模达上亿元，有的采购规模只有十几万元。原来鸿克公司对配送周期的计算一直都是统计平均值，追求越短越好。但实际上，无论是经销商的销售能力还是各地区的消费水平，都是有差别的。鸿克公司开始认识到配送不应只追求快，还要与经销商的运营能力、消费者的需求时间和种类等相配合。所以，鸿克公司的仓储管理应站在更高的角度连接经销商的需求信息和供应商的供给信息，规划好收发货和车辆的应用效率等。在鸿克公司重新定位核心竞争力后，也下定了将仓储作业外包的决心。

2. 解决方案

自2003年开始，鸿克公司每年的销售量都在稳步增长，这就要求其仓储能力和管理水平也要有相应的提升，包括仓储空间的使用率、拣配货效率等。如果外包给更专业的公司来做的话，会比自己完成更有效率，因此鸿克公司确定了和捷运物流的仓储外包合作项目。

在仓库硬件方面，鸿克公司暂时保留了北京和上海的仓库，取消了位于佛山的仓库，并移仓到了捷运物流位于广州的仓库。在仓储管理方面，面对服装行业仓储管理固定变量多、服装生产的合并与排序专业性较强、流程和产品规格复杂等问题，捷运物流借助先进的仓库和信息系统，发挥仓储管理集中性的优势。捷运物流有部分企业客户的产品配送目的地与鸿克公司是相同的，这对鸿克公司处理小订单配货及降低配送成本非常有利。

捷运物流在全国有多个分拨中心和专业员工，负责向全国千余座城市送货，能满足客户的市场拓展和变化需求。捷运物流的分拨中心可以支持和协调鸿克公司仓库所在城市以外地区的服务，而其母公司远方物流在亚太及全球的网络，也能够为鸿克公司正在拓展的全球业务提供帮助。

除了专业的操作，鸿克公司还要求捷运物流根据以往的仓储管理经验，定期给自己提出改善建议，一些成功的做法会被借鉴到上海和北京的仓储管理中。对于捷运物流来说，最大的压力不仅是按照要求给鸿克公司做好仓储管理，而且还有后续发展的问题，包括明确第二年的目标、投入资源的方式、加大双方合作范围等。

鸿克公司的生产和运输早已进行了区域外包。按照现在的仓储外包理念，捷运物流不仅要及时、准确地做好收发货工作，还要定期向鸿克公司提供各种数据并提出分析和建议。捷运物流从收货、发货、盘点、货物可追溯性、先进先出五个方面对仓储进行严格的管理，并以天、周、月为周期，提供指定格式的库存报表，包括“进货统计表”“出货统计表”“库存统计报表”等。两个公司的高层管理者每半年就要聚在一起对过去的工作进行梳理，经理级别的管理人员每季度进行一次沟通。

请思考：

1. 如果按运作主体划分，捷运物流为鸿克公司提供的仓储服务属于哪一种仓储类型？该类型的仓储有什么特点？

2. 鸿克公司从仓储外包中得到了哪些好处？你认为这种外包可能会出现哪些问题？

3. 如果鸿克公司实施智慧仓储，你认为哪种智慧仓储适合它？为什么？

项目二
智慧仓储设施设备

学习目标

※ 知识目标

1. 明确仓库的功能、分类
2. 熟悉各类智慧仓储设备的特点
3. 熟悉自动化仓库的基本知识

※ 能力目标

1. 能通过仓库布局和结构，分析仓储规划原则
2. 能根据常用智慧仓储设备的功能、用途和使用原则使用设备

※ 素养目标

1. 通过认知仓储设备，培养创新精神
2. 通过了解物流仓储设备的快速发展，认知我国经济发展取得的巨大成绩，培养爱国精神和民族自豪感

案例引入

21世纪初，北京某物流公司在其配送中心建造了一座自动化立体仓库作为中间仓库，存放各种汽车零配件。该公司所配送的汽车零配件大多数由其协作单位生产，然后运至该配送中心自动化立体仓库。该公司是我国第一批发展自动化立体仓库的企业之一。该配送中心仓库的结构分高平台货架库（以下简称高库）和整理室两部分。高库采用固定式高层货架与巷道堆垛机结构，从整理室到高库之间设有辊式输送机。当入库的商品包装规格不符合托盘或标准货箱时，则需要对商品的包装进行重新整理，这项工作在整理室进行。由于各协作单位的包装不统一，加上各种备品的包装没有规格化，因此整理的工作量非常大。

配送商品的出入库运用电脑控制和人工操作相结合的人机系统。这套设备在当时是相当先进的。该自动化立体仓库在建设时，由于受到土地等条件制约，建在配送中心的东南角，距离分拣中心较远，因此在仓库与分拣中心之间需要进行二次运输，即将所需的零配件先整单位出库，装车运输到分拣中心，然后才能进行分拣配送。自动化立体仓库建成后，这个先进设施在企业的配送中所起的作用并不理想，其利用率逐年下降，最后不得不拆除。

自动化立体仓库作为一种现代化的仓库，可以极大地提升仓库的商品储存量和运作效率，但为什么该公司建设的自动化立体仓库没有发挥应有的作用，反而给企业造成了负担?

任务一　仓库的功能与智慧仓库结构布局

情境导入

仓库布局的合理与否会影响仓储企业的储存数量和运作效率。小张是一名即将毕业的物流管理专业的大学生，他来到某仓储公司进行顶岗实习，主要负责仓储规划、商品的入库和上架等工作。通过一段时间的实习，小张发现了一些问题：公司仓库的布局不合理，仓库出库理货区离库门太远，给订单拣取和商品出库带来了极大的不便；一些商品的库位安排不太合理，经常出入库的商品有时候被安排在离库门很远的货架上，造成了拣取和入库运输路程的增加。小张向仓库管理层提出了自己的建议，受到了相关领导的重视。公司对库房内的问题进行了整改，使得仓库的工作效率和工作能力得以提升，小张也因此得到了领导和同事的认可。

任务分解

1. 明确仓库的功能
2. 掌握智慧仓库区域布局规划的内容

素养园地

仓库的布局会直接影响仓库存放货物的多少，以及后续仓储操作的效率。通过学习仓库布局知识，希望同学们养成严谨、细致的工作态度。

知识准备

一、仓库的功能与分类

仓库（Warehouse）是保管、储存商品的建筑物和场所的总称，库房、货棚、货场等都是仓库。仓库与库存是同时产生的，当生产力发展到一定阶段，有了库存的需要，就相应出现了储存设施。从现代物流系统的角度来看，仓库也是从事包装、分拣、流通加工等作业活动的物流节点设施。

（一）仓库的功能

虽然仓库看起来只有储存的功能，但实际上它还有许多其他功能。从系统的观点来看，仓库应该具备如下功能。

1. 储存和保管

储存和保管是仓库最基本、最传统的功能。仓库具有一定的空间，可以用于储存商品，并根据储存商品的特性配备相应的设备，以保持储存商品的完好性。仓库中配备安全系统，可以避免商品的丢失和损坏，一些危险品存放在仓库中时还可以起到隔离危险的作用。例如：储存挥发性溶剂的仓库必须设有通风设备，以防止空气中挥发性物质含量过高而引起爆炸；储存精密仪器的仓库要防潮、防尘、恒温，应设置空调、恒温等控制设备。进行仓库作业时，还有一个基本要求，就是防止搬运和堆放时碰坏、压坏商品，因此搬运机具和操作方法要不断改进和完善，以使仓库真正起到储存和保管的作用。

2. 支持生产和调节供需

仓库可以有效缓解供需之间的矛盾，使二者在时间与空间上得到协调。现代社会的需求多种多样，很多生产企业为了完成加工任务，需要各种原材料、半成品等物资有序供应，消费者也会在特定时间、特定地点需要特定的商品，仓库可以让企业保持一定量的安全库存，来应对商品需求预测的不确定性，避免企业因为不能满足市场需求导致收入减少，影响企业在客户中的信誉。

3. 调节商品运输能力

从空间上来说，仓库在整合运输、分发商品等方面发挥了重要作用。现代物流中，不同运输工具的运输能力是不一样的。例如，船舶的运输能力很强，国际航线的集装箱货轮有百万吨级，内河船舶也有千吨级；火车的运输能力较小，一般一节车厢的运载量最多不超过 700 吨，一列火车的运载量最多几千吨；汽车的运载量则更小。在现代商业贸易中，这些运输方式经常需要联合使用，仓库可以很好地进行衔接。

4. 响应客户需求

仓库可以成为客户服务地点，可以提供更换破损、过期和存在质量问题的商品的服务，可以进行市场调查，甚至可以提供售后服务。

5. 传递信息

仓库上述功能的发挥，必须以信息传递为保障。在处理有关仓库管理的各项事务时，及时而准确的仓库信息十分必要，如仓库利用水平、进出库的频率、仓库的运输情况、客户的需求状况以及仓库人员的配置等。在现代信息技术下，仓库可以依靠计算机和互联网，通过电子数据交换和条形码技术等来提高商品信息的传递速度，及时、准确地完成订单处理、库存管理、储位管理、拣货作业调配等工作，这些信息可以由仓库及时地传递给相关客户，实现信息共享，让客户能够提前安排生产、销售等业务。

（二）仓库的分类

视频

仓库的分类

1. 根据储存商品种类的多少分类

（1）综合性仓库。

这是指同时储存一大类以上自然属性不同的商品的仓库。

（2）专业性仓库。

这是指在一定时期内只储存某一类商品的仓库。建立专业性仓库通常是由于某类商品数量较多，或是由于商品本身性质特殊，如对温度及湿度有特殊要求，或是由于商品易于对与之共同储存的商品产生不良影响，因此要专库储存。储存金属材料、机电产品等的仓库一般属于专业性仓库。

2. 按所保管商品的特性分类

（1）原料仓库。

这是指保管生产中使用的原材料的仓库。这类仓库一般规模较大，通常设有大型货场。

（2）产品仓库。

这是指保管完成生产但尚未进入流通阶段的产品的仓库。这类仓库一般附属于产品制造企业。

（3）保温、冷藏、恒湿恒温库。

这是指用于存放要求保温、冷藏或恒湿恒温商品的仓库。这类仓库有制冷设备，并有良好的保温隔热性能，以保持商品所需温度。

（4）危险品仓库。

这是指专门用于保管易燃、易爆和有毒商品的仓库。这类商品的保管一般有特殊的要求。

（5）水上仓库。

这是指利用商品的特性以及宽阔的水面来保存商品的仓库。例如，漂浮在水上储存商品的泵船或其他水上建筑，或把木材放在划定水域中保管的室外仓库。

（6）气调仓库。

这类仓库一般用来储存水果、蔬菜类商品，要求控制库内的氧气和二氧化碳浓度。

3. 按仓库建筑的封闭程度分类

（1）封闭式仓库。

封闭式仓库俗称库房，其封闭性较强，便于对仓储物进行维护和保养，适用于存放保管要求比较高的商品。

（2）半封闭式仓库。

半封闭式仓库俗称货棚，其保管条件不如库房，但出入库作业比较方便，且建造成本较低，适宜存放对温度、湿度要求不高且出入库频繁的商品。

（3）露天式仓库。

露天式仓库俗称货场或堆场，其最大的优点是装卸作业极其方便，适宜存放大型商品。

4. 按仓库建筑物的构造分类

（1）平房仓库。

平房仓库是较常见的、使用很广泛的一种仓库。这种仓库没有上层，不设楼梯。其主要特点是：仓库设计简单，在建造和维修上成本较低；全部仓储作业都在一个层面上进行，商品在库内装卸和搬运方便；各种设备（如通风、恒温、照明等）的安装、使用和维护比较简单；仓库地面的承重能力较强，可使商品堆放重量和高度得以提升。但是，平房仓库的土地利用率较低，在各大城市地价飞涨的情况下，这类仓库的单位商品储存成本较高。

（2）楼房仓库。

楼房仓库是指两层以上的建筑仓库，它可以减少土地的占用面积，一般采用垂直输送设备（如电梯或倾斜的带式输送机等）实现商品上楼作业。楼房仓库主要有以下特点：可适应各种不同的使用要求，如办公室与库房可分别设在不同的层面；分层的仓库结构将库区自然分隔，有助于保障仓库的安全，如果火警发生，往往可以被控制在一个层面而不危及其他层面的商品；现代的仓库建筑技术已能满足将较重的商品提升上楼的需求；楼房仓库一般建在市区，特别适用于存放城市日常用的高附加值、小型的商品（如家用电器、生活用品、办公用品等），这主要是由于楼房仓库建造和维护的成本较高，故堆存费用较高。

（3）罐式仓库和筒仓。

罐式仓库的构造特殊，呈球形或柱形，主要用来储存石油、天然气和液体化工品等。筒仓是用于存放散装的小颗粒或粉末状货物的封闭式仓库，一般置于高架之上，用于存储粮食、水泥和化肥等。

（4）简易仓库。

简易仓库构造简单，造价低廉，一般是在正常仓库数量不足而又不能及时建库的情况下临时采用的仓库，如固定或活动的简易货棚等。

（5）高层货架仓库。

高层货架仓库实质上是一种特殊的单层仓库，它利用高层货架堆放商品。一般库内采用自动化搬运设备，操作人员主要使用计算机进行控制，堆垛机、吊机等装卸机械自动运转，从而实现机械化和自动化操作。当这类仓库采用自动化的装卸搬运设备时，便成为自动化立体仓库。

二、智慧仓库区域布局规划

（一）仓库选址

仓库选址是指企业运用科学的方法决定仓库的地理位置，使之与整体经营运作系统有机结合，以便有效、经济地达到经营目的。对企业来说，仓库选址对采购成本、服务成本、服务质量都有极大而长久的影响，其重要性显而易见。一旦选择不当，它所带来的不良后果不是通过建成后加强和完善管理等其他措施就可以弥补的。因此，在进行仓库选址时，企业必须充分考虑多方面因素的影响，慎重决策。

1. 仓库选址的目标及原则

仓库的最优选址与该仓库所属企业的类型有很大关系。工业企业的仓库选址主要是为了追求成本最小化，而物流企业的库场选址一般都追求收益最大化或服务水平最优化。仓库选址应该遵循三项原则。

（1）经济性原则。

经济利益对于任何类型的仓库都是重要的。建设初期的固定费用、投入运行后的变动费用，都与选址有关。

（2）接近客户原则。

服务型企业仓库选址几乎无一例外都需要遵循这条原则。许多企业将仓库建在服务区域附近，以降低运费，提高对客户需求的响应速度。

（3）长远发展原则。

仓库选址是一项战略性的经营管理活动，因此负责人要有战略眼光。选址工作要考虑企业服务对象的分布状况及未来发展，要考虑市场的开拓。

2. 仓库选址的基本要求

仓库选址要有利于促进生产和商品流通，有利于节约流通费用，有利于运输能力的合理利用、商品的安全储存和环境保护。具体来说，仓库选址应满足表 2－1 所列的基本要求。

（二）仓库总平面区域规划

仓库总平面一般可以划分为仓储作业区、辅助作业区、行政生活区，除此之外，还包括铁路专用线和库内道路。现代仓库为适应商品快速周转的需要，在总体布置时应注意科学地解决生产和生活两大区域的布局问题，如主要业务场所、辅助业务场所、办公场所、生活设施等，在规定的范围内进行统筹规划和合理安排，最大限度地增加仓储作业区中收发货作业区面积和检验区面积，并降低各项仓储作业费用。

表 2-1　仓库选址的基本要求

要素	基本要求
基础设施	防火防污，保证环境安全。仓库与周围其他建筑物之间必须有安全间隔
	交通便利，有利于商品运输。仓库要便于商品的购销，能够加速商品流通、降低流通费用
	地质良好，有利于建造仓库。仓库应选择在地质坚实、地势较高且平坦、环境干燥或易建地下仓库的地点，以降低建筑费用
	给水充足，又无水淹危害。仓库选址时既要考虑用水方便，又要建设良好的排水系统，故企业在选址时，要注意当地的水文情况
	靠近电源，有利于仓库作业。现代仓储管理的自动化程度不断提高，这对供电有较高的要求，因此仓库应靠近电源
成本	从运费来看，在几个生产地和几个消费地之间建立仓库，需要运用线性规划模型进行分析以使运费最小化。从场地的可获得性和地价来看，在城市中心建大型仓库也是不可行的。此外，建造仓库时，很大一部分建筑材料要从本地获得，因此建筑材料价格低廉可帮助企业节省一大笔建造费用
时间	仓库作为供应链物流的重要节点，要对客户的需求作出及时、有效的反应，因此也要考虑商品运送到客户手中的时间

1. 仓储作业区

仓储作业区是现代仓库的主体部分，是商品仓储的主要活动场所，能否对该区域进行合理的平面规划，将对仓储作业的效率、储存质量、储存成本和仓库盈利目标的实现产生很大影响。仓储作业区主要包括储货区、道路、铁路专用线、码头、装卸平台等。

储货区是储存保管和收发整理商品的场所，是仓储生产作业区的主体区域。储货区主要由保管区和非保管区两大部分组成。保管区是主要用于储存保管商品的区域，非保管区主要包括各种装卸设备通道、待检区、收发作业区、备货区等。

仓库内道路的布局，应该根据商品流向的要求，结合地形、面积、各个库房建筑物和货场的位置，决定走向和形式；同时也要保证仓库和行政区、生活区之间的畅通。仓库道路分为主干道、次干道、人行道和消防通道等。

2. 辅助作业区

辅助作业区是为仓储业务提供各项服务的设备维修车间、车库、装卸设备库等。值得注意的是，这些辅助区域的位置安排也应合理。例如，油库应设置在远离维修车间和宿舍等易出现明火的场所，周围须配备相应的消防设施。

3. 行政生活区

行政生活区是行政管理机构办公和职工生活的区域，具体包括办公楼、保安室、检验室和员工宿舍等。为便于业务开展，行政办公机构一般布置在离仓库的主要出入口较近的地方，并与生产作业区相隔离。这样既方便作业人员进入作业区，又能避免非作业人员对仓库生产作业产生影响和干扰。

（三）仓库平面布置的影响因素和要求

视频

影响仓库平面布置的因素和要求

1. 仓库平面布置的影响因素

（1）仓库的专业化程度。

仓库的专业化程度主要与库存商品种类有关。库存商品种类越多，仓库的专业化程度越低，仓库平面布置的难度越大。商品的理化性质各有不同，所要求的储存、保管、保养方法及装卸搬运方法也会有所不同，因此在进行仓库平面布置时，必须考虑不同商品的作业要求。

（2）仓库的规模和功能。

仓库的规模越大、功能越多，需要的设施设备就越多，设施设备之间的配套衔接就会成为平面布置中的重要问题，增加了仓库平面布置的难度。

2. 仓库平面布置的要求

在进行仓库平面布置时，主要有两个希望：一是充分提高储存空间的利用率，二是提高物流作业的效率。具体来说，仓库平面布置要符合以下几个要求：

（1）符合作业流程。

区域的布置要符合仓库作业的程序，保证相关作业的相对便利，提高作业效率。仓库平面布置的商品流向应该是单一流向。仓库内装卸、验收、存放地点之间的安排要适应仓储生产的需要，按一个方向流动。

（2）缩短搬运距离。

区域的布置要尽可能缩短储存商品及作业人员的运动距离，提高仓储劳动效率。区域布置要根据作业方式、仓储商品品种、地理条件等，合理安排库房、专用线与主干道的相对位置，尽量减少迂回运输。

（3）减少无效劳动。

区域的布置要有利于作业时间的有效利用，避免各种工作无效重复和时间延误，使各项作业有机衔接，防止堵塞。减少在库商品的装卸搬运次数，商品的卸车、验收、堆码作业最好一次完成。

（4）合理利用空间。

区域的布置要有利于充分利用仓库面积和建筑物空间，杜绝仓库面积和建筑物空间的浪费，提高仓库空间利用率和仓库经济效益。仓库平面布置是立体设计，应有利于商品的合理储存和库容的充分利用。

（5）注重仓库安全。

区域的布置要有利于包括仓储商品、仓储人员、仓储设施在内的整个仓库的安全。仓库建设时应严格执行《建筑防火通用规范》的规定，留有一定的防火间距，并有防火防盗安全设施；作业环境的安全卫生标准要符合国家的有关规定，有利于职工的身体健康。

（四）仓库内部功能区域划分和布局

1. 仓库内部功能区域划分

根据仓储作业需求，仓库内部区域通常划分为多个功能区，一般为收货区、储存区、拣货区、出库区、退货处理区等。

（1）收货区。

收货区是指用于接收货物的区域。一般情况下，收货区要靠近道路或者货车可直接到达的地方，以方便货物的装卸。收货区需要配备相应的设施，如升降台、货梯、叉车等。

（2）储存区。

储存区是仓库中最主要的功能区域之一。储存区的设计需要考虑货物的种类、体积、重量、储存方式等因素。储存区通常可以根据货物的属性进行二次划分，具体安排如冷库、干货库、液体库等的位置。储存区需要保持干燥、通风、清洁，以保证货物的质量和安全。

（3）拣货区。

拣货区是指用于拣选货物的区域。有些仓库采用存拣合一模式，即直接从储存区拣货；有些仓库另设拣货区，即先将待拣货物从储存区移动到拣货区，再进行货物拣选。拣货区需要配备相应的设备，如拣货车、拣货架等。

（4）出库区。

出库区是指用于出库货物暂存、扫描复核、包装、称重、贴标签等操作的区域。

（5）退货处理区。

退货处理区是指用于退货的登记、质检、包装，退货上架前和次品退仓前的暂存操作的区域。

除了上述区域，根据功能不同，有的仓库还设有拆零区、流通加工区、分货区、集货区、包装区等。

2. 仓库内部功能区域布局

在布置仓库内部功能区域时，需要分析仓库各区域业务流程的关联度，根据关联度确定各个功能区域的位置，以使平面布局合理。常见的仓库动线布局有以下几种：

（1）I型动线布局。

I型动线布局（见图2－1），仓储作业流向是呈直线型的，货物自入库到出库的流动路线为I型。I型动线布局仓库拥有独立的进、出货台，分别分布在物流中心的两旁，直入直出。

图2－1　I型动线布局

（2）U 型动线布局。

U 型动线布局（见图 2－2），根据仓储作业流程，货物自入库到出库的流动路线为 U 型。

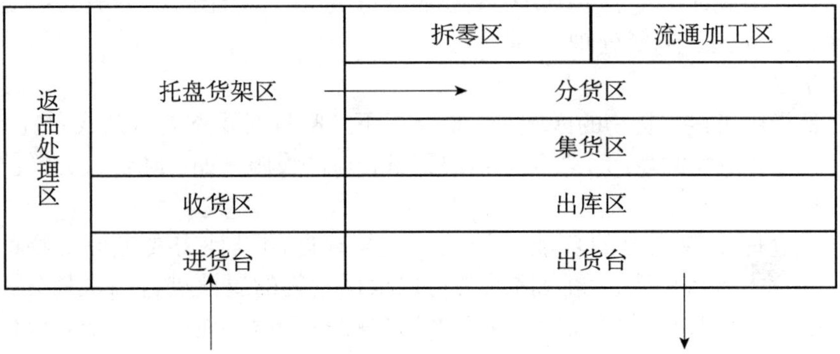

图 2－2 U 型动线布局

（3）L 型动线布局。

L 型动线布局（见图 2－3），货物自入库到出库的流动路线为 L 型。该布局适用于进出库数量庞大或需要处理快速货物的仓库，适合越库作业。L 型动线布局把货物出入仓库的途径缩至最短。

图 2－3 L 型动线布局

（4）上下 U 型动线布局。

根据作业顺序，货物自入库到出库流动路线为上下 U 型（见图 2－4）。这种布局适用于两层以上的仓库，在规划上着重分离收货区和出库区，同时考虑进货、验收、存储、流通加工、拣货、分货、集货、退货等功能区域的设计。

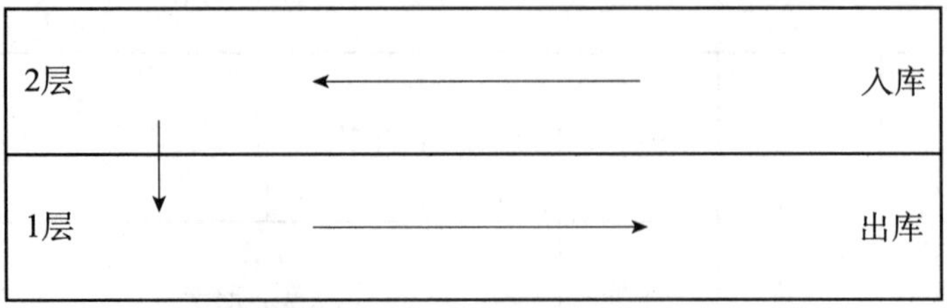

图 2－4 上下 U 型动线布局

任务二 智慧仓储设备管理

情境导入

仓储设备的科学利用可以大大提高仓储企业的作业效率。王芳作为一名即将毕业的物流管理专业的大学生，来到宁波某大型公司的仓库进行顶岗实习。在仓库内，她看到了很多现代化的仓储设备，有些在书本中学到过，有些甚至都没听说过。在随后的实习中，她发现现代物流仓储设备信息化和智能化程度很高、更新换代速度快，如果仅盯着书本，远远跟不上行业的发展速度。为了更好地完成工作和提升自己，王芳开始努力研究各种仓储设备的特点和作用，积极向经验丰富的老员工请教学习。

任务分解

熟悉一般仓储设备和智慧仓储设备的特点

素养园地

智慧仓储设备的投资和选择涉及的资金投入较大，企业在选择时一定要结合自身和货物的具体情况，包括货物的包装形式、周转频率、企业资金情况等，遵循效率优先原则。通过不同仓储设备特点和适用形式的学习，希望同学们养成实事求是的精神和勤俭节约的美德。

知识准备

一、一般仓储设备

现代仓储企业为了高效率地实现仓储的基本功能，往往会使用设施设备。仓储设备的种类很多，一般按照功能的不同，可分为储存设备、装卸搬运设备、计量设备、分拣设备以及安全设备等。

（一）储存设备

储存设备是仓库中基本的设备，起着存放商品的作用，是仓储系统的重要组成因素。

1. 货架

在仓储设备中，货架是指用支架、隔板或托架组成的储存货物的立体设施。货架是现代化仓库提高效率的重要工具。随着仓库机械化和自动化程度的不断提高，货架技术也在不断发展。

（1）货架的作用。

1）货架是一种架式结构物，它可以充分利用仓库空间，提高空间利用率，提高仓库储存能力。

2）存入货架中的商品互不挤压，可保证商品本身的功能，减少商品的损失。

3）货架中的商品，存取方便，便于清点及计量，可做到先进先出。

4）可以采取防潮、防尘、防盗、防破坏等措施，以提高商品的存储质量。

5）很多新型货架的结构及功能有利于实现仓库的机械化及自动化管理。

（2）货架的分类。

货架可按照不同的标准进行分类，具体如表 2－2 所示。

表 2－2 货架的分类

分类标准	内容
按货架的发展情况分类	传统式货架：层架、层格式货架、抽屉式货架、橱柜式货架、悬臂式货架、棚架、鞍架、气罐钢筒架等
	新型货架：旋转式货架、移动式货架、装配式货架、调节式货架、进车式货架、托盘货架、阁楼式货架、重力式货架、屏挂式货架、高层货架等
按货架的制造材料分类	钢货架、钢筋混凝土货架、塑料货架、木制货架、钢木合制货架等
按货架的可动性分类	固定式货架、移动式货架、旋转式货架、可调式货架、组合货架、流动储存货架等
按货架的结构分类	整体结构式：货架直接支撑仓库屋顶和围棚
	分体结构式：货架与建筑物分为两个独立系统
按货架的载货方式分类	悬臂式货架、橱柜式货架、棚板式货架
按货架的高度分类	低层货架：高度在 5m 以下
	中层货架：高度在 5～15m
	高层货架：高度在 15m 以上
按货架的载重分类	轻型货架：每层货架载重在 150kg 以下
	中型货架：每层货架载重在 150～500kg
	重型货架：每层货架载重在 500kg 以上

（3）常用的货架。

视频

主要货架种类

1）托盘货架。托盘货架（见图 2－5）专门用于存放已经码放到托盘上的商品，其结构简单、安装简易，可以随意调整组合，商品出入库不受先后顺序影响，一般需要配合叉车使用，可以有效地提高仓库的作业效率。

2）轻型货架。轻型货架（见图 2－6）用优质钢板制造，表面采用静电喷涂处理，防腐、防锈，坚固美观，以插接方式组装，安装拆卸极为方便，广泛应用于商场、超市、图书馆等场所。轻型货架还可组成平台，适合储存轻型散件商品。

图 2-5 托盘货架

图 2-6 轻型货架

3）阁楼式货架。阁楼式货架（见图 2-7）利用钢板、木板等材料将储存空间做上下两层或多层规划，以提高存储高度，增加空间利用率。阁楼式货架的底层一般存放快速流动或较重的商品，上层一般存放轻量的商品。阁楼式货架既适用于库房较高，商品品种多、批量少（如五金工具、电子元件、机器零配件等）的情况，也适用于现有旧库房的技术改造，可提高仓库的空间利用率。

图 2-7 阁楼式货架

4）悬臂式货架。悬臂式货架（见图 2-8）是在立柱上装设杆臂以构成货架，悬臂常用金属材料制造，尺寸一般根据所存放商品尺寸的大小确定，其前伸的悬臂具有结构轻巧、载重能力强的特点。这种货架适合存储长、大件商品和不规则商品，如钢材、木材、铝板或玻璃板等。

悬臂式货架为开放式货架，商品存取由叉车或人工进行。货架高度通常在 2.5m 以

图 2-8 悬臂式货架

内（如果由叉车存取商品则可高达 6m），悬臂长度在 1.5m 以内，每臂载重通常在 500kg 以内。

5）旋转式货架。旋转式货架分为水平旋转式货架（见图 2-9）和垂直旋转式货架（见图 2-10），它是将一组商品通过链条联系在一起，然后放在一个伸长的椭圆轨道上。当设备启动后，所需要处理的商品会被自动旋转到操作人员所处的位置。旋转式货架具有以下特点：存取出入口固定，商品不易丢失；计算机快速检索和寻找货位，存取商品的效率很高；货架间不需要预留通道，空间利用率很高。

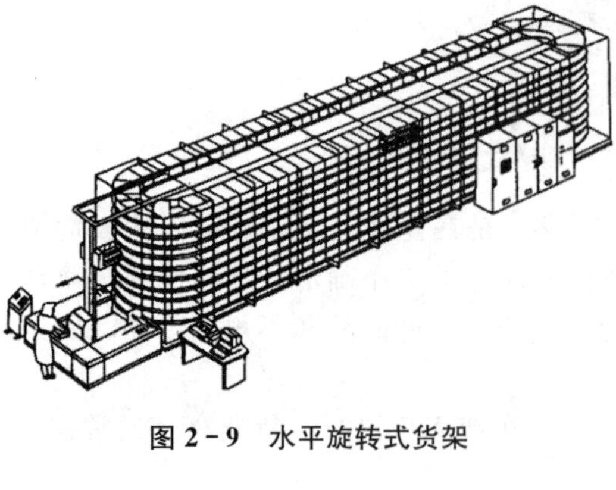

图 2-9 水平旋转式货架

图 2-10 垂直旋转式货架

6）重力式货架。重力式货架（见图 2－11）也称流动式货架，这种货架的横梁具有一定的倾斜度并安装由重力滚轮构成的滚筒输送装置，低端作为出货端，高端作为入货端，商品会在重力作用下自动向低端滑移，可以保证商品先进先出。重力式货架适用于少品种、大批量的同类商品的储存，空间利用率极高。重力式货架的深度及层数可按需要而定。

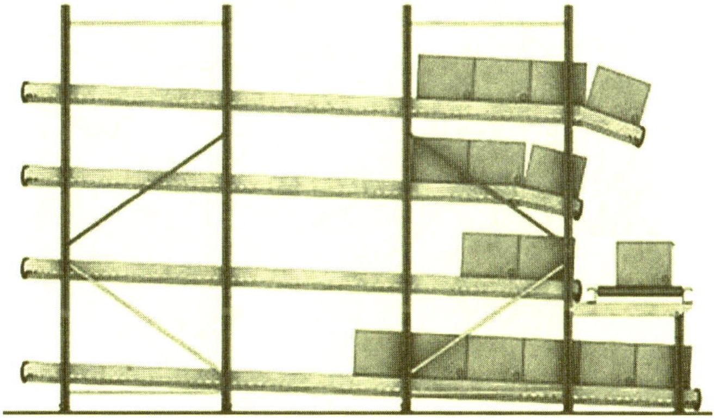

图 2－11　重力式货架

7）驶入/驶出式货架。驶入/驶出式货架采用钢质结构，钢柱上有向外延伸出的水平的突出构件或悬轨，一般借助平衡重力式或前移式叉车进行作业，叉车可以方便地驶入货架。驶入式货架（见图 2－12），叉车是从货架的一端直接进入货架通道内存取商品的，商品只能先进后出，而不能先进先出。驶出式货架，叉车在货架两端、前后都可以进行存取作业，可做到商品先进先出。驶入/驶出式货架存储密度大，空间利用率高，适用于横向尺寸较大、品种较少、量大且商品存取模式可预定的情况，常用来储存大批种类相同的商品。

图 2－12　驶入式货架

8）移动式货架。移动式货架（见图2－13）是一种在货架底部安装滚轮，可以在地面上运行的货架。按驱动方式不同，移动式货架可以分为人力推动式、摇把驱动式、电动式等。

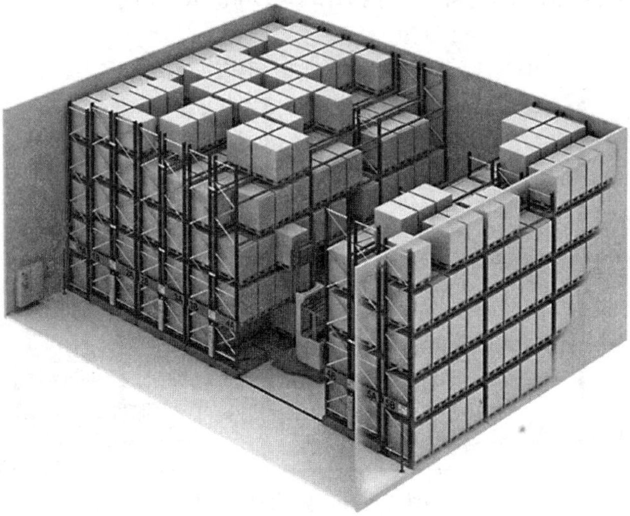

图2－13　移动式货架

移动式货架平时可以密集地相连排列，在存储商品时通过手动或电动的控制装置沿轨道滑动，形成通道，从而大幅减少通道面积，提升空间利用率。

2. 托盘

视频

托盘的概念

托盘是用于集装、堆放、搬运和运输的，放置作为单元的商品的水平平台装置。托盘是一种重要的集装器具，是物流领域中适应装卸机械化而发展起来的一种常用器具。托盘与叉车搭配使用，大大促进了装卸活动的发展，使装卸机械化水平大幅度提高，使长期以来装卸搬运过程中的装卸瓶颈问题得以解决。

（1）托盘的特点。

1）搬运或出入库都可用机械操作，减少了商品堆码作业次数，从而有利于提高运输效率，缩短货运时间，减轻劳动强度。

2）以托盘为运输单位，货运件数变少，体积和重量变大，而且每个托盘所装数量相等，既便于点数、理货交接，又可以减少货损货差事故。

3）托盘投资比较少，收益比较快。

4）托盘的使用也有一些缺点，如回收利用、组织工作难度较大，会浪费一部分运力，托盘本身的存放也会占用一定的库容空间。

（2）托盘的分类及规格。

1）托盘的分类。

按结构划分，托盘可以分为平板托盘、箱式托盘、立柱式托盘、折叠式托盘。按材料划分，托盘可分为塑料托盘、金属托盘、木制托盘、纸制托盘。常见的托盘主要有单面托盘、双面托盘、两向叉入托盘、四向叉入托盘（见图 2－14）。

（1）单面托盘

（2）双面托盘

（3）两向叉入托盘

（4）四向叉入托盘

图 2－14 常见的托盘

2）托盘的规格。

国际标准化组织 ISO 6780：2003 规定，联运平托盘国际标准共有六种尺寸：1 200mm×800mm、1 200mm×1 000mm、1 219mm×1 016mm、1 140mm×1 140mm、1 100mm×1 100mm 和 1 067mm×1 067mm。

我国《联运通用平托盘　主要尺寸及公差》国家标准于 2008 年 3 月 1 日正式实施，新标准中确定了1 200mm×1 000mm 和 1 100mm×1 100mm 两种托盘尺寸，且特别注明 1 200mm×1 000mm 为优先推荐尺寸。

（二）装卸搬运设备

1. 叉车

叉车有“万能装卸机械”之称，是指具有各种叉具，能够对商品进行升降、移动以及装卸作业的搬运车辆。叉车是仓储作业过程中比较常用的装卸设备，主要用于举高和搬运物品。

（1）叉车的特点和用途。

叉车与其他搬运机械一样，能够减轻装卸工人繁重的体力劳动。它除了能提高装卸效率、缩短车辆停留时间、降低装卸成本，还有以下特点和用途：

1）机械化程度高。使用各种自动的取物装置或在货叉与托盘配合使用的情况下，可以实现装卸工作的完全机械化，不需要工人的体力劳动。

2）机动性好。叉车外形尺寸小，重量轻，能在作业区域内任意调动，以适应物品数量及货流方向的改变，可机动地与其他起重运输机械配合工作，提高机械的使用率。

3）可以一机多用。在配合和使用各种取货装置（如货叉、铲斗、臂架、吊杆、货夹、抓取器等）的条件下，叉车可以适应各种品种、形状和尺寸商品的装卸作业。

（2）叉车的分类。

随着仓储行业的发展，与仓储作业息息相关的机械设备也日趋多样化，叉车的类型也逐渐多样化，更多类型的叉车出现了。叉车的分类如表 2-3 所示。

表 2-3　叉车的分类

按耗能方式分类	按特种行业分类	按工业车辆分类	按行走方式分类
燃料叉车	防爆叉车	电动托盘搬运车	电动托盘堆垛车
电力叉车	多向叉车	前移式叉车	电瓶叉车
手动叉车	越野叉车	低位拣选叉车	侧面叉车
	集装箱行走吊车	高位拣选叉车	固定平台搬运车
	军用工业车辆	电动拖车	集装箱正面吊车
	车载式叉车	集装箱叉车	三向堆垛叉车
	无人驾驶工业车辆	伸缩臂叉车	

（3）常用的叉车。

1）平衡重力式叉车。平衡重力式叉车（见图 2-15）是现代物流中使用最广泛的叉车之一，其货叉位于驾驶室正前方，货叉从前进方向叉取商品，具有很强的爬坡能力与地面适应能力，操作灵活方便，作业效率高。其缺点是直角堆垛操作时需要较宽的作业通道，使仓库空间利用率大为降低，影响仓库的经济效益。

（1）　（2）

图 2-15　平衡重力式叉车

2）前移式叉车。前移式叉车（见图 2-16）属工业搬运车辆，是仓储叉车的一种，是对成件托盘进行装卸、堆垛和短距离运输作业的前移轮式搬运车辆，其门架或者货叉可以前后移动。门架前移式叉车是指作业时门架带动货叉前移，伸出到前轮之外叉取或放下商品，行走时货叉带商品收回，使商品重心在支撑面内的叉车；货叉前移式叉车是指叉架带动货叉前移至前轮之外进行作业，行走时叉架带动货叉缩回到支撑面的叉车。前移式叉车常用于大型商品的运输，通常使用电池驱动，集平衡重力式叉车、堆垛车的优点于一身，具有环保节能、噪声小、高起升、作业空间小等特点。

图 2-16 前移式叉车

3）侧面式叉车。侧面式叉车（见图 2-17）的门架、起升机构和货叉位于叉车的中部，可以沿着横向导轨移动。货叉位于叉车的侧面，既可以上下运动，也可以前后伸缩，侧面还有一个平台。侧面式叉车叉取商品时先使液压支腿着地，门架向外推出，叉取商品后，货叉升起，门架缩回，然后下降货叉，商品即可自动放置在叉车一侧的前后车台上。

图 2-17 侧面式叉车

2. 输送机

输送机是一种连续搬运商品的机械，被广泛用于入库、出运、拣选等作业中，是物流配送中心必不可少的搬运设备。

（1）输送机的特点。

输送机的特点是在工作时连续不断地沿同一方向输送散料或者重量不大的单件商品，装卸过程中无须停车，因此作业效率很高。它还具有设备简单、操作简便的优点。在使用中，输送机也有一些局限性，如某种类型的输送机只适合输送特定种类的商品，只能沿一定的路线定向输送。

（2）输送机的分类。

常见的输送机有皮带式输送机（见图 2－18）、滚筒式输送机（见图 2－19）、链条式输送机（见图 2－20）和悬挂式输送机（见图 2－21）。

图 2－18　皮带式输送机

图 2－19　滚筒式输送机

图 2－20　链条式输送机

图 2－21　悬挂式输送机

3. 人工搬运车

人工搬运车也称手推车。根据脚轮数量的不同，手推车可以分为二轮手推车和多轮手推车；根据结构的不同，手推车可以分为立体多层式手推车、折叠式手推车、升降式手推车、附梯式手推车、物流笼车等。常用的人工搬运车有手动液压搬运车和二轮杆式手推车。

手动液压搬运车（见图2－22）俗称“地牛”，是一种小巧方便、使用灵活、载重大、结实耐用的搬运工具。为了方便起降，手动液压搬运车的底盘与轮之间带有液压装置，操作人员可以方便地将车推入货箱底座之下，利用液压将底盘升高托起商品，拖动商品移动，到达目的地后，利用液压将底盘降落，商品也随之落地，然后抽出搬运车，从而省去了人力搬运的复杂过程。

二轮杆式手推车（见图2－23）俗称“老虎车”，一般由车架、车轮、托架、杠杆、推手柄等结构组成。这种手推车是古老且实用的人力搬运车，它轻巧、灵活、转向方便，较适合载重小、搬运距离短的作业。

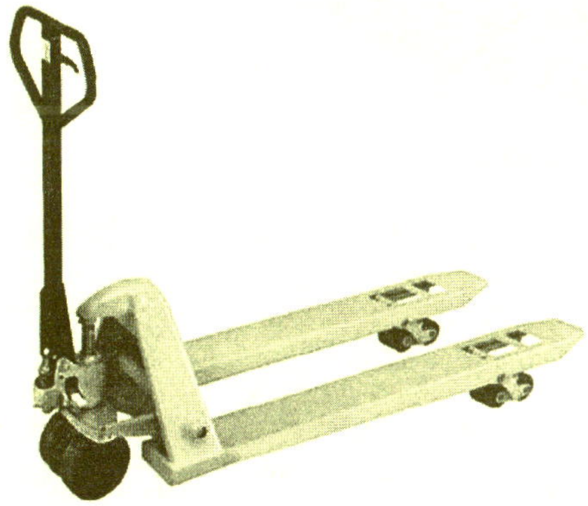

图2－22　手动液压搬运车

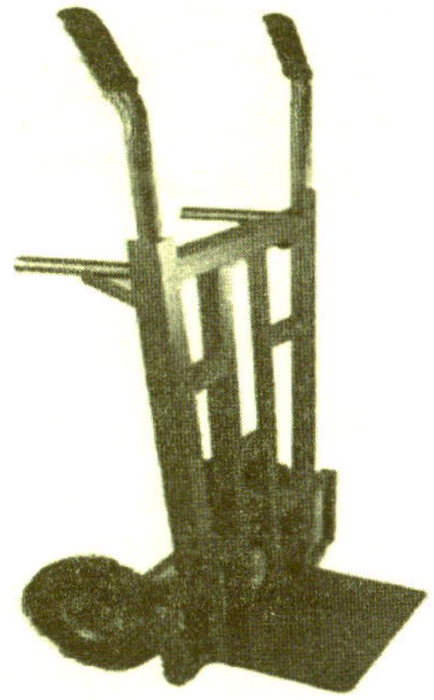

图2－23　二轮杆式手推车

二、智慧仓储设备

（一）智能搬运车

1. 有轨制导车

有轨制导车（Rail Guided Vehicle，RGV）（见图2－24）适用于各类高密度存储方式的仓库，推车通道长度可调节，用以提高整个库存量。RGV在搬运、移动货物时无须叉车驶入巷道，速度快、安全性高。

按照功能划分，RGV可分为装配型RGV和运输型RGV，主要用于物料输送、车间装配等；根据运动方式划分，RGV可分为环形轨道式RGV和直线往复式RGV（环形轨道式RGV效率高，可多车同时工作；直线往复式RGV一般只有一台RGV做直线往复式运动，效率相对环形轨道式RGV较低）。

RGV主要由车架、驱动轮、随动轮、前后保险杠、链式输送机、通信、电气及罩板组成。RGV结构相对简单，对外界环境抗干扰能力强，对操作人员的要求较宽泛，运行稳定性强，故障发生率相对较小，整体维护成本相对较低，可靠性高。

RGV在智能仓库系统和工位制生产线上有着非常广泛的应用，是物料搬运环节的

图 2-24 有轨制导车

重要设备。RGV 按照计划和指令进行运作，可以显著降低运输成本，提高运输效率，其作业效率直接决定整个仓库系统或生产线的处理能力。

2. 自动导引车

自动导引车（Automated Guided Vehicle，AGV）（见图 2-25）装备电磁或光学等自动导引装置，以电池为动力，不需要驾驶员，能够沿规划好的路径行驶搬运货物，是一种具有安全保护以及各种移载功能的运输车。

图 2-25 自动导引车

AGV 在智慧仓储和柔性化生产线中被广泛应用，是很多仓储企业和制造企业提高作业效率、降低生产成本的最佳选择，其主要特点为：

（1）工作效率高。

AGV 可以自动充电，24 小时连续运转，大大提高搬运效率。

（2）有较好的柔性和拓展性。

AGV 自动化程度和智能化水平高，可以应对不同环境和工作要求；可以根据应用需求进行个性化配置和定制开发。例如，仓储企业可以根据物料尺寸、重量和形状的不同，选择不同类型和规格的 AGV。AGV 的行驶路径可以根据仓储货位要求、生产工艺流程等灵活改变。与传统的输送带和刚性的传送线相比，AGV 行驶路径的改变方式更加简单。

（3）安全性高。

AGV 内置多级安全保护系统，具备避障、防撞、急停等功能，能够在遇到突发状况时迅速做出反应，并采取相应措施避免事故发生。同时，AGV 还能通过与监控系统的联动，实现对车辆状态和作业过程的实时监控，确保运行的安全可靠。

（4）清洁生产。

AGV 依靠自带的蓄电池提供动力，运行过程中无噪声、无污染，可以应用在许多工作环境清洁的场所。

AGV 以轮式移动为特征，较之步行、爬行或其他非轮式的移动机器人具有行动快捷、工作效率高、结构简单、可控性强、安全性好等优势。与物料输送中常用的其他设备相比，AGV 的活动区域中不需要铺设轨道、安装支座架等固定装置，AGV 的运行不受场地、道路和空间的限制。

3. 智慧型导引车

智慧型导引车（Intelligent Guided Vehicle，IGV）（见图 2－26）和 AGV 相比，柔性化程度更高，不需要借助任何固定标记物即可行驶，并且路径灵活多变，可根据实际生产需求灵活调度，规划简单，能满足绝大多数场景的使用需求。在路径导引方面，AGV 需要借助二维码、反射板等标记物进行路径导引，而 IGV 则依靠实时场景地图进行导航，不需要固定标记物。

IGV 作为 AGV 技术不断革新和发展的成果，其主要在精度、安全性、柔性、环境适应性等方面实现了进一步提升。IGV 适用于柔性化要求更高的场合，在具备常规搬运功能的基础上，还可以根据工艺流程，选择搭载不同的功能模块，满足一车多用的目的。

（二）自动分拣系统

1. 自动分拣系统的组成

视频

自动分拣系统

自动分拣系统一般由控制装置、分类装置、输送装置及分拣道口组成。

控制装置的作用是识别、接收和处理分拣信号，根据分拣信号的要求指示分类装置按商品品种、送达地点或货主的类别对商品进行自动分类。分拣需求可以通过不同方式，如条形码扫描、色码扫描、键盘输入、重量检测、语音识别、高度检测及形状识别等，被输入到分拣控

图 2-26 智慧型导引车

制系统中去，控制装置根据这些分拣信号来决定哪一种商品该进入哪一个分拣道口。

分类装置是根据控制装置发出的分拣指示，当具有相同分拣信号的商品经过该装置时，该装置启动，使商品改变在输送装置上的运行方向，进入其他输送机或进入分拣道口。分类装置的种类很多，一般有推出式、浮出式、倾斜式和送出式（见图 2-27）。不同的分类装置对分拣商品的包装材料、包装重量、包装物底面的平滑程度等有不完全相同的要求。

(1) 推出式

(2) 浮出式

(3) 倾斜式

(4) 送出式

图 2-27 分类装置

输送装置的主要组成部分是传送带或输送机，其主要作用是使待分拣商品通过控制装置、分类装置，进入分拣通道，使分好类的商品滑下主输送机（主传送带）以便进行后续作业。

分拣道口是已分拣商品脱离主输送机（主传送带）进入集货区域的通道，它一般由钢带、皮带、滚筒等组成滑道，使商品从主输送装置滑向集货站台，在那里由操作人员将该道口的所有商品集中后入库储存或组配装车进行配送作业。

2. 自动分拣系统的特点

（1）能连续、大批量地分拣商品。

由于采用大生产中使用的流水线自动作业方式，自动分拣系统不受气候、时间、人的体力等的限制，可以连续运行。自动分拣系统单位时间分拣件数多，一般能连续运行100个小时以上，每小时可分拣上千件商品，如用人工则每小时只能大约分拣150件商品，且不能在这种劳动强度下连续工作超过8个小时。

（2）分拣误差率极低。

自动分拣系统的分拣误差率主要取决于所输入分拣信息的准确性，所输入分拣信息的准确性又取决于分拣信息的输入机制。如果采用人工键盘或语音识别方式输入，误差率就在3%以上；如果采用条形码扫描方式输入，除非条形码的印刷有差错，否则极少出错。因此，目前自动分拣系统主要采用条形码技术来识别分拣信息。

（3）分拣作业基本实现无人化。

建立自动分拣系统的目的就是减少人工的使用，减轻人工的劳动强度，提高人工的使用效率。分拣作业本身并不需要使用人工，人工的使用仅局限于以下工作：

1）送货车辆抵达自动分拣线的进货端时，人工接货。

2）由人工控制分拣系统的运行。

3）在分拣线末端，由人工将分拣出来的商品进行集载、装车。

4）人工经营、管理与维护自动分拣系统。

（三）智能包装机器人

随着工业机器人技术迅猛发展，物流行业也开始出现智能机器人的身影，智能包装机器人就是工业机器人的一种。

1. 智能包装机器人的特点

（1）适用性强，应用范围广。

智能包装机器人的用途非常广泛，它可以完成抓取、搬运、装卸和堆垛等多项作业活动。当企业生产的产品的尺寸、体积、形状及托盘的外形尺寸发生变化时，工作人员只需对参数稍作修改即可，不会影响企业的正常生产。

（2）自动化程度高，可靠性强。

智能包装机器人的操作依靠程序控制，无须人工参与，自动化程度高，不会出现主观性干扰，操作的可靠性比较高，节省了大量的劳动力。

（3）效率高，准确性好。

智能包装机器人的工作速度较快，没有时间间隔，工作效率高；操作控制精确，位置误差基本处于毫米级以下，准确性非常高。

2. 智能包装机器人的分类

根据工作性质分类，智能包装机器人可以分为装箱机器人、码垛机器人、贴标机器人等。

（1）装箱机器人。

装箱机器人（见图 2－28）是一种较为成熟，应用广泛的机器人，在饮料、化妆品等行业中都有应用。装箱机器人的作业方式，主要是通过末端执行器对包装件进行抓取或吸附，然后将商品送入指定位置上的包装箱或托盘中。

图 2－28　装箱机器人

（2）码垛机器人。

码垛机器人（见图 2－29）是机械与计算机程序有机结合的产物，大量用于物流、制造等行业，可以将物品按照一定规则码垛堆放。它通过预设的程序、传感器等技术，自动完成从拿起商品、运输、码垛到放下商品的全过程。码垛机器人动作灵活精准，快速高效，稳定性好。其码放动作及驱动是通过专业伺服及控制系统实现的，可通过示教器或者离线编程方式重复编程，针对不同批次、不同特性的物品实现不同码垛模式的快速切换，并可实现一台机器人对多条生产线的堆码作业。

（3）贴标机器人。

在包装过程中，经常需要粘贴商标、二维码等标签。在将标签粘贴到商品上时，工作人员必须准确检测出商品的位置，同时提高标签粘贴位置的精度。利用贴标机器人

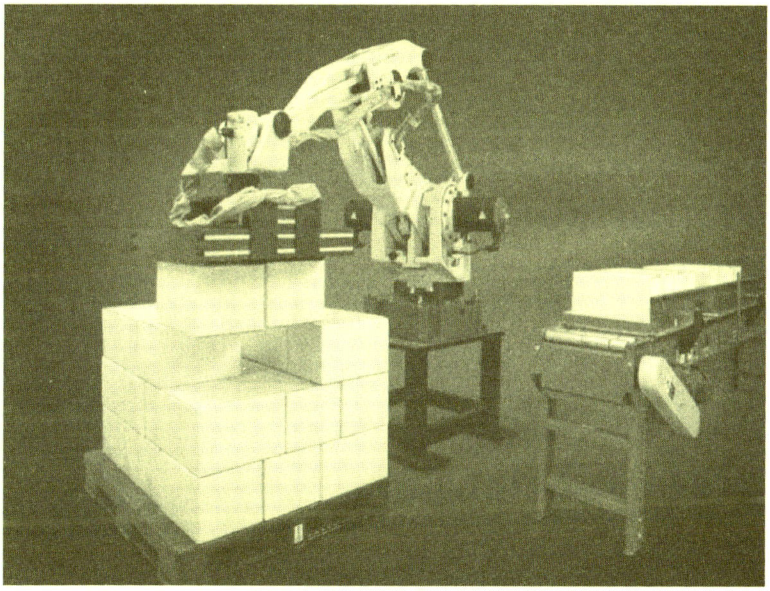

图 2-29　码垛机器人

（见图 2-30）来替代人工操作，可以更加高效、准确地进行标签粘贴。贴标机器人利用视觉技术获取物品的准确位置，通过图像处理获取所需要的信息，完成标签粘贴。

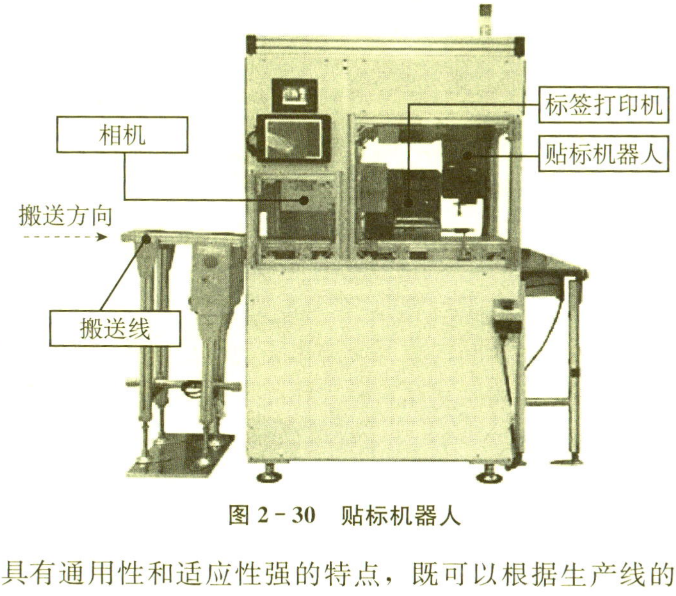

图 2-30　贴标机器人

贴标机器人具有通用性和适应性强的特点，既可以根据生产线的需要进行灵活配置，也可以根据不同形状和规格的商品，自动调整标签的大小和位置，从而提高了生产的灵活性。对于一些在危险环境下或重复性劳动的工作，使用贴标机器人可以降低工作的危险性和劳动强度，提高工作的安全性。

任务三 自动化立体仓库

情境导入

自动化立体仓库是物流仓储中出现的新概念。1963 年，美国率先在高架仓库中采用计算机控制技术，建立了第一座计算机控制的立体仓库。此后，自动化立体仓库在美国和欧洲一些国家迅速发展。20 世纪 60 年代中期，日本开始兴建立体仓库，并且发展速度越来越快。目前，日本已成为当今世界上拥有自动化立体仓库最多的国家之一。我国各行各业中的自动化立体仓库数量也不少，但是一些企业在自动化立体仓库建设完成后，其商品储存和配送效率反而降低了，运营成本不降反升，这是什么原因造成的呢？

任务分解

1. 熟悉自动化立体仓库的基本设施
2. 掌握自动化立体仓库的功能和优缺点

素养园地

加快建设现代化经济体系，着力提高全要素生产率。自动化立体仓库是现代仓储行业提高生产率的标志性产物。通过自动化立体仓库的学习，希望同学们提升知识技能水平，具有投身制造强国建设的使命感和责任感。

知识准备

自动化立体仓库的产生和发展是第二次世界大战之后生产和技术发展的结果。我国对立体仓库及其物料搬运设备的研制并不晚：1963 年，我国成功研制第一台桥式堆垛起重机；1973 年，我国开始研制第一座由计算机控制的自动化立体仓库，并于 1980 年投入运行。到目前为止，我国在制药、化工、电子、家电、航运、钢铁、食品等行业以及军事后勤等领域拥有大量的立体仓库。从规模和自动化程度来看，经济效益好、利润率较高的制药、电子、家电行业的立体仓库走在发展前列。自动化立体仓库已成为企业物流和生产管理不可缺少的一部分，越来越受到企业的重视。

现代物流中的自动化立体仓库是指利用立体仓库设备实现仓库高层合理化、存取自动化、操作简便化，是当前仓储技术水平较高的形式。自动化立体仓库的主体由货架、巷道式堆垛起重机、输送机系统和自动控制系统组成。货架是钢结构或钢筋混凝土结构的建筑物或结构体，货架内是标准尺寸的货位空间；巷道式堆垛起重机穿行于货架之间的巷道中，完成存货、取货的工作；管理上采用计算机及条形码技术。

一、自动化立体仓库的基本设施

（一）货架

目前国内外大多数自动化立体仓库都采用钢制货架，其优点是构件尺寸小、仓库空间利用率高、制作方便以及安装、建设周期短。货架内是标准尺寸的货位空间，每一个货位都有唯一地址，由其所在的货架的排数、列数及层数来决定，自动控制系统据此对所有货位进行管理。

（二）巷道式堆垛起重机

在两排高层货架之间一般留有 1～1.5m 宽的巷道，巷道式堆垛起重机（简称巷道机，见图 2－31）在巷道内做来回运动，其升降平台可做上下运动，升降平台上的存取货装置可对确定的某一个货位进行存取作业。

（1）　　（2）

图 2－31　巷道式堆垛起重机

（三）输送机系统

输送机系统所用的机械通常有输送机、自动导引车等，其作用是配合巷道式堆垛起重机完成商品的输送、转移、分拣等作业。当高层货架仓库内主要搬运系统因故障停止工作时，周边设备可以发挥作用，使自动化立体仓库可以继续运作。

（四）自动控制系统

自动化立体仓库的计算机中心或中央控制室接收到出库或入库信息后，工作人员通过计算机发出出库或入库指令，巷道式堆垛起重机、输送机系统及其他周边搬运设备按指令启动，共同完成出库或入库作业，工作人员对此过程进行全程监控和管理，保证存取作业按最优方案进行，这就是自动控制系统的运作流程。

二、自动化立体仓库的功能与分类

（一）自动化立体仓库的功能

1. 大量储存

一般情况下，自动化立体仓库的货架高度一般为5～30m，货位数可达十多万个，可储存30万个托盘。亚马逊、天猫、京东等大型电商企业的仓库每天吞吐的商品数量巨大，自动化立体仓库可以很好地满足这种需求。

2. 自动存取

自动化立体仓库的出入库及库内搬运作业全部实现由计算机控制的机电一体化作业，即自动化。在拥有几十万个货位的自动存取系统中，每天的作业只需要极少的人工，他们主要负责商品存取系统的操作、监控、维护等。只要工作人员给系统输入出库拣选、入库分拣、包装、组配、储存等作业指令，该系统就会调用巷道式堆垛起重机、自动分拣机、自动导引车及其配套的搬运设备协同运作，完全自动地完成各种作业。

（二）自动化立体仓库的分类

1. 按建筑形式分类

（1）整体式自动化立体仓库。

这种自动化立体仓库的货架与建筑物结构融为一体，货架既是储存商品的构件，又是仓库屋顶和墙体支撑的结构体系。因此，货架除承受商品的负荷外，还必须承受库顶重量，以及风力、地震等外力所产生的应力。一般认为，整体式自动化立体仓库适用于货架高度较高（15m以上）的情况。整体式自动化立体仓库的优点是比较经济，缺点是建成以后很难改变和扩建。

（2）分离式自动化立体仓库。

分离式自动化立体仓库的货架设置在库房建筑之内，货架结构与库房建筑是分离的。其优点是简单灵活，便于改变和扩建。分离式自动化立体仓库高度在15m以下较为经济，否则会因对地基承载力要求高而需要进行加固。

2. 按货架的结构形式分类

（1）货格式立体仓库。

货格式立体仓库是应用较为普遍的立体仓库，其特点是每一层货架都由同一尺寸的货格组成，货格开口面向货架之间的巷道，堆操机械在货架之间的巷道内行驶，以完成商品的存取。

（2）贯通式立体仓库。

贯通式立体仓库又称流动式货架仓库。这种仓库的货架之间没有间隔，不设巷道，货架组合成一个整体。货架纵向贯通，具有一定的坡度，每一层货架底部安装滑道、辊道等装置，使商品在重力的作用下，沿着滑道或辊道从高处向低处运动。

（3）循环货架立体仓库。

循环货架立体仓库的货架本身是一台垂直提升机或在水平面内沿环形路线来回运行的输送机。垂直提升机上悬挂货格，根据操作指令可以正转或反转，使需要提取的商品降落到最下面的取货位置，实现垂直方向的存取货作业；后者的每组货架由数十个独立的货柜组成，一台链式输送机将这些货柜串起来，每个货柜下方有支撑滚轮，上部有导向滚轮，输送机运转时，货柜便相应运动，工作人员发出操作指令将需要的货柜运转到拣选口，完成水平面内存取或拣选商品作业。

三、自动化立体仓库的优缺点

视频

自动化立体仓库的优缺点

（一）自动化立体仓库的优点

1. 提高空间利用率

由于自动化立体仓库采用大型仓储货架拼装，再加上自动化管理技术使得商品便于查找，因此自动化立体仓库比传统仓库的占地面积小，空间利用率高。自动化立体仓库能充分利用仓库的垂直空间，使其单位面积储存量远大于普通的单层仓库，一般能达到单层仓库的4～7倍。目前，有的立体仓库达40多米，容量为十多万个货位。在发达国家，提高空间利用率已经成为仓库合理性和先进性的重要考核指标。在提倡节能环保的今天，自动化立体仓库在节约土地资源方面有着很好的效果，也是未来仓储发展的一大趋势。

2. 形成先进的生产链

自动化立体仓库是形成先进的生产链的一环，可以促进生产力的进步。自动化立体仓库的作业效率高，可以有效地连接仓库外的生产环节，可以在存储中形成自动化的物流系统，从而形成有计划、有编排的生产链，使生产能力得到大幅提升。

3. 提高仓库的管理水平

自动化立体仓库利用计算机对商品信息进行准确无误的信息管理，减少在存储商品过程中可能会出现的差错，提高作业效率。同时，自动化立体仓库在商品运送中实现机械化，搬运工作安全可靠，降低破损率。自动化立体仓库采用巷道式堆垛起重机，它沿着廊道上的轨道运行，不会与货架碰撞，也无其他障碍物，因此行驶速度较快，借助计算机，它可以准确无误地完成商品在库内的搬运工作，作业效率高。

4. 提高货物仓储质量

自动化立体仓库利用计算机进行仓储管理，可以做到先进先出，防止商品自然老化、变质、生锈，也能避免丢失。在库存管理中采用计算机，可以迅速、准确地清点盘库，大大提高了商品的仓储质量。

5. 适应特殊存储环境的需要

自动化立体仓库能较好地适应黑暗、低温、有毒等特殊环境。例如，胶片厂储存胶片卷轴的自动化仓库，可以在完全黑暗的条件下，通过计算机控制，自动实现胶片卷轴的出库和入库。

（二）自动化立体仓库的缺点

（1）结构复杂，配套设备多，需要大量的基建和设备投资。

（2）货架安装精度要求高，施工比较困难，而且施工周期长。

（3）由于高层货架是利用标准货格进行单元储存的，因此对储存商品的种类有一定的限制，对长、大、重商品以及有特殊保管条件的商品，必须单独设立储存系统。

（4）由于仓库实行自动控制与管理，技术性比较强，因此对工作人员的技术业务素质要求比较高，只有那些具有一定文化水平和专业知识，且经过专门培训的人员才能胜任。

（5）工艺要求高。这包括：建库前的工艺设计；投产后须按工艺设计进行作业；必须注意设备的保管保养并与设备提供商保持长期联系。

（6）自动控制系统是仓库的“神经中枢”，一旦出现故障，将会使整个仓库处于瘫痪状态，收发作业就会中断。

项目小结

本项目首先介绍了仓库的功能和分类、智慧仓库区域布局规划；接着重点介绍了一般仓储设备，主要是货架、托盘、叉车等；最后介绍了智慧仓储设备和自动化立体仓库。通过本项目的学习，希望同学们能够了解和认识仓库及其设施设备，掌握常用和智慧仓库设施设备的使用常识，了解自动化立体仓库的结构、功能和管理方法。

同步练习

一、判断题

1. RGV在搬运、移动货物时需要其他辅助设备进入巷道，速度快、安全性高。（　　）

2. 按照构造进行分类，可将仓库分为多层仓库、立体仓库和散装仓库。（　　）

3. 自动分拣系统一般由控制装置、分类装置、输送装置及分拣道口组成。（　　）

4. 自动化仓库是指由计算机进行管理和控制，需要人工搬运实现收发作业的仓库。（　　）

5. 一般仓库的区域布局分为仓储作业区、辅助作业区和行政生活区。（　　）

二、单选题

1. 出库时受先进后出限制的货架是（　　）。

A. 重力式货架　　B. 驶出式货架　　C. 驶入式货架　　D. 阁楼式货架

2. 根据企业、市场需求状况，采用合理的采购方式，储存恰当数量的商品，体现了仓库管理内容中的（ ）。

A. 仓库业务管理问题　B. 仓库选址与建筑问题
C. 库存控制问题　D. 机械作业选择与配置问题

3. 按货架的高度分类，中层货架的高度为（ ）。

A. 5～15m　B. 4.5～15m　C. 5.5～15m　D. 4～14m

4. 托盘属于（ ）。

A. 计量设备　B. 储存设备
C. 搬运设备　D. 安全设备

5. 支架、隔板或托架组成的立体存储商品的设施是（ ）。

A. 托盘　B. 货位　C. 货架　D. 堆垛机

6. 我国现行国家标准的托盘规格是（ ）。

A. 1 200mm×800mm　B. 1 100mm×800mm
C. 1 100mm×1 100mm　D. 1 140mm×1 140mm

7. 作为商品进出仓库的一个暂存区，为商品进入下一个区域作准备的储区是（ ）。

A. 保管区　B. 备货区　C. 待检区　D. 拣货区

8. 利用高层托盘或货箱货架储存商品，利用自动存取设备或其他高层取货设备进行作业的仓库被称为（ ）。

A. 平房仓库　B. 高层货架仓库　C. 多层仓库　D. 保税仓库

9. 商品从分拣作业开始到分拣作业完成，都是依靠自动分拣系统来实现的拣选方法是（ ）。

A. 机械拣选　B. 自动拣选　C. 半机械拣选　D. 人工拣选

10. 直接支撑仓库屋顶和围壁的货架，被称为（ ）。

A. 高层货架　B. 封闭式货架　C. 固定式货架　D. 整体结构式货架

三、简答题

1. 仓库的总体布局指的是什么？合理布局的原则有哪些？
2. 常见的智能搬运车有哪些？
3. 自动化立体仓库指的是什么？它一般由哪些设备组成？
4. 我国联运平托盘的标准是什么？

四、案例分析

××物流公司是一家综合服务型物流企业，专业从事国内公路运输和航空运输代理。××物流公司总部设在广州，在全国25个省、自治区、直辖市设有营业网点，服务网络遍及国内400多个城市和地区。迄今为止，公司设立了广州、深圳、东莞等八大区，拥有多家直属分公司及营业部，总资产逾亿元。××物流公司为什么要把总部和最大仓库、配送中心设在广州呢？

任何一个仓库在规划建设初期都会将如何快速有效地送达商品作为考虑因素之一。由于商品的目的地大多是人口聚集地，因此仓库选址在运输成本和操作效率上所反映出的相关性就十分显著。广东省的水、陆、空交通在我国处于领先地位，这里既有医疗设施齐全的医院，也有路线完善的公交网络等公共服务设施。

××物流公司还考虑了成本问题，研究人员做了大量有关仓储行业发展的实践调查，并且提供了一份国内多个城市的仓储配送中心运营成本比较分析报告。该公司的研究人员假定有一个占地35万平方米和有150名配套劳动力的仓库，通过公路为全国市场运输商品。从建设费用、能源、供热和空气条件，以及运输成本等方面进行综合考虑，公司的总部和最大仓库、配送中心最终选址广州。从20世纪90年代末到21世纪初××物流公司的发展，就可以看出××物流公司仓库选址的优越性所在。

请思考：

1. 仓库选址的目标和原则是什么？

2. 通过分析××物流公司仓库选址的成功案例，论述仓库选址时需要考虑的因素有哪些？

项目三
智慧仓储作业

学习目标

※ 知识目标

1. 明确商品入库、养护管理和出库作业流程
2. 掌握盘点等作业的流程和注意事项

※ 能力目标

1. 能完成入库、养护管理和出库作业
2. 能合理安排仓库货位

※ 素养目标

通过智慧仓储作业知识的学习，希望同学们养成认真细致、敬业守则的职业精神，了解物流行业在国民经济中的重要性，培养专业归属感和自豪感

案例引入

××物流有限公司在天津化学工业区内拥有占地面积近10万平米的仓库，内有标准仓库15栋（含保温库6栋），库房高8～10m，专门用于储运大型机电产品。单个仓库库房面积为1 000～3 000m^2，地面防潮处理较好，库内配备简单的立体货架4～5层，高约3m，并配有5t、10t桥式吊车，库房实行机械通风。场内有铁路专用线及相关设备，并且有专业的消防队伍。

公司在天津市武清区的仓库为集散型仓库，主要储存家用电器、食品、医药、装饰品等，库房堆高6～7m。金山地区仓库负责零散商品的储存、配送、运输作业，部分商品由厂家自己负责储存、运输与配送，其主要作业流程包括收货、抽样检测、进库堆垛、保管、出库等。

为了能够使这些仓库的工作有条不紊地按照既定规范进行，公司根据不同仓库商品的特点，制定了恰当的接运、装卸搬运、验收、堆垛、分拣、备货等作业标准和要求，保证低成本发挥仓储功能，实现仓储合理化。认真落实这些标准和要求，能够保证入库商品的数量和库内保管质量符合要求，能够精确详细地填写仓库保管凭证和报表，能够对商品进行及时的跟踪管理。

现代物流中仓库商品的出入库并不仅仅是简单的搬运、交接，而是一个拥有规定流程和作业标准的较复杂环节。例如：商品入库前，库房需要事先规划好货位、安排好验收事宜、填写有关单据等，需要提前做好很多准备工作。作为一名物流专业的学生，你必须对仓库作业的各个流程和环节有深入的了解。

任务一　商品入库作业

情境导入

某仓库收到合作超市发来的入库申请一份，入库申请内容如下：2025年1月20日入库存放300台洗衣机、200台55英寸电视机、1 000箱方便面、400箱瓶装饮用水、600箱饼干、400箱洗衣液。工作人员要根据入库申请编制入库作业计划，做好货位规划、检查验收、装卸搬运等各项准备工作，保证商品快速、准确、安全地入库。

任务分解

1. 能够编制商品入库作业计划和安排商品交接方式
2. 掌握商品入库所需资源的分析方法
3. 了解商品装卸搬运的方法

素养园地

由于入库作业是否合理直接影响后续的仓储管理，因此业务部门需要提前编制入库作业计划，需要对入库所需的人员、设备、货位进行统筹安排。希望同学们在学习的过程中形成大局观，具备节约、环保等职业素养。

知识准备

一、商品入库前工作

（一）接收入库申请

1. 入库申请

入库申请是编制入库作业计划的基础和依据，是指存货人（供货商）对仓储服务产生需求，并向仓储企业发出需求通知的活动。仓储企业接到申请之后，应对此项业务进行评估，并结合仓储企业自身业务状况作出反应。若拒绝该项业务，仓储企业应作出合理解释，以求得客户的谅解；若接受该项业务，仓储企业应编制入库作业计划，并分别传递给存货人和仓库，仓库要做好各项准备工作。

2. 入库通知单

入库通知单是存货人给仓库的一份客户委托，即存货人向仓储企业提出入库申请的书面文件。入库通知单一般由存货人或其委托方根据仓储协议，在一批商品由司机送达仓库前下达给仓库，仅起到预报入库信息的作用。入库通知单的内容一般包括编号、日期、订单号、供应商、存货人、商品编号、商品名称、商品属性、商品件数、商品重量、包装材质及规格、存放地点等信息。

例题：××物流公司接到入库通知单，将为××连锁超市储存一批食品，入库通知单如表3-1所示。

表3-1　入库通知单

编号：R10122437　　　　计划入库时间：2025年1月20日

序号	商品名称	包装规格（mm）（长×宽×高）	单价（元/箱）	重量（kg）	入库数量（箱）
1	香瓜子	595×395×375	110	21	10
2	方便面	595×325×330	160	3	18
3	香香麦片	495×395×320	420	35	36
4	蜂王浆冻干粉片	395×295×275	260	16	30
5	五香花生	395×245×265	180	30	24

续前表

序号	商品名称	包装规格（mm）（长×宽×高）	单价（元/箱）	重量（kg）	入库数量（箱）
6	板栗	330×235×240	240	35	60
7	婴儿营养米粉	295×245×240	400	18	32
8	干红葡萄酒	460×260×230	300	16	18
9	薯片	455×245×200	80	2	50

存货人：××连锁超市

××物流公司仓储业务部门收到××连锁超市的入库通知单后，要对入库通知单中的商品进行分析评估，包括到货日期、商品属性、包装、数量、储存时间及本企业的接卸货能力、储存空间、温湿度控制能力等。

如果经过评估，认为此项业务完全属于本企业业务范畴，仓储业务部门就可以开始编制入库作业计划，并分别发给存货人和仓库。发给存货人的入库作业计划作为存货人入库申请的确认，发给仓库的入库作业计划作为生产计划，仓库依此计划进行生产准备。

（二）编制入库作业计划

入库作业计划是指仓储业务部门根据本部门和存货人等外部实际情况，权衡存货人的需求和仓库存储的可能性，通过科学的预测，提出在未来一定时期内仓库要达到的目标和实现目标的方法的文件。

1. 编制入库作业计划的原则

为安全有效地交接商品、仓库按期准确地组织商品入库，在编制入库作业计划时，业务部门必须注意遵循以下几项原则：

（1）合理利用人力及设备。

在组织和安排收货作业时，业务部门要考虑现有的人力和设备资源，资源调度安排要与收货作业日的活动分布相配合。对于供应商能够直接送货入库的，应要求对方自行卸货，以减少人工，并保证卸货作业能正常进行。

（2）有效衔接仓储各作业环节。

入库作业计划要充分考虑收货作业和存储作业、发货作业的有效衔接。仓库存储、发货一般采用托盘、箱、小包及单件四种包装方式，收货也应采用这四种包装方式。在收货作业时，仓库必须通过拆箱、重新包装等方式将入库包装单位转换成适合存储的包装单位；同时，尽量使用可流通的容器，有利于装卸搬运设备的使用，以节省更换容器的时间。

（3）力求集中操作。

在编制作业计划时，业务部门要力求将卸货、分类、标记、验货等作业环节集中在一个场地，这样既可以减少空间的占用，也可以节省商品装卸搬运次数，降低作业成本，提高作业效率。

（4）直线式商品流动。

业务部门应尽量把码头月台到储存区的活动路线设计为直线，从而使商品移动距离最短。

（5）合理安排作业顺序。

业务部门通过制作作业相关性分析图，合理布置作业顺序，避免倒装、倒流等现象。

（6）详细完整地记录入库信息。

入库作业计划的编制，需要详细完整的商品信息，因为商品的种类、特性与数量会直接影响接货方式、人员安排、仓储设施设备的配备、库区货位的分配等。详细记录入库信息，也可以方便后续存取及信息查询。

2. 入库作业计划的内容

入库作业计划是存货人发货和仓库进行入库准备的依据。入库作业计划的内容主要包括：

（1）商品入库的时间、数量、包装形式、规格。

（2）计划商品所需占用的仓容大小。

（3）车辆到达的预估时间和送货车型。

（4）为了方便装卸搬运，车辆的停放位置。

（5）商品的临时存放地点。

（6）商品交接及检验的方法、流程，需要使用的工具和单据等。

（7）根据商品在库时间，物理、化学、生物特性，单件体积、重量，包装等，确定货位位置。

（8）参与入库作业的有关部门。

仓库在对入库作业计划作出测评与分析之后，即可开展商品入库准备工作。

（三）入库准备工作

仓库应该根据仓储合同、入库单和入库计划，及时进行入库准备，以便商品能按时入库，保证入库过程的顺利进行。入库准备工作需要仓库各部门分工合作，共同完成。

视频

商品入库准备

1. 熟悉入库商品

仓库工作人员应该详细了解入库商品的品种、规格、数量、包装状态、单件体积、到库时间、商品存期、商品的物理化学特性、保管要求等情况，根据这些信息做好仓库场地安排和准备。

2. 准备仓库货位

仓库工作人员要及时准备货位，根据入库计划，在商品到达前确定存储的位置和所需的货位面积，然后彻底清洁货位。对于洁净度要求较高的商品，必要时，仓库要安排消毒、除虫、铺地等工作。

仓库货位是仓库内具体存放商品的位置。为了使仓库管理有序、操作规范，并能准确标示存货位置，人们根据仓库的结构和功能，按照一定的要求将仓库存货位置进行分块分位，形成货位。每一个货位都用一个编号表示，以便区别。货位编号就是仓库中存放商品位置的标识，一般不随意改变。货位可大可小，有几千平方米的散货货位，也有不到一平方米的橱架货位，它是根据具体所存商品的情况确定的。

（1）货位的使用方式。

视频

货位的使用方式

仓库货位的使用有以下三种方式：

1）固定货物的货位。若货位只用于存放特定的商品，则使用时要严格区分，绝不能混用、串用。长期货源的计划库存、配送中心等大都采用固定货物货位的方式。这种方式便于拣选、查找商品，但是空间利用率较低。由于存储的商品固定，因此企业可以对货位进行有针对性的设计，这有利于提高保管质量。

2）不固定货物的货位。这是指商品任意存放在有空的货位，不加分类。不固定货位有利于提高仓库空间利用率，但是仓库内显得混乱，不便于查找和管理。对于周转极快的专业流通仓库，商品保管时间极短，大都采用不固定方式。在计算机的配合管理下，这种货位使用方式能充分利用仓库空间，且查找方便。采用不固定货物货位的方式仍然要遵循仓储的分类安全原则。

3）分类固定货物的货位。这是指对货位进行分区和分片，同一区内只存放一类商品，但在同一区内的货位则采用不固定货物货位的方式。这种货位使用方式既有利于商品保管，也能方便查找商品，仓库空间利用率可以得到提高。大多数储存仓库都采用这种方式。

（2）货位的选择原则。

视频

货位的选择原则

1）根据商品的尺寸、数量、特性、保管要求选择货位。货位的通风、光照、温度、排水等条件要满足商品保管的需要；货位的容量与商品数量接近；选择货位时要考虑相近商品的情况，防止与相近商品互相影响；需要经常检查的商品，宜存放在方便检查的货位上。

2）保证先进先出、缓不围急。先进先出是仓储保管的重要原则，能避免商品超期变质。在货位安排时既要避免后进商品堵住先进商品，也要避免存期较长的商品围堵存期较短的商品。

3）出入库频率高的商品使用方便作业的货位。持续入库或者持续出库的商品应安排在靠近出口的货位，以方便出入；流动性差的商品可以离出口较远；存期短的商品要安排在出口附近。

4）小票集中、大不围小、重近轻远。多种小批量商品应合用一个货位或者集中在一个货位区，避免夹存在大批量商品的货位中，以便查找；重货应离装卸作业区近一些，以减少搬运作业或者可以直接用装卸设备进行堆垛作业。使用货架时，重货放在货架下层；需要人力搬运的重货，宜存放在腰部高度的货位。

5）方便操作。货位应方便进行搬运、堆垛、上架等作业，留有足够的机动作业场地，能使用机械进行直达作业。

6）作业分布均匀。尽可能避免同一仓库内或者同条作业路线上多项作业同时进行。

（3）货位的编号方法。

目前，仓库中货位编号常用的方法有以下几种：

视频

货位编号的常用方法

1）仓库内储存场所的编号。整个仓库内的储存场所若有库房、货棚、货场，则可以按一定的顺序（自左向右或自右向左），各自连续编号。库房的编号一般写在库房的外墙上或库门上，字体端正、色彩鲜艳、清晰醒目、易于辨认。货棚编号书写的地方可根据具体情况而定，应让人一目了然。货场的编号一般写在场地上，书写的材料要耐摩擦、耐雨淋、耐日晒。

2）库房编号。对于多层库房的编号，常采用三位数编号、四位数编号、五位数编号的方法。三位数编号是用 3 个数字或字母依次表示库房、楼层和仓间，如 131 表示 1 号库房、3 楼、1 号仓间。四位数编号是用 4 个数字或字母依次表示库房、楼层、仓间和货架，如 1331 表示 1 号库房、3 楼、3 号仓间、1 号货架。五位数编号是用 5 个数字或字母依次表示库房、楼层、仓间、货架、货格，如 13311 表示 1 号库房、3 楼、3 号仓间、1 号货架、1 号货格。

3）货位编号。货位布置的方式不同，其编号方式也不同。货位布置的方式一般有两种：横列式和纵列式。横列式，即货位与货场的宽平行排列，可采用横向编号。纵列式，即货位与货场的宽垂直排列，可采用纵向编号。无论是横向编号还是纵向编号，编号的具体方法一般有两种：一是按照货位的排列，先编排号，再在排号内按顺序编号；二是不编排号，采用自左至右或自前至后的方法，按顺序编号。横列式货位编号如图 3－1 所示。

4）货架上各货位的编号。库房内所有的货架，按照进入库门的方向，从前到后按排进行编号，继而对每排货架的货位按层、位进行编号。顺序应是从上到下、从左到右、从里到外。

（4）货位编号的应用。

当商品入库后，工作人员应将商品所在货位的编号及时登记在账册上或输入计算机中。货位输入准确与否，直接决定了出货的准确性，因此工作人员应谨慎操作，避免出错。

当商品所在的货位变动时，该商品账册上的货位编号也应作相应的调整。为提高货位利用率，一般同一货位可以存放不同规格的商品，但必须配备明显的标识，以免造成差错。

3. 准备苫垫材料

工作人员应根据预计到货商品的特性、体积、质量、数量和到货时间等信息，结合商品分区、分类和货位管理的要求确定货位；同时，要做好防雨、防潮、防尘、防晒准备，即准备好所需的苫垫材料。

苫垫材料应根据货位和到货商品特性进行合理的选择。选择垫垛材料时要考虑商品避免受地坪潮气的侵蚀，并满足垛底通风的需求。垫垛材料主要包括枕木、方木、木板、

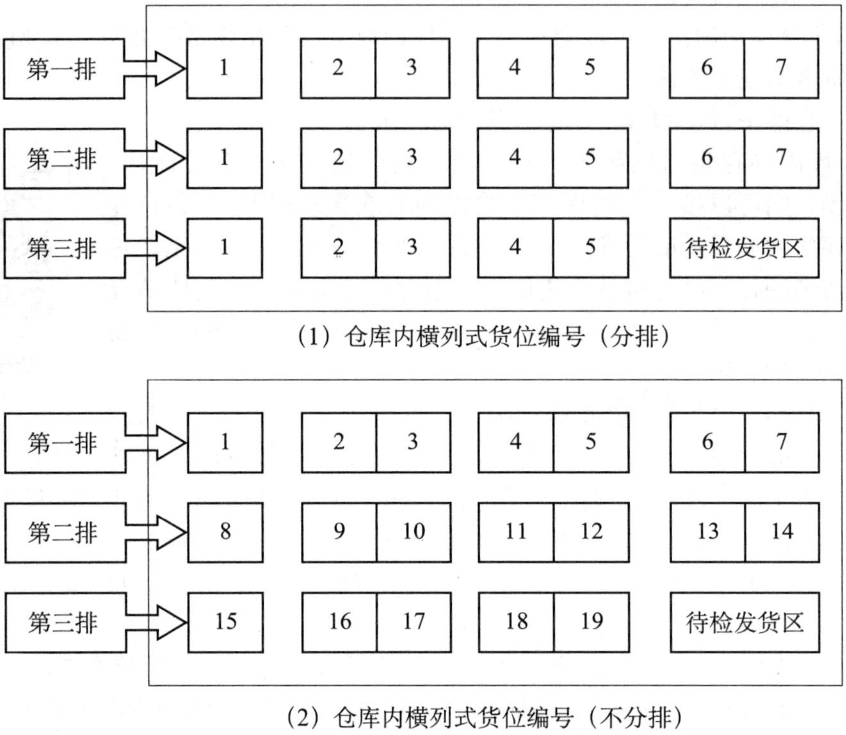

图 3-1　横列式货位编号示意图

石条、水泥墩、防潮纸（布）及垫板等。苫盖材料主要包括塑料布、席子、油毡纸、铁皮及苫盖瓦等，可使商品免受风吹、雨打、日晒、冰冻的侵蚀。

4. 准备验收

工作人员根据商品情况和仓库管理制度，确定验收方法，准备验收所需要的计数、称量、开箱、装箱、丈量、照明等工具。

5. 准备装卸搬运工具

工作人员根据入库货物数量、重量、包装形态等，以及仓库的货位、设备、人员情况，准备合理的装卸搬运工具，保证装卸作业有序、高效地开展。如果入库货物的单件重量（或包装单元重量）和体积较大，就需要使用叉车；如果货物的体积和重量适中，就可以选择液压托盘搬运车或人力小推车。

6. 准备文件单据

工作人员要事先准备好商品入库所需要的各种报表、单证、账簿等。

二、商品接运和入库验收

商品的接运和验收是入库业务流程中的一个重要环节。在这一环节中，仓库会直接与合作企业发生外部联系。接运和验收工作的正确、及时、有序开展，有利于提升作业效率，分清责任。该项工作是整个仓库作业的开端，是开展仓储业务的前提，对后期商品养护管理会产生直接影响。

（一）商品接运

由于商品到达仓库的形式不同，除了一小部分商品由供货单位直接运到仓库交货，大部分商品要经过转运。凡经过交通运输部门转运的商品，均需要经过仓库接运后，才能进行入库验收。因此，商品接运是商品入库业务流程的第一道作业环节，是仓库直接与外部发生经济联系的环节。它的主要任务是及时而准确地提取入库商品，要求手续清楚、责任分明，为验收工作创造有利条件。

1. 商品接运管理

接运工作是商品入库和保管的前提，接运工作的好坏，会直接影响商品的验收和入库后的保管保养。因此，仓库在接运由交通运输部门转运来的商品时，必须认真检查，分清责任，取得必要的证据，避免将一些在运输过程中或运输前就已经损坏的商品入库，造成验收中责任难以分清、养护管理的困难或损失。

仓库还需要熟悉以下情况：交通运输部门的要求和制度；发货人与交通运输部门的交接关系和责任的划分；交通运输部门在运输中应负的责任；收货人的责任；交通运输部门编制普通记录和商务记录的范围；向交通运输部门索赔的手续和必要的证件等。

接运方式主要有四种，具体如下：

（1）车站或码头接货。

提货人应了解所提取商品的品名、型号、特性、一般保管知识和装卸搬运注意事项等。提货人在提货前应做好接运商品的准备工作，如准备好装卸运输工具、腾出存放商品的场地等。提货人在到货前，应主动了解到货时间和交货情况，根据商品数量组织装卸人员、机具和车辆，按时提货。

提货人提货时应根据运单以及有关资料详细核对品名、规格和数量，并要注意商品外观，查看包装、封印是否完好，有无玷污、受潮、腐烂、油渍等。若有疑点或商品与货单不符，提货人应当场要求交通运输部门检查。对短缺、损坏情况，凡属交通运输部门方面责任的，应作商务记录；属于其他方面责任需要交通运输部门证明的，应作普通记录，由运输人员签字。记录内容要与实际情况相符。

在短途运输中，商品要不混不乱，避免碰坏损失。危险品应按照危险品搬运规定办理。

商品到库后，提货人应与保管员密切配合，尽量做到提货、运输、验收、入库、堆码一条龙作业，从而缩短入库验收时间，并办理内部交接手续。

（2）铁路专用线接车。

铁路部门将转运的商品直接运送到仓库内部专运线，提货人收到车站到货预报后，应该按照以下步骤做好接货工作：

1）接车准备。根据到货预报的时间，提货人应该首先确定卸车的位置，力求缩短场内搬运的距离，并准备卸车所需的人力和机械，确保能够按时完成卸车任务，保质保量地开展卸车作业。

2）卸货前的准备。在进行卸货作业前，提货人要先对车上的商品进行大致的检查，以防止误卸，并划清商品运输事故的责任。

卸货前需要做以下工作：核对车号是否与接到的到货通知相符；检查车门、车窗有无异常，封条及印纹是否脱落、破损，是否清晰并相符等；商品名称、箱数件数与货运单上的名称、箱数、件数是否一致；对盖有篷布的敞车，应检查覆盖状况是否严密完好，尤其要检查有无雨水渗漏的迹象、有无商品破损或散捆等情况。检查中若发现问题，提货人要会同铁路在库值班的司检人员当面复查，并编制详细的记录，作为日后处理问题的依据。

3）卸车作业。商品经过检查后，就可以安排相关作业人员正式进行卸车作业了。卸车时要注意：为验收和入库保管提供便利条件，分清车号、品名和规格，不混不乱；保证包装完好，不碰坏，不压伤，更不得自行打开包装；应根据商品的性质合理堆放，以免混淆，卸车后应在商品上标明车号和卸车日期；卸下的商品应放在距专运线铁轨外侧指定的地方，商品应做好临时的下垫上苫，以防受潮和污损；对品名不符、包装破损、受潮和损坏的商品，应另外堆放，写明标志，并与铁路承运部门联合检查、编制记录。

4）卸车后的清理。卸车作业完成后，提货人还要组织相关作业人员对卸货现场进行清理，检查车内商品是否全部卸完；清理完毕后，关好车门车窗，并通知车站取车。

5）填写到货账单。商品卸完后，提货人要根据商品的情况填写到货台账，具体内容应该包括到货商品名称、规格、数量、到货日期、商品发站、发货单位、送货车批号、商品有无异状等。

6）办理内部交接手续。接货工作完成后，提货人还要办理内部的交接手续，应将到货台账及其他资料与收到的商品一并交给仓库保管员，并让其为商品办理入库手续。

（3）自提货。

仓库受货主委托直接到供货单位提货时，应将接货与验收工作结合起来同时进行。

提货人应根据提货通知，了解所提商品的性能、规格、数量，准备好提货所需的机械、工具、人员，当场检验商品质量和清点数量，并做好验收记录，将接货工作与验收工作合并一次完成。

（4）送货到库。

这是存货人或其委托的承运单位把商品直接送到仓库的一种方式。当商品到达后，提货人及验收人员应直接与配送人员对接，当面验收并办理交接手续。如果有差错，提货人应该会同配送人员查实，由配送人员出具书面证明并签章确认，留作以后处理问题的依据。

2. 安排接货作业的原则

（1）作业顺序最优原则。

视频

接货作业原则

工作人员应该综合考虑商品的紧急程度、商品在承运单位的保存时间和费用、仓库的人力与物力资源等各种因素，合理地安排接货顺序。

（2）作业路线最短原则。

工作人员规划距离最短的接货作业路线可以减少设备和人员在各个设施之间的运动距离，节省作业时间。

（3）时间有效利用原则。

工作人员要使接货作业的各项作业衔接顺畅，减少各个环节上人员和设备的闲置时间，从而缩短整个物流作业的时间。

（4）设备合理使用原则。

工作人员应综合考虑商品的装卸搬运要求、设备的使用要求以及各种设备之间的协调，以发挥不同设备的使用特点，提高作业效率。

（5）作业流程合理设计原则。

根据作业内容的不同，仓库可分为储存型仓库和流转型仓库。不同类型仓库的作业流程差异很大。储存型仓库的进出库基本上为整进整出，商品基本按原包装入库和出库，业务流程比较简单；流转型仓库的进出库一般为整进零出或零进整出，需要开展大量的分拣备货工作，业务流程复杂。为了以最小的人力和物力耗费，在最短的时间内完成各项作业，工作人员就必须按照各个作业环节之间的内在联系对作业场地进行合理配置，使各作业环节之间紧密衔接。

3. 接货差错的处理

视频

接货差错处理

在接货过程中，有可能会发生错发、混装、漏装、丢失、损坏、受潮、污损等差错。面对这些情况，仓库要先确认产生差错的原因，要求责任单位作出合理赔偿，同时完善有关制度。

（1）确认差错原因。

接货过程中发现差错，工作人员应立即核对承运单位的运输记录，以尽快确认产生差错的原因。

（2）签收商品。

确认商品情况与运输记录的内容相符后，提货人应在运输记录的“收货人”栏签名，并领取运输记录的货主联。

（3）申请赔偿。

一般来说，仓库向承运单位申请赔偿都是有时间限制的。收货单位向承运单位提出赔偿申请，首先要商定赔偿方式，然后办理赔偿手续，最后填写赔偿申请书。

（二）入库验收

商品入库验收是按照验收业务流程，履行核对凭证等规定的程序和手续，对入库商品进行数量和质量检验的经济技术活动的总称。

1. 验收的作用

所有到库商品，必须在入库前进行验收，只有在验收合格后才算正式入库。一方面，各种商品来源复杂、渠道繁多，从结束其生产过程到进入仓库以前，经过了一系列储运环节，受到各种外界因素的影响，其质量和数量可能发生某种程度的变化；另一方面，各种商品虽然在出厂前都经过了检验，但有时也会出现失误，造成错检或漏检，使一些不合格品按合格品交货。

（1）验收是商品保管和保养的基础。

入库验收工作是做好商品保管和保养的基础。到库商品经过了一系列的储运环节，外包装会出现损坏或散失的情况，没有外包装的商品更容易发生变化。这些情况的出现都将影响商品的保管和保养，只有在商品入库时进行验收检查，判明商品的实际状况，工作人员才能采取有针对性的措施。

（2）验收记录是仓库提出退货、换货和索赔的依据。

商品验收过程中，若发现商品数量不足、规格不符或质量不合格，验收人员应作出详细的验收记录，据此由业务主管部门向供货单位提出退货、换货或向承运责任方提出索赔等要求。如果商品入库时未进行严格的验收或没有作出严格的验收记录，而是在保管过程中，甚至在发货时才发现问题，就会使责任不清，仓库会因此丧失理赔权，给企业带来不必要的经济损失。所以只有经过严格的检验，在分清了商品入库前供货单位以及各个流转运输环节的责任后，才能将符合合同规定和企业生产需要的商品入库。

（3）验收是避免商品积压，减少经济损失的重要手段。

对于一批不合格商品，如果不经过检查验收就按合格商品入库，就必然会造成商品积压；对于计重商品，如果不进行检斤验数就按有关单据的供货数量付款，当实际数量不足时，就会造成经济损失。因此，严格的商品验收可以确保仓库内部劳动的有效性。

（4）验收有利于维护国家利益。

改革开放使我国经济与世界经济的联系日益紧密，进口商品的数量和品种不断增加。进口商品的国别、产地和厂家等情况更为复杂，工作人员必须依据进口商品验收工作的程序与制度，严格认真地做好验收工作，否则就不能及时发现商品数量与质量方面的问题，若超过索赔期，即使发现问题，也难以交涉，就会造成重大经济损失。

2. 验收的要求

商品验收工作是一项技术要求高、组织严密的工作，关系整个仓储业务能否顺利进行，因此必须做到及时、准确、严格和经济。

（1）及时。

到库商品必须在规定的期限内完成验收。因为商品虽然到库，但是未经过验收的商品不算入库入账。只有及时验收、尽快提出检验报告，才能保证商品尽快入库，满足用料单位需要，加快物资和资金周转。同时商品的托收承付和索赔都有一定的期限，如果验收时发现商品不符合规定要求，无论是退货、换货还是赔偿等要求，均应在规定的期限内提出。

（2）准确。

验收的各项数据或检验报告必须准确无误，验收的目的是要弄清商品数量和质量方面的实际情况，验收工作做得不到位，就失去了意义。不准确的验收会引起保管工作的混乱，严重时还可能危及安全。

（3）严格。

仓库有关各方都要严肃认真地对待商品验收工作。验收工作的好坏直接关系国家和企业利益，关系以后各项仓储业务的顺利开展，因此仓库领导应高度重视验收工作，验收人员更要以高度负责的精神来对待这项工作。

（4）经济。

多数情况下，商品验收不但需要检验设备和验收人员，而且需要装卸搬运机具和设备以及相应工种工人的协作。这就要求各工种密切配合，合理组织调配人员与设备，以节省作业费用。此外，在验收工作中，验收人员应尽可能保护原包装，减少或避免破坏性试验，这也是提高作业经济性的有效手段。

3. 验收的流程及内容

（1）验收准备。

仓库接到到货通知后，应根据到库商品的特性做好验收前的准备工作。验收准备是做好整个验收工作的前提，大致包括以下内容：

1）人员准备。仓库要安排好负责质量验收的技术人员和配合数量验收的装卸搬运人员。对于技术特性复杂的商品，提货人还要及时和用货单位的专业技术人员进行有效沟通。

2）资料准备。提货人收集并熟悉待验商品的有关文件，如技术标准、订货合同等。

3）器具准备。验收人员准备好验收用的检验工具，如衡器或量具等，并校验准确。

4）货位准备。仓库确定验收入库时存放的货位，计算和准备堆码所需的苫垫材料。

5）防护准备。对于某些特殊商品，如有毒有害品、腐蚀品或放射品等，验收人员在验收前需要准备相应的防护用品。

6）设备准备。大批量商品的数量验收，必须要有装卸搬运机械的配合，因此，提货人应提前做好设备的申请调用工作。

（2）核查入库单证。

1）入库通知单与订货合同副本。入库通知单和订货合同副本是仓库接收商品的凭证，应与所提交的随货单证及商品内容相符。

2）供货商单证。供货商单证主要包括送货单、装箱单、磅码单和原产地证明等。

送货单由供货商开具，通常包括五联：白联为存根，由发货部门留存；红联为记账联，由财务部门留存；绿联为回单，由收货人签字确认后带回；蓝联由收货人留存；黄联为出门证，由门卫留存。送货单所记载的内容如表 3-2 所示。

表 3-2 送货单

送货单位：　　　　　　　　　　　　　　　　　　送货日期：　　年　月　日

序号	商品名称	规格型号	单位	数量	单价	金额	备注
1	冰箱	3 门	台	8	￥2 000.00	￥16 000.00	
2	彩电	42 英寸	台	6	￥3 000.00	￥18 000.00	
3	笔记本电脑	14 英寸	台	7	￥3 800.00	￥26 600.00	
金额合计（大写）：陆万零陆佰元整					小写金额	￥60 600.00	

送货单位及经手人（盖章）：　　　　　　　　　　收货单位及经手人（盖章）：

装箱单、磅码单是商业发票的一种补充单据，是详细列表说明商品的不同包装规格、不同花色和不同重量的一种单据，是仓库收货时核对商品的品种、花色、尺寸和规格的主要依据。

原产地证明是用以证明商品的生产国别，进口国海关凭以核定应征收税率的单证。

3）承运人单证。承运人单证主要是指运单。运单是由承运人或其代理人签发的，证明货物运输合同和货物由承运人接管或装船，以及承运人保证将货物交给指定的收货人的一种单证。运单由承运单位开出，内容包括承运货物名称、包装、单位、单价、数量、承运时间、联系方式等信息。运单通常为三至五联，主要作用如下：

①“两次三方”的货物交接凭证。“两次”指的是托运人和承运人之间的货物交接，承运人和收货人之间的货物交接。“三方”指的是托运人、承运人和收货人。

②承运人与托运人财务核算的凭证。仓库在核对凭证时，必须先对上述凭证记录内容进行核实，再根据这些凭证上所列示内容对货物进行逐项核对。也就是说，首先进行证证核对，按照货物运送的过程，分类整理相应凭证，根据证件之间的相关性，核对各种凭证的真实性及准确性；然后进行物证核对，根据凭证上所列的送货单位、收货单位、货物名称、规格、数量等具体内容，与货物进行比对。

如果发现证件不齐或物证不符等情况，要尽快与货主、供货单位、承运单位及相关业务部门取得联系，并妥善加以解决。

（3）实物检验。

实物检验，就是根据入库单和有关技术资料对实物进行数量和质量检验。商品验收方式分为全验和抽验。在进行外观和数量验收时一般要求全验；当批量小、规格复杂、包装不整齐或要求严格验收时可以采用全验的方式。全验需要大量的人力、物力和很长时间，但是可以保证验收的质量。在批量大、规格和包装整齐、存货单位的信誉较高或验收条件有限的情况下，通常采用抽验的方式。商品质量的提升、储运管理水平的提高和数理统计方法的发展，为抽验方式提供了物质条件和理论依据。商品验收方式和有关程序应该由供货单位和仓库共同协商，并通过协议在合同中加以明确。

1）数量检验。数量检验是保证商品数量的重要步骤，一般在质量验收之前，由仓库保管职能机构组织进行。按商品性质和包装情况，数量检验分为三种形式，即计件、检斤、检尺求积。

视频

实物检验

计件是指对于按件数供货或以件数为计量单位的商品，进行数量验收时清点件数。一般情况下，计件商品应全部逐一点清。国内商品只检查外包装，不拆包检查，进口商品按合同或惯例检查。

检斤是指对于按重量供货或以重量为计量单位的商品，进行数量验收时称重。金属材料和某些化工产品通常需要检斤。所有检斤的商品都应填写磅码单。按换算方法换算重量的通常先要进行检尺，如金属材料中的板材和型材等，然后按规定的换算方法换算成重量验收。对于进口商品，原则上应全部检斤，但如果合同规定按换算方法换算重量交货，就按合同规定办理。

检尺求积是指对以体积为计量单位的商品，如木材、竹材、砂石等，先检尺，后求体积。在数量验收之前，工作人员还应根据商品来源、包装好坏和有关部门规定，确定对到库商品采取抽验还是全验。在一般情况下，数量检验应全验，如果管理机构有统一规定，可按规定办理。

2）质量检验。质量检验包括外观检验、尺寸精度检验、机械物理性能检验和化学成分检验四种形式。仓库一般只作外观检验和尺寸精度检验，如果有必要，后两种检验就由仓库技术管理职能机构取样，委托专门的检验机构检验。

①外观检验。外观检验由仓库保管职能机构组织进行。外观检验是指通过人的感觉器官对商品的质量进行检验。外观检验的内容包括：检验商品的包装外形或装饰有无缺陷；检查包装的牢固程度；检查商品有无损伤，如撞击、变形或破碎等；检查商品是否被雨、雪、油污等污染，有无潮湿、霉腐或生虫等。外观有缺陷的商品，有时可能影响质量，所以外观有严重缺陷的商品要单独存放，防止混杂。凡经过外观检验的商品，都应该填写检验报告（见表 3－3）。外观检验是通过直接观察商品包装或外观来判断质量情况，大大简化了仓库的质量验收工作，避免了各个部门反复进行复杂的质量检验，从而节省了大量的人力、物力和时间。

②尺寸精度检验。需要进行尺寸精度检验的商品主要是金属材料中的型材、部分机电产品和少数建筑材料。不同型材的尺寸检验各有特点，椭圆型材主要检验直径和圆度、管材主要检验壁厚和内径、板材主要检验厚度及其均匀度等。用料单位会派专业人员对一些机电产品进行检验。尺寸精度检验是一项技术性强、耗时长的工作，全部检验的工作量大，并且有些商品质量的特征只有通过破坏性的检验才能测定，所以一般采用抽验的方式进行。

表 3-3 检验报告

<table>
<tr><td>供货商</td><td colspan="2"></td><td>订单号</td><td colspan="2"></td><td>验收人员</td><td colspan="2"></td></tr>
<tr><td>运单号</td><td colspan="5"></td><td>验收日期</td><td colspan="2"></td></tr>
<tr><td rowspan="2">运货日期</td><td colspan="2" rowspan="2"></td><td rowspan="2">到货日期</td><td colspan="2" rowspan="2"></td><td>复核人员</td><td colspan="2"></td></tr>
<tr><td>复核日期</td><td colspan="2"></td></tr>
<tr><td>序号</td><td>储位号</td><td>商品名称</td><td>规格型号</td><td>商品编号</td><td>包装单位</td><td>应收数量</td><td>实收数量</td><td>备注</td></tr>
<tr><td></td><td></td><td></td><td></td><td></td><td></td><td></td><td></td><td></td></tr>
<tr><td></td><td></td><td></td><td></td><td></td><td></td><td></td><td></td><td></td></tr>
<tr><td></td><td></td><td></td><td></td><td></td><td></td><td></td><td></td><td></td></tr>
<tr><td></td><td></td><td></td><td></td><td></td><td></td><td></td><td></td><td></td></tr>
</table>

③理化检验。机械物理性能检验和化学成分检验统称理化检验，是指对商品内在质量和物理化学性质所进行的检验。理化检验一般要求检验人员具备一定的技术知识和检验手段，目前仓库多不具备这些条件，所以通常由专门的技术检验部门进行。

以上这些质量检验是交货时或入库前的验收工作，在某些特殊情况下还有完工时的验收和制造时的验收，就是在供货单位完工时或正在制造过程中，由需方派员到供货单位进行检验。应当指出的是，即使在供货单位检验过的商品，或者因为运输条件不良，或者因为质量不稳定，也可能在进库时发生质量问题，所以交货时或入库前的检验在任何情况下都是必要的。

（4）商品验收中问题的处理。

商品验收中，可能会发现诸如证件不齐、数量短缺、质量不符合规定等问题，验收人员应区别不同情况，及时处理并填写问题商品处理记录单（见表 3-4）。

表 3-4 问题商品处理记录单

常见问题处理	数量溢余	数量短缺	品质不合格	包装不合格	规格品类不符	单证与实物不符
通知供货单位						
按实数签收						
维修整理						
查询等候处理						
改单签收						
拒绝收货						
退单、退货						

凡验收中发现有问题需要进行处理的商品，应单独存放，妥善保管，防止混杂、丢失或损坏。

数量短缺在规定磅差范围内的，可按原数入账；凡超过规定磅差范围的，应查对核实，做成验收记录和磅码单交主管部门，由主管部门会同货主向供货单位交涉。在商品入库验收过程中发生的数量不符，可能是因为发货方在发货过程中误发，也可能是在运输过程中商品丢失等。在商品验收过程中，如果不对数量进行严格的检验，就会给仓库造成经济损失。

凡质量不符合规定的，应及时与供货单位交涉，办理退货或换货。商品规格不符或错发时，应先将规格相符的商品予以入库，规格不相符的商品做成验收记录交给主管部门，由主管部门办理换货。证件未到或不齐时，应及时向供货单位索取，到库商品应作为待检验商品堆放在待验区，待证件到齐后再进行验收。证件未到之前，不能验收，不能入库。

凡属承运人造成的商品数量短少或外观包装严重残损等，应凭接运提货时索取的货运记录向承运人索赔。

凡入库通知单或其他证件已到，在规定的时间未见商品到库时，应及时向主管部门反映，以便查询处理。

4. 办理交接手续

交接手续是指仓库对收到的商品向配货人员进行确认，表示已经接收商品。办理完交接手续，意味着划分清楚了运输部门、送货部门和仓库的责任。

完整的交接手续包括如下步骤：

（1）接收商品。

仓库通过理货和查验商品，将不良商品剔除、退回或者编制残损单证等，明确责任，确定收到商品的确切数量。

（2）接收文件。

仓库接收配送人员送交的商品资料和运输的货运记录，在随货运输单证上注明接收的文件名称或文号，如图纸、准运证等。

（3）签署单证。

仓库与配送人员或承运人共同在配送人员交来的送货单或交接清单上签字，并留存相应单证。若送货单与交接清单不一致、商品或文件有差错，还应附上事故报告或说明，并由有关当事人签章，等待处理。

三、商品入库交接和登记

（一）交接

交接是指仓库对收到的货物向配送人员进行确认，表示已接受货物。办理完交接手续，意味着划清了运输、送货部门和仓库之间的责任。完整交接手续包括接受货物、接受文件和签署单证三项内容。

1. 接收货物

仓库通过理货、查验货物，将不良货物剔除、退回或者编制残损单证，确定收到货物的确切数量、货物表面状态良好。

视频

商品入库交接和登记

2. 接收文件

仓库工作人员接收配送人员送交的货物资料、运输的货物记录等，以及随货在运输单证上注明的相应文件，如准运证、合格证等。

3. 签署单证

仓库与配送人员或承运人共同在送货单、货物交接清单（见表 3－5）上签字，并留存相应单证。若送货单与货物交接清单不一致或货物、文件有差错，还应附上事故报告或说明，并由当事人签章，等待处理。

表 3－5　货物交接清单

收货人	发站	发货人	品名	标记	单位	件数	重量	车号	运单号	货物	合同号
备注											
配送人：						收货人：				经办人：	

（二）入库表单制作

商品验收合格后，仓库就应该为商品办理入库手续。工作人员应根据商品的实际检验和入库情况填写商品入库单（见表 3－6），然后对商品进行登账、设卡以及建立档案等。

表 3－6　商品入库单

送货单位：　　入库时间：　　储存位置：

编号：

商品名称	品种	型号	编号	数量			检验	备注
				进货量	实点量	量差		
会计：				仓库收货人：			制单人：	

1. 填写入库单

商品入库单是记录入库商品信息的单据，用来记录商品的名称、商品编号、实际验收数量、商品价值及价格等内容。商品入库单一般一式三联。第一联留作仓库登记实物账；第二联交给采购部门，作为采购员办理付款的依据；第三联交给财务记账。如果需要的话，也可适当增加一联，交给配送人员留作商品已经送达的依据。

2. 登记明细账

为了便于对入库商品进行管理，正确反映商品的入库、出库和结存情况，并为对账和盘点等作业提供依据，仓库要建立实物明细账，以记录库存商品的动态。

（1）选择账册类型。

实物明细账有两种：一种是无追溯性要求的普通实物明细账；另一种是有追溯性要求的库存实物明细账。仓库要根据商品的具体保管要求，选择适当的账册来记录商品的库存情况。

1）普通实物明细账。普通实物明细账适用于只需要反映库存动态的商品，如进入流通环节的商品、企业内的工具或备品备件等。普通实物明细账包含的内容如表 3－7 所示。

表 3－7 普通实物明细账

年		凭证		摘要	收入	发出	结存
月	日	种类	号码				

2）库存实物明细账。库存实物明细账适用于需要区分批次、有一定追溯要求的商品，如企业生产所需的零部件或原材料等。库存实物明细账包含的内容如表 3－8 所示。

表 3－8 库存实物明细账

年		凭证		摘要	收入		发出		结存		其中 A			其中 B			其中 C		
月	日	种类	号数		批号	数量	批号	数量	批号	数量	批号	数量	库存	批号	数量	库存	批号	数量	库存

（2）设置商品保管卡。

商品保管卡又称货卡或料卡，它是一种实物标签。商品保管卡主要包括以下三方面内容：

第一，商品的状态，如待检、待处理、不合格、合格等。

第二，商品的名称、规格、供应商和批次等。

第三，商品的入库、出库与库存动态等信息。

商品保管卡的内容不是一成不变的，它可以根据仓储业务的具体情况和特别要求，进行适当的调整。例如，对于设置了专门的待检区、待处理区、合格商品区、不合格商品区的仓库，商品保管卡上可以省略商品的状态，但为了便于对商品的库存量进行控制和管理，商品保管卡上可以增设商品的估计年用量、安全存量等信息。

商品保管卡的具体内容如表 3-9 所示。

表 3-9　商品保管卡

货位编号：　　　　　　　　　　　　　　　　　　　　标示日期：

商品名称		用途					
商品编号		主要供应商					
估计年用量		订货期		经济订量			
安全存量		代替品					
月份	实际用量	需求计划					平均单价
1 月							
2 月							
3 月							
……							
10 月							
11 月							
12 月							
合计							
收发记录							
日期	单据号码	发出量	储存量	收料量	退回	订货记录	备注

（三）建立商品档案

建立商品档案就是把与入库作业过程有关的，在具体操作过程中填写的各种资料、单据、凭证进行分类保存，它可以帮助工作人员详细地了解商品入库前后的活动全貌。这样做有助于总结和积累仓储保管经验，研究商品入库管理的规律，提高仓储业务管理的水平。

1. 收集档案资料

商品档案反映了商品从入库、保管到出库的所有变化过程的信息。为了建立完善的档案，仓库需要收集整个过程的有关资料。商品入库时的资料包括商品出厂时的各种凭证和技术资料，如商品技术证明、合格证、装箱单、发货明细表等；商品运输过程中资料主要是指各种单据，如运输单、货运记录、提货单等；商品验收入库时的资料包括入库通知单、验收记录、磅码单、技术检验报告等；商品保管时的资料主要包括在库保管期间的检查、保养、损益和变动等情况，以及库内外温度、湿度及其对商品的影响的记载；商品出库时的资料包括出库时的凭证，如领料单、出库通知单、调拨单、发运单等。

2. 建立并保管档案

在商品入库后，仓库应该先收集商品入库时的资料，建立商品档案，并加以妥善保存。这时应注意以下三个问题：第一，对档案进行统一编号。这主要是为了防止档案丢失，同时为了便于查阅。第二，确定档案的保管期限。要根据有关的规定和实际情况，由仓库工作人员与档案管理人员一起确定档案的保管期限，对有些资料应长期保存，如库区的气候资料、商品储存保管的试验资料等。第三，及时更新档案。要及时收集库存商品变化的最新资料，归纳到商品档案中。已经全部出库的商品，技术证件必须随货同行，其余材料都应该保留在档案内，并将商品出库凭证和动态记录等整理好，一并归档。

四、商品的装卸搬运

装卸多发生在商品出入库作业中，搬运多发生在仓库内部作业中。搬运作业往往伴随着装卸作业，因此人们常常将装卸和搬运合起来说。装卸搬运是仓储的基本作业环节，在仓储劳动作业量中占比最大。由于装卸搬运需要耗用较多的时间，因此它也是影响库存周转率的重要因素。装卸搬运还是仓储作业中出现次数最多的作业环节之一，从商品入库时的查验、接收、检验、堆码，到出库时的分拣、配货、整理、备料、清点、发运，以及流通加工，无不伴随着装卸搬运作业。

在仓储作业中，各类搬运输送设备都有特定的用途和适应环境，工作人员在选择搬运输送设备时必须考虑商品特性、作业方式与作业量、设备系统的配合、环境条件等因素。具体的方法如表 3－10 所示。

表 3－10　商品的装卸搬运方法

<table>
<tr><th colspan="2">场所</th><th>装卸方式</th><th>装卸用具</th><th>装卸对象</th></tr>
<tr><td rowspan="3">仓库内</td><td rowspan="3">高站台</td><td>人力</td><td>无</td><td>少量轻小的商品</td></tr>
<tr><td>装卸搬运机器</td><td>手推车、搬运车、手推平板车、电动平板车、轮式箱体拖车</td><td>一般商品、托盘商品</td></tr>
<tr><td>输送机</td><td>动力式输送机</td><td>箱装商品、纸板箱</td></tr>
<tr><td rowspan="3">仓库内</td><td rowspan="3">低站台</td><td rowspan="2">叉车</td><td>叉车＋侧面开门的车身</td><td rowspan="2">托盘商品</td></tr>
<tr><td>叉车＋托盘等带移动装置的车体</td></tr>
<tr><td>输送机</td><td>动力式输送机</td><td>箱装商品、纸板箱</td></tr>
<tr><td colspan="2" rowspan="3">仓库外</td><td>人力</td><td>与动力输送机并用</td><td>一般杂货</td></tr>
<tr><td rowspan="2">机械（利用卡车特设的装卸机械）</td><td>卡车携带小型吊车</td><td>机械类托盘商品和建材等</td></tr>
<tr><td>自动升降板装置</td><td>桶罐或储气罐搬运车、托盘与平板车组合</td></tr>
</table>

(一) 选择装卸搬运设备的原则

1. 利用重力原则

在装卸搬运时应尽可能地消除商品重力的不利影响，并尽可能地选择可利用重力进行装卸搬运的设备，以减轻劳动力和其他能量的消耗，如在分拣线出库的末端利用滑槽或无动力的小型传送带，让商品利用重力从高处向低处移动，进行装卸搬运。但是当重力成为阻力并发生作用时，应把商品装在动力滚轮输送机上。

2. 经济合理原则

装卸搬运设备一般分为三个级别：第一级为简单的装卸搬运设备；第二级为专用的高效率设备；第三级为由计算机控制实行自动化或无人操作的设备。选择哪一个级别的设备，不仅要从经济合理的角度来考虑，还要从加快物流速度、减轻劳动强度和保证人与物的安全等方面来考虑。

3. 适应性原则

装卸搬运机械的选择必须根据装卸搬运物品的形态来决定。以箱、袋或集合包装的商品，可以采用叉车或吊车装卸；散装粉粒状的商品，可使用传送带装卸；散装液体状的商品，可以直接用装运设备或储存设备装卸。

4. 顺畅原则

选择的装卸搬运设备应尽量做到装卸搬运不停顿、不间断，像流水一样进行。

(二) 装卸搬运作业合理化措施

装卸搬运活动本身并不增加商品的价值和使用价值；相反，装卸搬运还有可能玷污或损坏商品，进而影响商品价值，因此应尽量减少装卸搬运的次数。

1. 防止和消除无效作业

无效作业是指在装卸搬运作业活动中超出必要装卸搬运的作业。显然，防止和消除无效作业对装卸搬运作业的经济效益有重要影响。

为了有效地防止和消除无效作业，可从以下几个方面入手：

(1) 尽量减少装卸搬运次数。

要使装卸次数降到最少，尤其要避免没有效果的装卸搬运作业。

(2) 提高被装卸搬运物品的纯度。

物品的纯度，是指物品中含有水分、杂质等与物品本身使用无关的物质的多少。物品的纯度越高，装卸搬运作业的有效程度就越高；反之，无效作业越多。

(3) 包装要适宜。

包装是物流中不可缺少的辅助作业手段，包装的轻型化、简单化和实用化会不同程度地减少作用于包装上的无效劳动。

(4) 缩短搬运作业的距离。

商品在装卸搬运当中，要想实现水平和垂直两个方向的位移，工作人员就要选择最短的路线完成这一活动，避免无效劳动。

2. 提高商品装卸搬运的活性

商品装卸搬运的活性是指商品从静止状态转变为装卸搬运运动状态的难易程度，在码放商品时，必须事先考虑商品装卸搬运作业的方便性。

商品装卸搬运的难易程度通常用商品装卸搬运的活性来表示。根据商品所处的状态，商品装卸搬运的活性可分为不同的级别：0 级表示商品杂乱地堆在地面上的状态；1 级表示商品装箱或经捆扎后的状态；2 级表示装箱或被捆扎后的商品，下面放有枕木、垫板或托盘后，便于叉车或其他机械作业的状态；3 级表示商品被放于台车上或用起重机吊钩钩住，即刻可以移动的状态；4 级表示被装卸、搬运的商品，已经处于启动或直接作业的状态。

任务二　商品养护管理作业

情境导入

商品经检验合格入库后，就进入存货管理阶段，这一阶段仓储的主要任务是对储存商品进行合理的保管和经济的管理。仓库需要合理选择商品装卸搬运工具和堆垛方式，为商品提供良好的保管环境和条件，并对在库商品进行数量和质量监控。

任务分解

1. 掌握商品养护管理基本原理和相关知识
2. 掌握盘点作业相关内容

素养园地

商品养护管理过程中，如果保管措施不当、温湿度控制不当，就会导致商品品质受影响，严重的甚至会引发仓库安全事故。因此仓库工作人员需要具备责任心、严谨和细致的工作态度。通过本章知识的学习，希望同学们具备从事商品养护管理工作需要具备的基本职业素养。

知识准备

一、商品养护管理的任务与基本措施

仓库中储存了各种各样的商品，它们有着不同的特性。商品养护工作就是针对商品

的不同特性，积极创造适宜的储存条件，采取适当的措施，以保证商品储运的安全、保证商品质量和品质、减少商品的损耗和节约开支，为企业创造经济效益和社会效益。

商品养护是一项综合性技术工作，商品由生产部门进入流通领域后，需要分别对不同性质的商品在不同储存条件下采取不同的技术措施，以防止其质量劣化。由于构成不同商品的原材料性质各异，受到各种自然因素影响而发生质量变化的规律与物理、化学、生物、气象、机械、电子等多学科都有密切的关系，因此从事储存工作的人员只有掌握和运用这些学科的理论，才能发明各种养护技术，并使之得到广泛的应用和提高。

（一）商品养护管理的任务

“以防为主，防治结合”是商品养护管理的基本方针。虽然做好防就可以减少治或者避免治，但是一旦发生了质量问题，就必须治。如果治的方法恰当和及时，同样可以避免商品因使用价值受到影响而发生损失。

商品养护管理的基本任务就是面向库存商品，根据库存数量多少、发生质量变化速度、危害程度和季节变化，按轻重缓急分别研究制定相应的技术措施，避免商品变质，最大限度地减少商品损失，降低保管损耗。

（二）商品养护管理的基本措施

视频

商品养护管理的基本措施

1. 掌握商品的性能，适当安排储存场所

商品由生产部门转入流通部门，首先进入的是储存部门。为了确保商品质量不变，储存部门应根据商品的性能选择适当的储存地点，同时要注意避免其与同库储存的商品在性质上相互抵触，避免串味或玷污等。

2. 严格入库验收

商品在入库之前一般会经过运输、搬运、装卸和堆垛等环节，在此期间可能受到雨淋和玷污，也可能由于操作不慎以及运输中受震动或撞击，致使商品或包装受到损坏。上述情况在入库验收环节及时被发现，可以分清责任。对入库商品，验收人员除了要核对数量和规格，还应该按比例检查其外观有无变形、变色、玷污、生霉、虫蛀、鼠咬、生锈、老化、沉淀、聚合、分解、潮解、溶化、风化、挥发、含水量过高等异状，有条件的还应进行必要的质量检验。

3. 合理堆垛、苫垫

入库商品应根据其性质、包装条件和安全要求采用适当的堆垛方法，以达到安全牢固、便于堆码、节约仓库空间的目的。商品的堆码与苫垫技术在后文详述。

4. 加强仓库温湿度管理

由于各类商品在储存过程中发生的质量变化，多数是由于受到空气温度和湿度的影响，不同的商品在储存过程中都要求有一个适宜的温湿度范围，因此，工作人员需要掌握气候的变化规律，并通过采取各种措施，使库房内的温湿度得到控制与调节，创造适宜商品储存的温湿度条件，以保护商品。仓库温湿度控制技术在后文详述。

5. 坚持在库检查

商品在储存期间受到各种因素的影响，在质量上可能发生变化，如果未能及时发现劣性变化，就可能造成损失。储存部门需要根据商品性质、储存条件、储存时间以及季节和气候的变化情况分别确定检查周期、检查比例和检查内容，按期进行检查或进行巡回检查。在检查中如发现异状，就需要扩大检查比例，并根据问题情况及时采取适当的技术措施。

6. 开展科学实验研究

对入库储存的商品及时检验质量、研究商品质量变化规律、开展和养护措施有关的科学实验，是养护科研工作的主要内容。工作人员通过实验的可靠数据，证实养护措施的可靠性，用以指导实践，再通过保管实践的数据反馈，使养护措施的可靠性得到验证或根据其不足再做进一步研究改进。

二、商品的堆垛与苫垫技术

（一）商品的堆垛

商品堆垛就是根据商品的特性、形状、规格、质量及包装等情况，同时综合考虑地面的负荷和商品储存时间，将商品分别叠堆成各种码垛。合理科学的商品堆垛技术，对于提高入库商品的储存保管质量、提高仓库空间利用率、提高收发作业及养护工作的效率，有着相当重要的作用。

1. 商品堆垛的基本要求

商品堆垛是一项技术性较强的工作，在堆垛设计中应满足以下基本要求：

（1）科学合理。

工作人员应根据商品的性质、形状、大小、容重、数量、包装等不同情况，确定相应的堆垛方式。不同类别的商品应分类存放，甚至需要分区、分库存放；不同规格、不同批次的商品也要分位或分堆存放；残损商品要与原货分开存放；需要分拣的商品，在分拣之后，应分位存放；贯彻先进先出的原则，做好下垫上苫，创造良好的保管条件。

（2）稳固安全。

垛基要坚实牢固，能承受货垛的全部重量，单位面积的储存量应小于地坪最大承载能力。货垛高度要适宜，保证最下层的商品或包装不受损坏；货垛的重心要降低，保持一定的垂直度，进行必要的加固，以增强货垛的整体性和稳定性，防止货垛倒塌。

（3）简易方便。

垛型应尽量简化，使其容易堆码，省力省工；便于商品的收发查点，有利于实现装卸搬运机械化。人工作业时，货垛高度不宜过高，尽可能采取立柱式或框架式托盘堆垛。

（4）整齐美观。

货垛应按一定的规格和尺寸叠放，排列整齐规范，商品包装标志应一律朝外，便于查找。

（5）节约仓容。

工作人员要坚持一次堆码，减少重复作业；爱护苫垫物，节约备品用料，降低消耗；充分利用空间，节省货位，提高仓库空间利用率。

（6）方便快捷。

堆垛应便于装卸搬运、便于收发保管、便于日常维护保养、便于检查点数、便于灭火消防、便于商品保管和安全。

2. 商品堆垛标准

不同的商品在货垛堆码、货垛高度、货垛占地面积、主通道与支通道宽窄、货垛"五距"等方面的要求有一些差别。

（1）占地面积标准。

占地面积＝（商品总件数÷可堆层数）×每件商品底面积

可堆层数＝地坪单位面积最高负荷量÷单位面积重量

单位面积重量＝每件商品毛重÷该件商品底面积

工作人员在计算占地面积和确定垛高时，要注意顶层商品的重量不超过底层商品或容器可负担的重量。整个货垛的压力不超过地坪允许的载荷量。

例题：某公司2号仓库有840件商品到库，该批货物的单件外形尺寸为60cm×60cm×60cm，商品外包装上堆码极限标志为6，请问仓库需要多少平方米的货位来放置这批商品？

占地面积＝（商品总件数÷可堆层数）×每件商品底面积

＝$(840\div6)\times(0.6\times0.6)=50.4$ （m^2）

（2）货垛高度标准。

货垛的垛高会直接影响仓库的容量、安全和货垛的稳定性。普通商品货垛的垛高主要受商品性质和包装的影响，轻货的垛高主要受仓库空间高度的影响，重货的垛高主要受仓库地坪载荷的影响，还有一些商品的垛高受其自身承重和包装层数的限制。所以工作人员在确定垛高时要综合考虑仓库空间高度、仓库地坪载荷、商品自身特性和包装对垛高的要求等指标。

（3）货垛的五距。

商品的堆垛要保持通常所说的货垛五距，即墙距、柱距、顶距、灯距和垛距。五距的主要作用是通风、防潮、散热、安全、方便。货垛与墙之间的距离一般不小于0.5m（墙距），货垛或货架与库房内支撑柱子之间应留有不小于0.3m的距离（柱距），货垛和仓库顶之间的距离应不小于0.5m（顶距），货垛与照明灯之间的距离一般不得小于0.5m（灯距），货垛与货垛或货架与货架之间的距离一般不小于0.5m（垛距）。另外，仓库通道的宽度应根据商品体积的大小和作业机械的要求进行设计，主通道的宽度一般为2.5～4m。

3. 商品堆垛的基本形式

视频

商品堆垛的基本形式

(1) 重叠式堆垛。

重叠式堆垛又称直堆法或垂直堆码法，是一层层重叠堆放单件商品的形式（见图 3-2）。这种堆垛形式的优点是操作快，包装物四个角和边重叠垂直，承载力大；缺点是各层之间缺少咬合作用，稳定性差，容易发生塌垛。

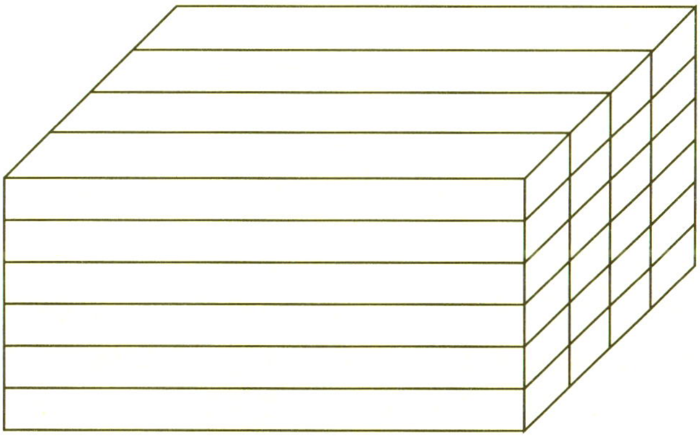

图 3-2 重叠式堆垛

(2) 纵横交错式堆垛。

纵横交错式堆垛适用于长方形包装商品，并且商品长宽要成一定比例，每层商品并列摆放，上下层的商品纵、横向交错摆放，即一层纵向排列，相邻的上下层则横向排列。该堆垛形式的特点是堆垛成方形，便于计数，能充分利用空间，牢固性强。每层可由 2～10 件商品并列摆放，按并列商品之间是否留有空隙，分为不留空隙交错和留空隙交错两种垛形（见图 3-3）。

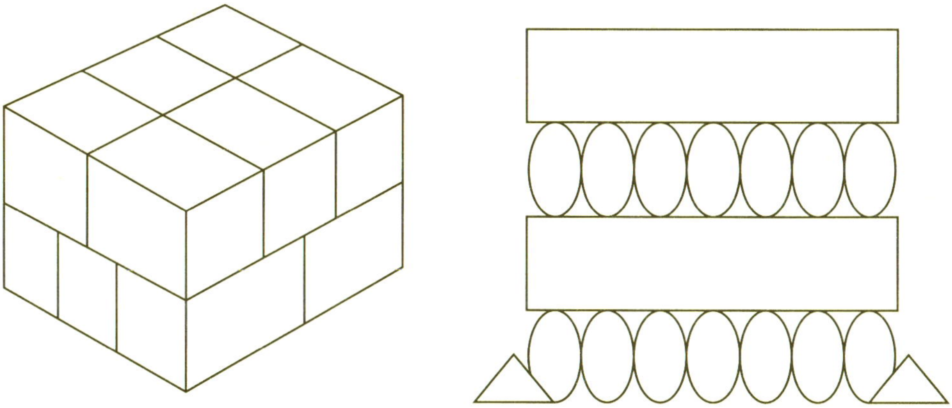

(1) 不留空隙交错　　(2) 留空隙交错

图 3-3 纵横交错式堆垛

(3) 仰俯相间式堆垛。

仰俯相间式堆垛是指堆垛时仰放一层，再反面俯放一层，仰俯相向相扣。这种堆垛形式适用于钢轨、工字钢、槽钢、角钢等商品的堆垛（见图 3-4）。

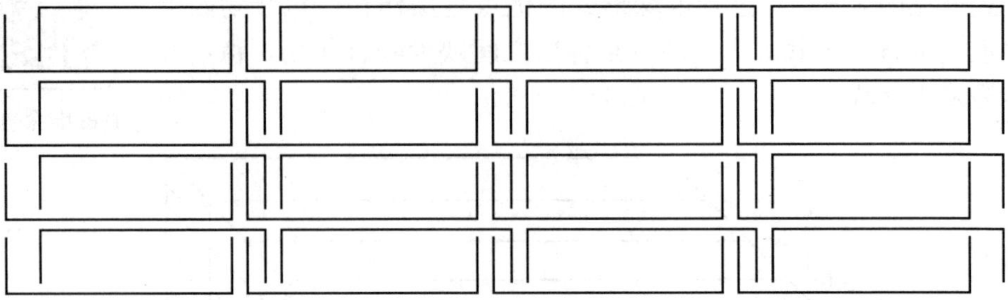

图 3-4 仰俯相间式堆垛

(4) 压缝式堆垛。

压缝式堆垛是指将上一层的商品跨压在下层两件商品之间的缝隙上，逐层堆高（见图 3-5）。这种堆垛形式具有层层压缝、货垛稳固、不易倒塌的特点，缺点是不能充分利用仓库空间。这种堆垛形式适用于阀门、缸、建筑卫生陶瓷等商品的堆垛。

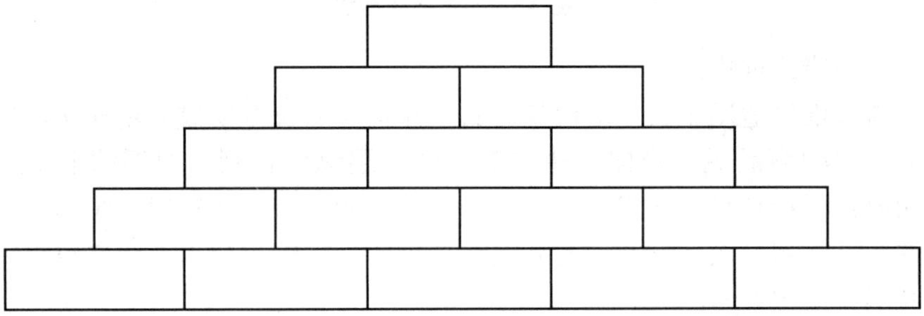

图 3-5 压缝式堆垛

(5) 通风式堆垛。

通风式堆垛是指商品在堆码时，任意两件相邻的商品之间都留有空隙，便于商品通风，层与层之间采用压缝式或者纵横交错式（见图 3-6）。通风式堆垛可以用于所有箱装、桶装以及裸装商品的堆码，起到通风防潮和散湿散热的作用。

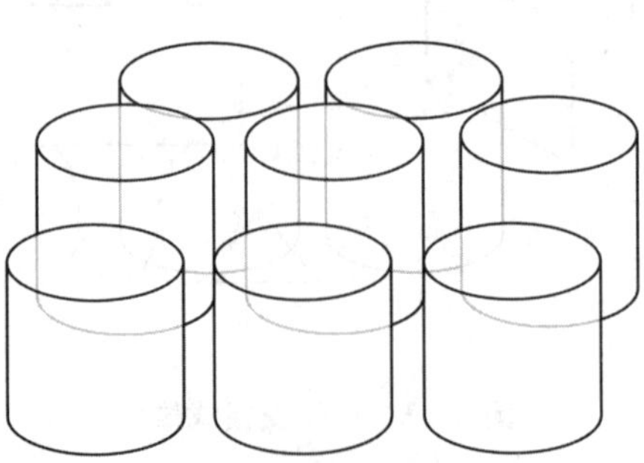

图 3-6 通风式堆垛

（6）栽柱式堆垛。

栽柱式堆垛是指码放商品前先在堆垛两侧栽上木桩或者铁棒，然后将商品平码在桩柱之间，码放几层后用铁丝将相对两边的桩柱拴连起来，然后再往上码放商品（见图 3－7）。这种堆垛形式适用于棒材或管材等长条状商品的堆垛。

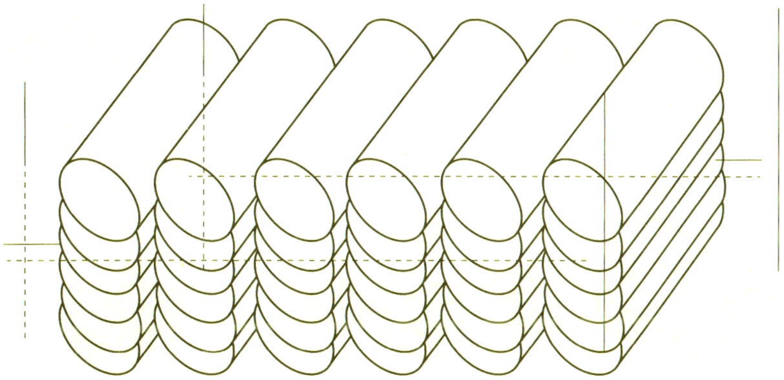

图 3－7　栽柱式堆垛

（7）衬垫式堆垛。

衬垫式堆垛是指码垛时在重叠式堆垛的基础上，每隔一层或每隔几层夹进衬垫，利用衬垫来牵制商品，以增强货垛的稳固性（见图 3－8）。这种堆垛形式适用于四方整齐的裸装商品，如无包装电机或水泵等商品的堆垛。

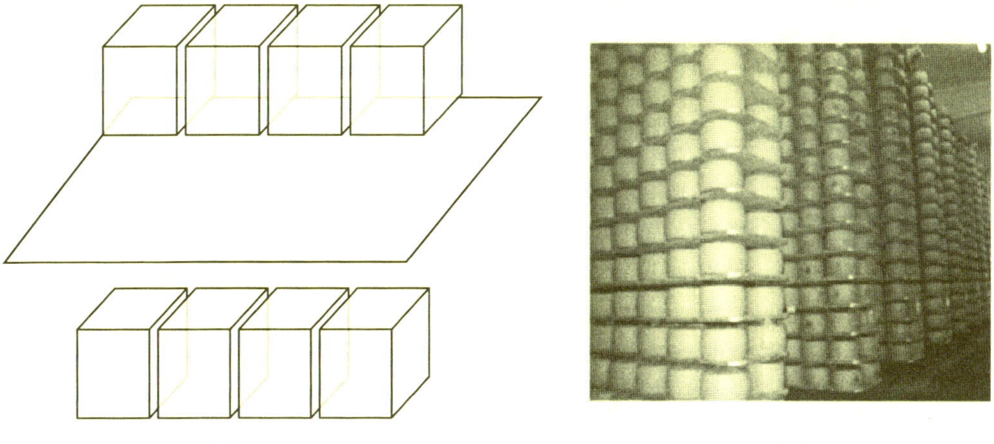

（1）　（2）

图 3－8　衬垫式堆垛

（8）五五化堆垛。

五五化堆垛是我国仓储管理中常用的一种形式。它是指堆码时以五为基本单位，堆成总量为五的倍数的垛形（见图 3－9）。采取这种形式堆垛商品后，有经验的人可以过目成数，大大加快人工点数的速度，减少差错。

图 3-9　五五化堆垛

（9）托盘式堆垛。

托盘式堆垛是现代物流中发展迅速的一种堆垛形式，其特点是商品直接在托盘上存放。商品从装卸搬运入库，直到出库运输，均不离开托盘，这大大提高了机械作业的效率。包装整齐、不怕压的商品可以使用平托盘；散装或零星商品可以使用箱式托盘等。托盘上商品的堆垛方式通常有重叠式、纵横交错式、正反交错式和旋转交错式四种。前两种前面已经介绍过，其摆放效果如图 3-10 和图 3-11 所示。

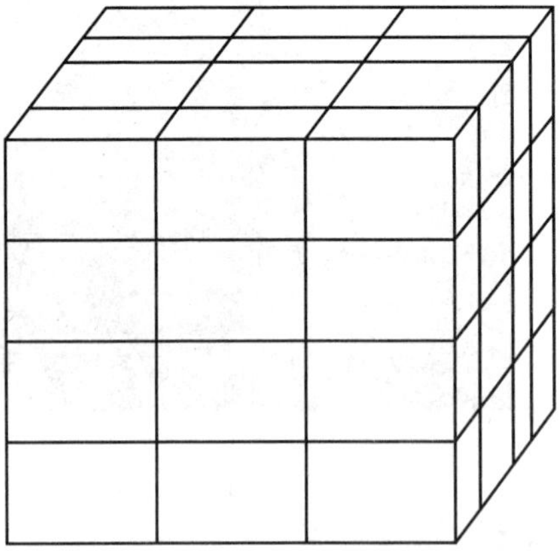

图 3-10　托盘式堆垛（重叠式）

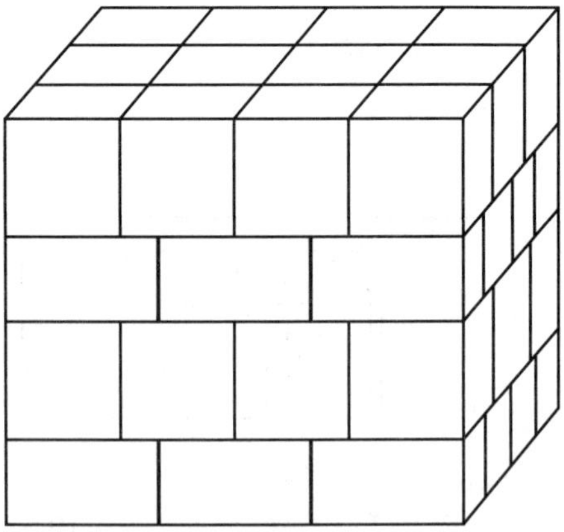

图 3-11　托盘式堆垛（纵横交错式）

正反交错式是指在同一层中，不同列的包装体以 90°垂直码放，相邻两层的码放形式是另一层旋转 180°（见图 3-12）。这种形式类似于建筑上的砌砖方式，不同层间咬合强度较高，相邻层之间不重缝，因而码放后稳定性较好，但操作较为麻烦，且包装体之间不是垂直面相互承受载荷。

旋转交错式是指第一层相邻的两个包装体互为90°，两层间又相差180°（见图3－13）。这种堆垛形式下，相邻两层之间互相咬合交叉，货体的稳定性较高，不易塌垛，但是码放的难度较大，且中间会形成空穴，降低了托盘的利用率。

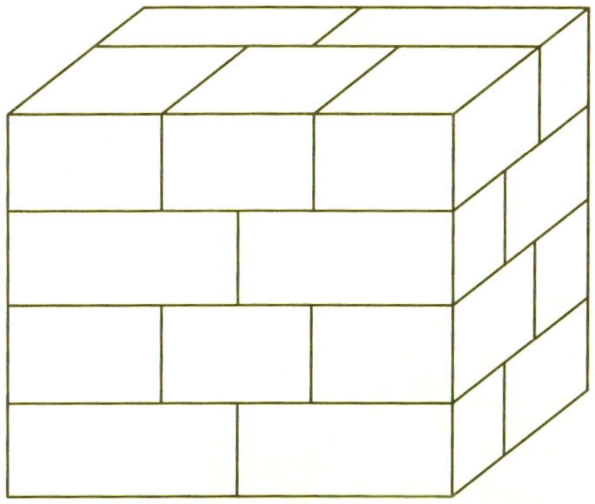

图3－12　托盘式堆垛（正反交错式）

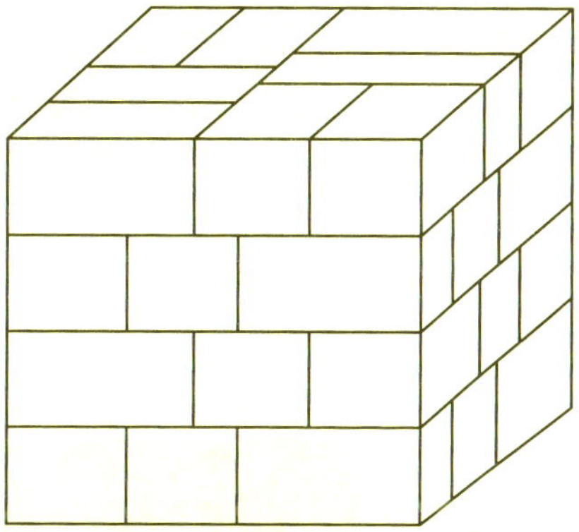

图3－13　托盘式堆垛（旋转交错式）

（二）苫垫技术

1. 垫垛技术

垫垛即垫底或下垫，是指在商品堆垛前，按垛形的大小和重量，在货垛底部放置铺垫材料。垫垛的目的主要是使货垛底部商品与地面隔离并垫高，防止地面潮气和积水浸湿商品，也便于通风排湿；有时通过使用衬垫强度较大的材料，使重物的压力分散，避免损坏地坪。

（1）垫垛的常用材料。

露天垫垛的材料主要有枕木、水泥块和花岗石等，适用于长度大于50m的情况。室内库房的垫垛材料有垫板、垫架、花岗石等，适用于长度为30m左右的情况。

（2）垫垛的方法。

库房的垫垛，由商品的防潮要求决定，一般使用垫板或垫架，高度为20cm以上。有的商品可以不用垫板或垫架垫铺，只用防潮纸或塑料薄膜垫铺即可。工作人员排列垫板、垫架时，要注意将空隙对准走道或门窗，以利通风散潮。露天货场的货垛垫底，应先将地面夯实，周围挖沟排水，再用枕木、石块、水泥墩作为垫底材料，高度不低于40cm，在条石上铺苇席或塑料薄膜等材料。

一些单位质量大的商品在仓库中存放时，如果不能有效分散商品对地面的压力，就有可能会对仓库地面造成损害，因此要考虑在商品底部和仓库地面之间衬垫木板或钢板。

2. 苫盖技术

露天货场存放的商品一般都应苫盖，这样做可以使堆码的商品避免受到日光、雨水、冰雪、潮气、风露的损害。对库房或货棚内堆码的商品进行苫盖，可以起到遮光、防尘、隔离潮气的作用。

（1）苫盖常用材料。

通常使用的苫盖材料有篷布、塑料布、芦席、草帘、油毡、塑料膜、铁皮、铝皮、玻璃钢等。苫盖材料应符合防火、安全、经济、耐用的要求。

（2）苫盖的方法。

1）就地苫盖法。就地苫盖法是指直接将大面积苫盖材料覆盖在货垛上遮盖的方法（见图3-14），一般采用大面积的帆布、油毡、塑料膜等进行苫盖。就地苫盖法操作简单，但采用这种方法，被苫盖处基本不具备通风条件。

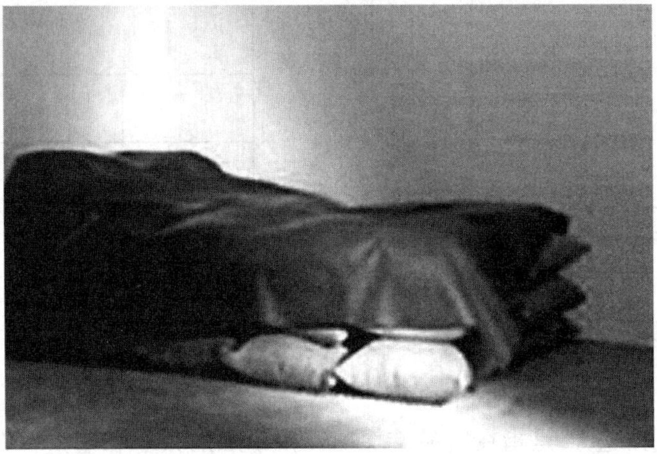

图3-14 就地苫盖法

2）鱼鳞式苫盖法。鱼鳞式苫盖法是指将苫盖材料从货垛的底部开始，自下而上呈鱼鳞式逐层交叠围盖的苫盖方法（见图3-15）。使用鱼鳞式苫盖法时一般采用面积较小的瓦或席等材料苫盖。鱼鳞式苫盖法具有较好的通风条件，但每件苫盖材料都需要固定，操作比较复杂。

图3-15 鱼鳞式苫盖法

3）活动棚苫盖法。活动棚苫盖法是指将苫盖材料制作成一定形状的棚架，在商品堆垛完毕后，移动棚架到货垛处加以遮盖或者采用即时安装活动棚架的方式进行苫盖的方法（见图3-16）。该方法在操作上较为快捷，具有良好的通风条件，但活动棚本身需要占用仓库空间，其购置成本也较高。

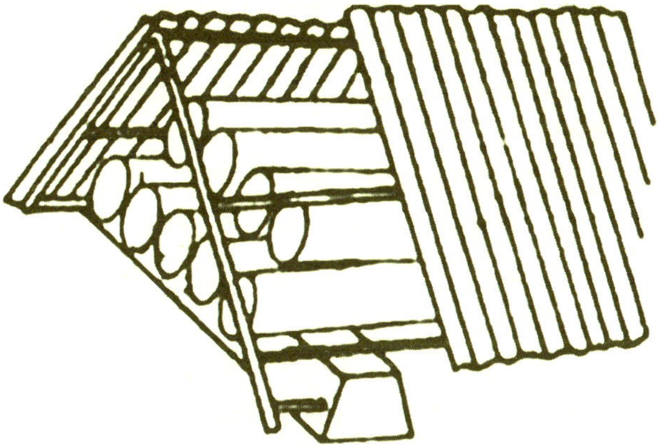

图3-16 活动棚苫盖法

三、仓库温湿度控制技术

影响仓储商品质量变化的环境因素中，最重要的是仓库的温湿度。商品对温度和湿度都有一定的适应范围，如果超过此范围，就会对商品产生不良影响，甚至会使商品发生质的变化。因此商品养护的首要问题，就是采用科学的方法控制与调节仓库的温湿度，使之适合商品的储存，以保证商品完好无损。

控制与调节仓库温湿度，一方面必须熟悉商品的性能，了解商品质量的变化规律及商品储存的最适宜温湿度；另一方面还要掌握本地区的气候变化规律及气象和气候知识，采取相应措施控制温湿度的变化，对不适宜商品储存的温湿度要及时调节，保持适宜商品安全储存的环境。

（一）仓库温湿度管理的基本要求

（1）在库内、外适当地点设立干湿球温度计，一般可在每个库房内的中部悬挂一个，悬挂的高度离地面约1.5m，若在库外则应挂在百叶箱内。

（2）专人每天按时观察和记录。观察频率一般上、下午各一次，记录的内容应包括干湿球温度计所表示的温度，依据换算表计算出当时的绝对湿度、相对湿度、饱和湿度及天气变化情况等。每天的天气和温湿度情况，可用天气通知牌公布以引起注意，每个大中型仓库都可以在库外设置天气通知牌，有关人员每天上午和下午及时将库外天气变化情况通知仓库工作人员，以便仓库工作人员根据库内外温湿度情况及时控制和调节库内温湿度。

（3）按月、季、年分析记录，统计该时期内最高、最低和平均温湿度，以便积累资料。

（4）当发现库内温湿度超过要求时，应立即采取相应措施，以达到安全储存的目的。

（二）仓库温度控制的措施

除了冷库，仓库的温度直接受天气温度的影响，库存商品的温度会随着天气温度同步变化。商品温度高时，会融化、膨胀和软化，容易发生腐烂变质、挥发、老化、自燃和爆炸等现象；温度太低时，商品会变脆、冻裂、冻结膨胀等。一般来说，绝大多数商品在常温下都能保持正常的状态。

普通仓库的温度控制主要是避免阳光直接照射商品，因为阳光直接照射的地表温度要比气温高很多。仓库遮阳一般采用建筑遮阳和苫盖遮阳。当然，不同建筑材料的遮阳效果不同，混凝土结构的遮阳效果最佳，怕热商品应存放在仓库内阳光不能直接照射到的货位。

对温度较敏感的商品，在气温高时可以洒水降温；对不可沾湿的商品，可以对苫盖物和仓库屋顶进行洒水降温。在日晒降低的傍晚或夜间，堆场商品的苫盖可适当揭开通风，这是对露天堆场商品降温保管的有效方法。

商品自热也是商品升温损坏的一个重要原因。对容易自热的商品，工作人员应经常检查商品温度。当发现升温时，可以采取加大通风、洒水或翻动商品散热降温，必要时可以采用在货垛内存放冰块或释放干冰等措施降温。

此外，仓库内的热源也会造成温度升高，储存商品时应避开热源，在高温季节避免使用仓库内的热源。

在严寒季节，气温极低时，可以用加温设备对商品加温防冻，寒潮突至时，应采取保暖苫盖等保温措施。

（三）仓库湿度控制的措施

1. 降湿的方法

（1）通风降潮。

当库内湿度大、库外空气比较干燥时，可以利用通风降低库内湿度。通风降潮时不但要比较库内外湿度，而且要比较库内外温度，经过换算后再决定是否通风。

（2）吸湿。

在梅雨季节或阴雨天，库内湿度过大，又不宜通风时，在密封条件下可以使用机械或吸潮剂来降低库内湿度。机械吸湿通常是使用空气去湿机吸湿；吸潮剂吸湿是当库内湿度大，又不能采用通风方式降低湿度时常采用的方法，此时库房应尽可能地严密封闭，否则会降低吸湿效果。

（3）密封防潮。

密封防潮是利用一些不透气、能隔热和隔潮的材料把商品严密地封闭起来，以隔绝空气，降低或减少空气温湿度变化对商品的影响。密封前要检查商品含水量、温度、湿度，选择合适的绝热防潮材料，如沥青纸、塑料薄膜等，要合理选择密封时间，密封后要加强管理。密封的主要方法包括货架密封、货垛密封、库内小室密封和整库密封。

（4）通电驱潮。

这种方法是利用某些电器通电后所产生的热量驱除潮气，一般有绕组线圈的电器商品内部受潮后，均可采取通电驱潮的方法，但要注意商品的电气性能，否则容易发生事故。

（5）气幕隔潮。

气幕俗称风帘，是利用机械鼓风产生强气流，在库门口形成一道气流帘子，其风速大于库内外空气的流速，可以阻止库内外空气的自然交换，从而防止库外热潮空气进入库内。

2. 加湿的方法

当库区空气过于干燥时，需要增加空气的湿度。加湿可以通过减少库内空气流动，再运用人工或机械洒水或使用离心加湿器、电极式蒸汽加湿器或超声波加湿器加湿等方法来解决。

四、一般商品养护

商品在库期间，为防止商品因自身理化性质和外部因素的影响而发生质量变化，进而降低或丧失使用价值，除要注意调节仓库温湿度外，还要注意对虫害、鼠害、霉腐、锈蚀的防治。

（一）虫害的防治

1. 保持环境卫生

虫害的防治工作主要是杜绝虫源，杜绝害虫生长繁殖的环境。因此要做好库内外环境卫生，特别是要关注害虫喜藏匿和过冬之处，定期做好消毒工作。对储存易生虫商品的仓库，在害虫繁殖期之前，可使用磷化铝、溴化烷等进行熏蒸，在库内墙角、走道、垛底、苫垫物料等处喷洒杀虫药剂，如马拉硫磷等溶液。

2. 药物防治

使用驱虫剂防治虫害，如对二氯苯等，适用于毛、麻、丝、棉织品、皮毛、皮革制品以及竹木制品等，但不适用于橡胶、人造革和食品等。

使用熏蒸剂防治虫害，如溴甲烷、磷化铝、环氧乙烷和硫磺等，可根据商品数量多少，结合仓库建筑条件，酌情采用整库密封熏蒸、帐幕密封熏蒸、小室密封熏蒸、密封箱或密封缸熏蒸等形式。

使用气调充氮或二氧化碳防治虫害，即通过改变空气成分之间的比重，使害虫在缺氧条件下或高浓度氮和二氧化碳的条件下难以生存和繁殖。

3. 其他方法

这主要包括利用紫外线、微波、辐射、高温、低温、缺氧以及合成激素等方法来杀虫。

（二）鼠害的防治

危害仓储物的鼠类有很多种。鼠类危害及破坏力极强。鼠类性格机警狡猾、适应能力强且具有非常高的繁殖能力。鼠害防治方法主要有以下几种：做好库内卫生，断绝鼠类食物来源、销毁鼠类栖身之处；库房窗户和通风孔安装防鼠网，库门安装防鼠板；用毒饵和捕鼠器毒杀鼠类。

（三）霉腐的防治

商品发生霉变会造成其使用价值降低甚至丧失使用价值，造成重大损失。霉腐现象的产生是由于霉菌的滋生与繁殖，以及随之而来的代谢物对商品造成的破坏与玷污。霉腐的防治方法就在于通过药剂毒杀霉菌和改变其生存环境，抑制其生长和繁殖能力，具体包括化学药剂防霉、气相防霉、气调防霉、低温冷藏防霉、干燥防霉，以及利用紫外线、微波、红外线、辐射等防霉技术防霉腐。

（四）锈蚀的防治

金属在库期间会因受到周围介质的化学作用或电化学作用而引起损坏，即锈蚀。引起金属锈蚀的关键因素是水分和空气中的氧。金属锈蚀的防治方法包括：保管场所应清洁干燥，金属避免与酸、碱、盐等化学品接触；堆垛时应该采取措施防止金属受潮；保护金属材料的防护层和包装，采用密封法防锈蚀或涂油防锈蚀。

五、在库商品的盘点

盘点是对在库商品进行账（商品保管账）、卡（货卡）、货（库存商品）三方面的数量核对工作。通过核对，工作人员可以及时发现库存商品数量上的溢余、短缺和品种互串等问题，以便分析原因，采取措施，挽回和减少保管损失，同时还可以检查库存商品有无残损、呆滞或质量变化等情况。

理论上，仓库商品的账面数字和实际数字应该是一致的，但在实际作业活动中，因出入库作业频繁，会出现计量计数的误差、错记误记、错放混放、丢失和损耗等情况，致使盘点时账、卡、货不符。即使商品账面价值与现有商品一致，也可能由于风化、锈蚀或光照等自然原因，使商品质量下降，有的商品甚至会成为不能使用的劣质品，有的商品质量虽然未变化，但随着时间的推移成为过时的旧型号，这些都将导致商品的价值下降。因而工作人员应通过盘点准确掌握质量低下的劣质品或陈旧品的数量，并查找原因，以便采取措施，防止类似事件再次发生。

（一）盘点的作用

视频

盘点的作用

1. 确定商品现存量

通过盘点，仓储企业可以确定现有库存商品的实际库存数量，以便核查账实差异及其发生原因，明确造成差异的责任，并通过盈亏调整使库存账面数量与实际库存数量一致。

2. 确认企业资产的损益

库存商品总金额直接反映企业流动资产的使用情况。库存量过高，可能会使流动资金的正常运转受到威胁，而库存商品总金额又与库存量及单价成正比。为了能准确地计算出企业的实际损益，盘点工作十分必要。

3. 确保商品安全与合理储备

通过盘点，仓储企业可以掌握各种商品的保管现状，查明堆垛是否稳固整齐，摆放是否合理，有无损失浪费、霉烂变质和贪污盗窃等情况；查明各项商品的储备和利用情况，明确哪些商品积压、哪些商品不足，并针对问题建立健全各项制度，确保商品安全与合理储备。

4. 核实商品管理成效

通过盘点，仓储企业可以发现作业与管理中各项制度的执行情况和存在的问题，这有利于贯彻执行督促制度，解决存在的问题，提高管理质量。

5. 督查作业情况与衡量效率

通过盘点，仓储企业可以了解相关人员的工作情况，督查收发商品和搬运过程中产生的错误；利用盘点的结果，还可以衡量效率，评价商品管理工作的有效性，并为仓库或企业作出新决策提供依据。

（二）盘点的内容

（1）查质量：检查库存商品是否发生物理变化、化学变化和生化变化，在库货物的质量是否完好，有无腐败变质。

（2）查数量：检查库存商品与账、卡上的记载是否相符，并查明原因。

（3）查保管条件：检查仓库保管条件是否符合商品保管要求，如检查温湿度是否符合要求，卫生条件是否符合要求，堆垛是否符合要求，货垛是否稳定，垛形、苫垫情况是否发生变化，排水设施是否通畅、干净、整洁，库房是否漏雨等。

（4）查保管期：检查库存商品是否超过合同约定期或超过安全保管期，以及是否积压或滞留时间长。

（5）查计量工具：检查计量工具是否误差过大，是否应校准或替换。

（6）查安全：检查仓库安全设施是否完好，消防设备和器材是否正常，以及安全、消防、电路等方面的现状，如有问题应及时查明原因并处理。

（三）盘点的方法

1. 全面盘点和局部盘点

视频

盘点的方法

按盘点的全面性划分，盘点可分为全面盘点和局部盘点。

（1）全面盘点。

全面盘点是对仓库中的所有商品都进行盘点，包括已经付款但仍在途的商品和已发至生产现场待用的商品。

因为参与的人员很多、内容庞杂、范围广泛、工作量十分巨大，所以全面盘点一般只是在年终、工厂生产停工、设备检修期间进行。

如果库存商品的种类较少，也可以在其他期末时间进行。

（2）局部盘点。

局部盘点，即只对仓库中的部分商品进行盘点，一般是对使用比较频繁的材料或商品等根据实际情况在年内进行轮流盘点或重点盘点。

动态盘点是一种常用的局部盘点，其特点是花费时间少、发现差错快、能及时解决问题和挽回损失。

2. 定期盘点和临时盘点

按盘点时间的固定性划分，盘点可分为定期盘点和临时盘点。

（1）定期盘点。

定期盘点是指对各项商品在固定的时间内进行盘点，一般是在每季度、每半年或年终财务结算前。

由于定期盘点是将所有商品一次盘清，因此工作量较大，要求较严格，通常采用分区和分组的方式进行，其目的是明确责任，防止重复盘点和漏盘。

（2）临时盘点。

临时盘点是指当仓库发生损失事故、更换保管员或仓库与货主认为有必要盘点对账时，所组织的局部或全面的盘点。

3. 账面盘点和现货盘点

按盘点对象划分，盘点可分为账面盘点和现货盘点。

（1）账面盘点。

账面盘点又称永续盘点，是指根据期初商品实际库存资料和本期商品入库、出库、损溢的记录，推算出期末商品的库存量。

账面盘点的具体操作就是为每种货物分别设立存货账卡，然后将每一种货物的出入库数量及相关信息记录在账面上，逐笔汇总出账面库存余额，便于随时从账面或电脑中查询出入库记录及库存结余数量。

（2）现货盘点。

现货盘点又称实地盘点（实盘），是指到实地对库存现货进行盘点。如果要得到最正确的库存情况并确保盘点无误，最直接的方法就是确定账面盘点和现货盘点的结果是否一致，如有账实不符的现象，就应该查找原因，划清责任。

4. 期末盘点、循环盘点、交接盘点、动态盘点、抽样盘点

按盘点计划安排划分，盘点可分为期末盘点、循环盘点、交接盘点、动态盘点和抽样盘点。

（1）期末盘点。

期末盘点又称全盘，是指在会计计算期末，对全部库存商品进行逐品、逐垛、逐架清点。常见的期末盘点有月度盘点、季度盘点、年度盘点。

期末盘点会将仓库内所有货物一次清点完，工作量大，要求严格，盘点期间要停止出入库作业，会影响生产。期末盘点通常是因财务核算要求而进行的盘点。

（2）循环盘点。

循环盘点是指将商品逐区逐类连续盘点或在某类商品达到最低存量时盘点。这种方法通常用于价值高或重要的商品盘点，周而复始，分批循环进行。循环盘点一次只对部分货物进行盘点，适用于不能停止生产的仓库。

（3）交接盘点。

交接盘点是在交接班时进行的盘点，适用于零售业或对贵重货物的盘点。

（4）动态盘点。

动态盘点，又称异动盘点或不动盘点，是指每天对有出入库变化的商品或货位进行盘点。其特点是工作量小，能及时反映货物数量变化，可在每天下班前进行。

（5）抽样盘点。

抽样盘点是指库存商品如果有多个品种，可抽取其中几种进行盘点。抽样盘点通过选择某些商品进行盘点，减少了盘点的工作量，适用于品种繁多的配件类商品。

（四）盘点的程序

一般情况下，盘点工作可分为盘点准备、盘点实施、盘后管理三个阶段，具体作业程序还可进行细分。

视频

盘点的程序

1. 盘点准备

盘点的准备工作是否充分，直接关系盘点作业能否顺利进行，甚至关系盘点是否成功。盘点的基本要求是快速准确，为了达到这一基本要求，盘点前进行充分准备十分必要。盘点前应做的准备工作主要有以下几项：

（1）确定盘点的作业程序、时间和方法。

仓库对以往盘点工作的不理想之处先加以检讨并修正后，确定盘点的作业程序、时间、方法。盘点时间可以根据商品的特性、价值大小、流动速度、重要程度、成本会计决算等来确定。盘点时间间隔可以是每天、每周、每月或每年。盘点方法可以根据盘点场所和要求的不同进行合理选择。

（2）确定并培训盘点人员。

盘点人员的确定主要是选定总盘人、主盘人、会点人、协点人以及监点人。大规模的全面盘点必须增派人员，这些人员通常来自管理部门，主要对盘点过程进行监督，并复核盘点结果，因此必须对他们进行熟悉盘点现场及盘点商品的训练；还必须针对所有盘点人员进行盘点方法及盘点作业流程的训练。只有盘点人员十分清楚盘点的基本要领、表格、单据的填写，盘点工作才能顺利进行。

（3）清理储存场地。

这项工作主要是指仓库中放置商品的场地要进行清洁整理，做到仓库内商品摆放整齐，以便于计数；库存账、卡及档案应整理就绪，未登账或销账的单据均应处理完毕。

（4）准备盘点资料和用具。

这项工作主要是指准备盘点时需要的计量器具，准备盘点单和判断盈亏汇总表等单据。

2. 盘点实施

（1）分工。

这项工作主要是指将仓库分成几个区域，并确保各区域之间不重合，不留空白；盘点人员分成几个组，每组负责一个区域，分组时尽量把专业人员和非专业人员搭配组合，以提高盘点效率。

（2）初盘。

这项工作主要是指盘点人员依据分工，按顺序对负责区域内的商品进行点数。一般是按货位的先后顺序和先盘点箱内散件货物、再盘点整箱货物的方式进行，不允许采用散件箱与整件箱货物同时盘点的方法。

1）计件商品。以件（箱、捆、包）为单位的商品先清点件数，再换算成记账单位与账、卡核对，注意对包装容量不同的商品要分别清点。

2）计重商品。有标准重量的商品，只要件数相符，即可作为账、货相符处理；无标准重量的，若原垛未动的，可复核原磅码单，原垛已动的，要进行理论换算。

3）计尺商品。包装容量一致的商品，以件为单位计数；包装容量不一致的商品，必须逐件核对磅码单。

（3）填写盘点单。

这项工作主要是指盘点人员根据清点后得到的商品数量填写盘点单（见表 3－11）。盘点单属于原始凭证，有连续号码，应按顺序填写，填写错误也不得撕毁，应保留并上交。

表 3－11　盘点单

盘点日期：　　　　编号：

商品编号	商品名称	存放位置	盘点数量	复查数量	盘点人	复查人

（4）复盘。

这项工作是指在初盘人员清点完商品并填写了盘点单后，复盘人员要对清点结果进行检查，并据实填写盘点单。复盘数量与初盘数量不一致时，要共同进行再次清点，以确定最终数量。

（5）统计盘点结果。

这项工作是指将盘点单按编号及发出数收回，并根据每张盘点单上的最终商品数量，统计商品的总量，再将盘点所得库存商品实存数量与账、卡核对。

（6）填写盘点表。

这项工作是指根据盘点的结果填写好盘点表，如果商品有损溢、残损、变质的，工作人员还要填写商品损溢报告单和商品残损变质报告单，经过审核无误以后，由参与盘点的工作人员和保管员共同签名盖章。核对账与货、账与账、货与卡是否相符，将盘点表单分别送财务、业务和统计部门，根据审批后的盘点表单，调整卡和账。

（7）填写其他报表。

这项工作是指盘点中还要填写商品价值跟踪表、出入库和变更登记表、安全存量警示表、库存变动明细表等报表。

3. 盘后管理

这项工作是指盘点后，如发现盘盈、盘亏、毁损、变质、报废、久储、滞销等情况，工作人员要查明原因，报业务部门处理。

（1）盘点差异的原因分析。

造成账实不符的原因通常有以下几点：

1）盘点方法不当，存在漏盘、重盘和错盘情况。

2）由于计量、检验方面的问题，造成数量或质量上有差错。

3）由于保管不善或工作人员失职，造成商品的损坏、霉烂、变质或短缺等。

4）由于受气候影响发生腐蚀、硬化、结块、变色、生霉、变形以及受虫害、鼠害影响等，致使商品发生数量短缺或无法再使用。

5）由于自然灾害造成非常损失和非常事故发生的毁损。

6）原始单据丢失或登账不及时。原始单据丢失会造成单据保存不齐全，登账不及时会存在未达账项或存在计算错误、漏登、重登和错登等情况。

7）由于贪污、盗窃、徇私舞弊等，造成商品损失。

8）由于供方装箱（桶）时，每箱（桶）数量有多有少，而在验收时无法对每箱（桶）进行核对，造成短缺或盈余。

9）由于使用的度量衡器具不够准确或使用方法错误而造成数量有差异，或由于整进零出而发生磅差。

10）由于用作样品，而又未开单，造成数量短缺。

（2）盘点盈亏处理。

对于库存商品盘点中出现的盈亏，必须及时作出处理。凡是盘盈或盘亏的数额不超出国家主管部门规定或合同约定的保管损耗标准的，可由仓储企业核销；对超出损耗标准的，则必须查明原因，作出分析并写出报告，承担责任。凡同类商品在不同规格上发生数量此少彼多但总量相符的，可与货主根据仓储合同的约定直接协商处理，根据处理结果及时调整账、卡数额，使账、卡、货数额保持一致。

盘点盈亏调整表如表 3－12 所示。

表 3－12　盘点盈亏调整表

商品编号	商品名称	单位	账面数量	实存数量	单价	盘盈		盘亏		备注
						数量	金额	数量	金额	

（3）盘点评价指标。

盘点不应该仅限于资产的结算及制作财务报表，而应该有更高层次的目标，那就是改善商品管理问题，提升仓库管理水准。尤其是实地盘点兴师动众，产销活动甚至不得不停下来，因此有必要通过管理活动，使盘点作业发挥更大的管理效益。

仓库管理人员应该根据盘点结果对库存管理的绩效进行评估，通过一系列指标的计算，如吞吐量、年平均库存量、商品收发差错率等，找出管理中的漏洞并加以解决。

六、在库商品的损耗

商品的损耗是指商品在库期间，保管这种商品所发生的自然损耗，一般以商品保管损耗率来表示。商品在保管过程中，因其本身的性质变化、自然条件影响、计量工具误差或人为原因，会发生各种损耗，这些损耗有的是可以避免的，有的则难以避免。

（一）造成商品保管损耗的原因

1. 商品的自然损耗

商品的自然损耗是指商品在库期间，因商品性能、自然条件、包装情况、装卸搬运设备、技术操作等所造成的不可避免的损耗与自然减量，如商品发生干燥、风化、挥发、潮解、漏损、破碎等现象，以及在搬运、装卸、检验、更换包装、倒垛等过程中产生的损耗。

2. 人为因素或自然灾害造成的损耗

人为因素造成的损耗是指因操作或工作人员的失职和保管不善，致使商品发生霉烂、变质或丢失而产生的损失；自然因素造成的损耗是指由于水灾或地震等自然灾害所造成的损耗。

3. 磅差

磅差是指商品在进出库时，由于计量工具之间精度上的差别所造成的商品数量、重量的差异。

（二）商品损耗标准

商品损耗标准一般用标准损耗率来表示。为了判定商品的损耗是否合理，人们一般对不同情况和不同商品规定相应的合理损耗标准。某种商品在库期间，保管这种商品所允许发生的自然损耗称为标准损耗率，通常以百分数表示。

在评价某种商品在库保管期间的损耗水平时，要计算商品保管损耗率。商品保管损耗率是指在一定的保管条件和保管期内，其自然损耗量与该种商品库存量的比值。某种商品保管损耗率若低于该商品标准损耗率则为合理损耗。商品保管损耗率是判断商品保管工作好坏与否的标准。

（三）商品损耗的处理

对于商品损耗，可分情况进行处理。

（1）商品有变质迹象或发生变质时，工作人员应按维护保养要求查明原因，并采取措施进行维护保养。

（2）对超过保质期或虽未超过保质期但质量不能保证的商品，工作人员应通知存货人或商品所有人及时采取措施进行处理。

（3）对数量有出入的商品，工作人员应弄清情况、查明原因、分清责任，并通知有关人员。

（4）对已破损的商品，工作人员应查明原因，与存货人或货主协商处理。

（5）对霉烂、变质、残损的商品，工作人员应采取积极措施挽救，尽量减少损失。

七、库区的5S管理

5S是指在商品保管现场，按步骤进行整理、整顿、清扫、清洁和素养五项活动。

（一）整理

整理是指作出要与不要的决定，将要的商品留下来，将不要的商品清除。实施整理的目的是节省空间，防止误发误用，防止积压变质，只管理需要的商品，以提高商品管理质量和管理效率。

（二）整顿

整顿是把要用的商品，按规定位置摆放整齐，并做好标识进行管理。第一，工作人员把需要的商品依据所规定的位置、数量，以合理的方式分类摆放整齐，并明确标记，以利于准确快速地查找取用，减少混料和错发的现象。要做到凡物必分类，有类必有区，有区必有标记。第二，一切乱堆乱放情况均应追究相关人员的责任。

（三）清扫

清扫是指将环境清理干净。在整理和整顿后，工作人员要彻底打扫现场，杜绝污染源。实施清扫是因为干净明亮的工作环境有利于保持商品质量。

（四）清洁

清洁是指随时保持整洁。清洁是一种状态，是维持整理、整顿、清扫的结果，实施清洁是因为清洁的环境能使人心情愉快、积极乐观。

（五）素养

素养是指每个员工都要养成良好的习惯，遵守规章制度，工作积极主动，如遵守作息时间、工作时精神饱满等。

任务三　商品出库作业

情境导入

东方物流公司是一家第三方物流公司，国光贸易公司是东方物流公司的长期仓储客户，并在东方物流公司的仓库中存放了大量的钢材。双方签订了仓储保管合同。合同约定：国光贸易公司提货时，必须提供盖有本公司印章和签有销售主管名字的提货单，东方物流公司才能发放库存的钢材，并且东方物流公司留有国光贸易公司印章式样和销售主管签字式样。如果东方物流公司对提货单有疑问，应该暂缓发货，立即与国光贸易公司负责人或销售主管取得联系。

2025 年春节期间，东方物流公司受理大厅来了几位手持国光贸易公司提货单提货的人员。经办的业务受理员只查看了提货单上的印章和签字是否齐全，而没有严格按出库凭证的审核流程核对印章和签字式样，就向保管员开具了发货通知。春节过后，国光贸易公司与东方物流公司核对商品库存，发现钢材数量不对，而春节期间国光贸易公司并没有开出提货单。

经公安部门调查，这是一起伪造公章、模仿签名的诈骗案件。在这起诈骗案件中，犯罪嫌疑人提取钢材 16 吨。在仓库作业过程中，仓储企业应该如何规范出库作业流程，以避免出现此类问题？

任务分解

1. 掌握商品出库作业流程
2. 明确商品出库作业的注意事项

素养园地

商品出库环节作业要求耐心、仔细，工作人员要认真核对和检查出库凭证，并制订出库计划，预先做好出库准备，否则可能出现出库效率低、发送货物错误等问题，影响客户满意度，对企业经营造成影响。通过出库作业知识学习，希望同学们养成细心、严谨、务实的工作态度。

知识准备

一、出库作业认知

商品出库作业是仓储作业的最后一个环节，是仓库根据业务部门或存货人开出的商品出库凭证，按其所列商品编号、名称、规格、型号和数量等项目，组织商品出库的一系列工作的总称。出库作业的主要任务是将商品准确、及时、保质保量地发给收货人。在作业过程中，包装必须保持完整和牢固，标记必须正确、清楚，核对必须仔细。

（一）出库作业管理基本要求

商品出库要严格执行各项规章制度，杜绝差错事故，以提高服务质量，让客户满意。具体来说，商品出库要做到“三不、三核、五检查”。“三不”，即未接单据不翻账、未经审单不备货、未经复核不出库；“三核”，即在发货时要核对凭证、核对账卡、核对商品；“五检查”，即对单据和商品要进行品名检查、规格检查、包装检查、数量检查、重量检查。

1. 按程序作业，手续必须完备

商品出库必须按规定程序进行。商品出库时，必须有正式凭证，领料单和仓单等提货凭证必须符合要求，保管员应根据凭证所列品种和数量发货。

2. 先进先出原则

在保证库存商品的价值和使用价值不变的前提下，出库要坚持先进先出的原则，必须做到有保管期限的先出、保管条件差的先出、容易变质的先出、近失效期的先出、包装简易的先出、回收复用的先出。采用这一原则的目的在于避免商品因库存时间过长而发生变质或影响其经济价值和使用价值。

3. 做好发放准备

为使商品及时流通并合理使用，保管员必须快速、及时和准确地发放商品。为此，保管员必须做好发放的各项准备工作，如化整为零、集装单元化、备好包装、复印资料、组织搬运人力、准备好出库的各种设施设备及工具。

4. 发货和记账要及时

保管员接到发货凭证后应及时发货，不压票。商品发出后，保管员应立即在保管账上核销，并保存好发货凭证，同时调整垛牌或料卡。

5. 保证安全

商品出库作业要注意安全操作，防止损坏包装或震坏、压坏、摔坏商品，同时还要保证运输安全，做到商品包装完整、捆扎牢固、标志清楚正确、性能不相互抵触和影响，保障商品质量安全。仓库工作人员必须经常注意商品的安全保管期限等，已变质、过期失效或已失去原使用价值的商品不允许出库。

6. 无差错

保管员发货时，应按照发货凭证上列明的商品品名、产地、规格、型号、价格、数量、质量准确发货，当面点清数量和检验质量，确保出库商品品名和数量准确、质量完好、包装牢固、标志正确、发运及时，避免发生运输差错和损坏商品的事故。

（二）出库作业方式

1. 托运

由仓库会计根据货主事先送来的发货凭证开具仓储发货单或备货单，交仓库保管员做好商品的配送、包装、集中、理货、待运等作业的准备工作。设有理货员的仓库应由理货员负责进行集中理货和待运工作，保管员和理货员之间要办理商品交接手续，然后由保管员（或直接由理货员）与运输人员办理点验交接手续，以便明确责任，最后由运输人员负责将商品运往车站或码头。

托运是较普遍的一种发货方式，它适合距离远和数量大的商品。采用这种方式时，仓库应注意加强与运输单位的联系和衔接。

2. 提货

由提货人凭货主填制的发货凭证，用自己的运输工具到仓库提货，仓库会计根据发货凭证转开仓储发货单。保管员按证单配货，经专人逐项复核后，将商品当面点交给提货人并办理交接手续，开出门单，由提货人提走商品。

提货方式一般适用于有自备车辆的存货单位，并且提货数量较少、运输距离较近。

3. 送货

送货是仓库根据收货人的要求，按照提货单所开列的商品品种和数量，用仓库自备的车辆将商品运往货主指定地点，其交接手续在运输车辆卸货地点进行。

送货有利于改善仓库的服务态度，提高客户满意度，提高仓库车辆的使用效率，增加仓库收入。

4. 移仓

移仓是指因业务或保管的需要，将储存的商品从某一仓位转移到另一仓位的发货方式。移仓分内部移仓和外部移仓。内部移仓填制仓储企业内部移仓单，并据此发货；外部移仓根据货主填制的商品移仓单结算和发货。

5. 过户

过户是指在不转移仓储商品的情况下，通过转账单变更货主的一种发货方式。商品过户时，仍由原货主填制正式的发货凭证，仓库据此作过户转账处理。

6. 取样

货主为介绍商品或检验商品而向仓储部门提取货样。在办理取样业务时，仓库要根据货主填制的正式样品发货单转开仓储发货单，在核实商品的名称、规格、牌号、等级和数量等内容后备货，并经复核后将商品交提货人。

（三）出库前准备工作

1. 清点商品，整理包装

经过运输、装卸、搬运、堆码、倒垛、拆检等作业，部分商品包装会出现受损、标识脱落等现象，工作人员出库前应检查商品包装的状态是否良好，若有受损、不适宜运输的，应进行加固或者更换包装。

2. 组配、分装

根据要货单位的需求，有些商品可能需要拆零后出库，仓库应事先做好相应的准备，备足零散商品，以免临时拆零影响出库发货时间；有些商品可能需要在出库前进行拼箱，仓库应事先做好拣选、分类、整理和组配等工作。

3. 准备用品用具

有装箱、拼箱或改装业务的仓库，在发货前要根据储存商品的性质及运输要求，准备好包装材料、衬垫物，刷写包装标识用的器具、标签、颜料，封箱用的胶带、箱钉、剪刀、打包带等。

4. 安排场地和装卸设备

在出库商品从办理托运到出库的付运过程中，仓库需要安排一定的仓容或站台等理货场所，进行出库商品的包装、组配、拼箱、周转等。

出库作业需要调配必要的装卸机具，如叉车、托盘、货架、纸箱等，便于运输人员提货发运、及时装卸货物，加快发货速度。

5. 出库凭证的准备

收货单位凭盖有财务专用章和有关部门签章的出库凭证，办理商品出库手续。仓库保管员在发货时，应根据领料单，填写出库单。

6. 人员安排

由于出库作业比较细致、复杂，工作量也大，仓库应事先对出库作业合理组织，安排好接运人员、验收人员、包装人员、检验人员、远程管理人员等专业人员，将各个环节紧密衔接，确保按时发货，避免出现错发或串货等现象。

（四）出库作业流程

一般来说，根据商品在库内的流向或发货单的流转，仓库出库作业的程序大致可由以下几个环节组成。

视频

出库作业流程

1. 接收出库指令

仓储企业在接收到客户的出库指令或出库凭证后，必须认真审核出库指令或出库凭证上的时间、证章和签名，仔细检查是否完整和正确，然后核对商品的名称、型号、规格、单价、数量、收货人等信息。

2. 签发出库单

出库指令审核通过后，仓库需要签发出库单，作为商品出库的正式凭证。仓管部门在接收到出库单后，需要复核商品出库单的抬头、印章、日期是否符合要求，经复核不符合要求的商品应停止发货。此外，工作人员还需要对商品储存的结余数进行复核，查看是否与保管账目、商品保管卡上的结余数相符。对于不符的情况应及时查明原因。

3. 拣货备货

仓库工作人员按照出库单所列商品到相应货位取货，若规定了发货批次，则应按规定发货；若没有规定，备货时应遵循先进先出的原则。备好的商品应放于相应的区域，等待出库。

4. 复核

复核的内容包括“三核对”“三齐全”“三不走”“三清点”。“三核对”是指核对单据、核对品名规格、核对数量与质量；“三齐全”是指配套齐全、证件齐全、随商品资料齐全；“三不走”是指包装不好不走、数量与质量不符不走、装载不合安全规定不走；“三清点”是保管员清点、库房负责人清点、押运员或收发人员清点。

根据出库商品的多少、复核工作的复杂程度及仓库的规模，复核工作可以采取以下不同的方式进行。

（1）专人复核。

当仓库规模较大、分工较细时，可设置专职复核员，专门负责出库商品的复核工作。专职复核员与保管员共同对出库商品的质量、数量、正确性负责。这种方式有利于提高复核工作的效率，适用于出库量大的综合型仓库。

（2）交叉互核。

交叉复核又叫保管员互核，是指两名保管员交叉对对方的出库商品照单复核，复核后在对方的出库单上签字，与对方共同承担责任。这种方式更容易发现问题，适用于出库商品种类繁多的仓库。

（3）自我复核。

保管员对自己所发的商品进行复核，自己对自己所发商品的数量、质量、正确性负责。这种方式适用于专业化程度高、储存商品种类比较单一、同一品种发货量较大、仓库工作人员比较紧张的情况。

5. 商品包装

商品在出库时，仓库往往需要对商品进行拼装、加固或换装等，这均涉及商品的包装。商品包装的要求是：封顶紧密、捆扎牢固、衬垫适当、标志正确和清楚。拼装、加固和换装等工作在大型仓库中由专职人员负责。

出库商品的包装应符合下列要求：

（1）根据商品的特点和运输部门的规定选择包装材料和确定包装大小，包装应牢固和便于装卸搬运。

（2）充分利用原包装，节约包装材料，尽量以旧代新、废物利用。

（3）包装能够保证商品在运输途中的安全。

（4）严禁性质不同和互相影响的商品混合包装；危险品必须单独包装。

（5）包装时箱装商品应每箱附有装箱单，计重商品应附有磅码单。

6. 清单交接

出库经复核无误后，保管员必须当面向提货人或运输人员按出库单所列商品逐件点交，明确责任，办理交接手续。如果是自提，应将商品和全部证件向提货人当面点交，办清交接手续；如果是托运，则需要办理内部交接手续，向负责托运和包装的部门或人员点交清楚，相关人员签章。在商品装车时，保管员应在现场监装，直到商品装运出库，发货结束后应在出库凭证的发货联上加盖“发讫”印戳，并留据存查。

7. 登账

点交后，保管员应在出库单上填写实发数和发货日期等内容，并签章。

8. 现场清理和档案清理

现场清理是指清理库存商品、库房、场地和设备等；档案清理是指对收发、保养和盈亏数量等情况进行整理。

二、拣货作业与补货作业

（一）拣货作业

拣货作业是仓库依据订单要求或配送计划，迅速准确地将商品从其货位或其他区位拣取出来，并按一定的方式进行分类和集中的作业过程。

1. 拣货单位

拣货单位是由订单分析结果所决定的。如果订货的最小单位是箱，拣货时的最小单位就是箱；对于大体积或形状特殊、无法按托盘和箱来归类的特殊品，可采用特殊的拣货方法。为了能作出明确的判断，拣货单位具体分为以下四种。

（1）单品。

单品是拣货的最小单位。单品可由箱中取出，由人工单手进行拣货。

（2）箱。

箱由单品所组成，可由托盘上取出，通常需要人工双手拣货。

（3）托盘。

托盘由箱叠放而成，无法由人工直接搬运，需要借助堆垛机、叉车或搬运车等机械设备搬运。

（4）特殊品。

特殊品是指体积大或形状特殊，无法按托盘、箱归类或必须在特殊条件下作业的商品，如大型家具或冷冻商品等，拣货系统的设计将受其限制。

2. 拣货作业流程

（1）生成拣货信息。

拣货信息是拣货作业的原动力，其主要作用是指示拣货的进行。拣货信息的源头是客户的需求。为了使拣货人员在既定的拣货方式下正确而迅速地拣货，拣货信息的生成尤为重要。

（2）选择拣货方法。

在选择拣货方法时，拣货人员需要考虑多方面的因素、环境和条件，要采用相对适宜的拣货方法。

（3）实施拣货作业。

拣货方法确定以后，就可以进行具体的拣货作业了。在实施拣货作业时，拣货人员首先要准确找到拣货货位，确认待拣商品，然后将商品拣取和搬运到指定地点。

3. 拣货方式

视频

拣货方式

（1）按照订单处理单位与作业流程的整合方式划分。

拣货方式可分为三种：订单拣货、批量拣货和复合拣货。

1）订单拣货。订单拣货是指针对每一份订单，拣货人员在仓库内巡回，按照订单所列商品及数量，将客户所订的商品逐一从仓库货位或其他作业区中取出，然后集中在一起的拣货方式。

①订单拣货的几种具体方式。订单拣货的主要特点是每次拣货只针对一张订单，不进行订单分批处理。结合分区策略，订单拣货具体可以分为单人拣货、分区接力拣货和分区汇总拣货。

单人拣货是一张订单由一个人从开始到结束全程负责。这种拣货单的生成方式，只需要将订单资料直接转为一一对应的拣货需求资料即可。

分区接力拣货是将储存区或拣货区划分成几个区域，一张订单由各区域拣货人员采取前后接力方式共同完成。

分区汇总拣货是将储存区或拣货区划分成几个区域，将一张订单拆成各区域所需的拣货单，各区域拣货人员分别拣货，再将所拣的商品汇集在一起。

②订单拣货的特点。一般来说，订单拣货的准确率较高，很少发生差错，而且机动灵活。这种拣货方式可以根据客户需求调整拣货的先后次序，对于紧急需求，可以集中力量快速拣货。一张订单拣货完毕后商品便配置齐备，配货作业与拣货作业同时完成，简化作业程序，有利于提高服务质量。

③订单拣货的适用范围。订单拣货方式比较适用于以下情况：客户不稳定且波动较大、客户需求种类不多且需求差异较大、客户配送时间要求不一等。

2）批量拣货。批量拣货是将数张订单汇总成一批，再将各订单相同的商品订购数量汇总起来，一起拣货。

①批量拣货的分批方式。

按拣货单位分批：将同一种拣货单位的商品汇总在一起处理。

按配送区域/路径分批：将同一配送区域（路径）的订单汇总在一起处理。

按流通加工需求分批：将需要加工处理或需要相同流通加工处理的订单汇总在一起处理。

按车辆需求分批：将客户所需商品需要特殊的配送车辆（低温车或冷冻、冷藏车），或者客户所在地需要特殊类型车辆的订单，汇总合并处理。

②批量拣货的特点。与订单拣货相比，由于将客户的需求集中起来进行拣货，因此批量拣货有利于规划拣货路线，减少不必要的重复行走，降低物流成本。但批量拣货计划性较强，规划难度较大，容易发生错误。

③批量拣货的适用范围。批量拣货比较适合客户稳定而且客户数量较多的专业性配送中心，其客户需求数量可以有差异，配送时间要求也不太严格，但品种需求的共性要求较高。

3）复合拣货。为克服订单拣货和批量拣货方式的不足，仓库可采取将订单拣货和批量拣货组合起来的复合拣货方式。复合拣货是指根据订单的品种、数量及出库频率，确定哪些适合订单拣货，哪些适合批量拣货，分别采取不同的拣货方式。

（2）按照自动化程度划分。

拣货方式可分为三种：人工拣货、运用电子标签拣选系统拣货、运用自动拣货系统拣货。

1）人工拣货。人工拣货是指所有拣货作业过程全部由人工根据单证或其他传递过来的信息进行拣取商品，在拣货作业完成后由人工将客户订购的货物放到已标示好的区域或容器中。

2）运用电子标签拣选系统拣货。电子标签拣选系统又称半自动拣选系统，是计算机辅助拣选工具之一。为了提高拣选作业的效率，很多仓库引进了半自动拣选系统。

3）运用自动拣货系统拣货。自动拣货系统又称全自动拣货系统，是先进配送中心所必需的设施之一，具有很高的分拣效率。

自动拣货机是提高物流配送效率的一项关键因素，是自动拣货系统的一个主要设备。它本身需要建设机械传输线，还有配套的机电一体化控制系统、计算机网络及通信系统等。这一系统不仅占地面积大，而且需要立体仓库和各种自动化的搬运设施与之相匹配。

（二）补货作业

补货作业与拣货作业息息相关。补货作业是将商品从仓库储存区域搬运到拣货区的工作。当仓库模式为存拣分离时，就会有对应的补货作业。补货作业要根据订单需求制订详细计划，既要确保库存，又不能补充过量，而且要将补货商品安置在方便存取的位置上，以便提高出货效率。

1. 补货作业流程

补货作业的具体流程如图 3－17 所示。

2. 补货作业的方式

（1）整箱补货。

视频

补货作业的方式

这种补货方式是指由保管区补货到拣货区，保管区为货架存放区，拣货区为两面开放式的流动棚拣货区，拣货人员在拣货区拣货之后，把商品放入输送机并运到发货区。当拣货区的存货量低于设定标准时，则进行补货作业。这种补货方式由拣货人员到保管区取货箱，用手推车载货箱至拣货区，比较适用于体积小且少量多样出货的商品。

（2）托盘补货。

这种补货方式是指以托盘为单位进行补货作业，托盘从地板堆放保管区运到地板堆放拣货区，拣货时把托盘上的货箱置于中央输送机送到发货区。当库存量低于设定标准时，立即补货，使用堆垛机把托盘由保管区运到拣货区。这种补货方式适用于体积大或出货量多的商品。

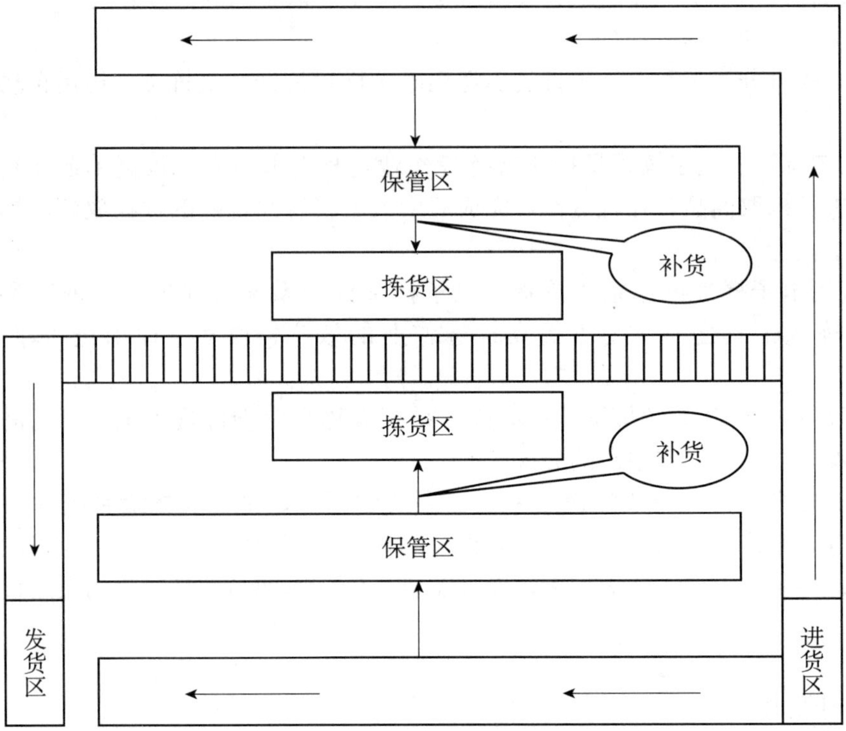

图 3-17　补货作业流程

(3) 货位补货。

这种补货方式主要适用于保管区与拣货区处于同一货架的情形，有的仓库把一些体积小或流动性不大的商品存放在同一个货架的上下两层，下层作为拣货区，上层作为保管区。货位补货就是当下层货位上的存货量低于设定标准时，将上层商品移出一部分补充到下层，使其达到设定标准。

(4) 其他补货方式。

1) 直接补货。上面介绍的补货方式都是由补货人员先到保管区将商品取出，然后将商品移到拣货区，再由拣货人员在拣货区将商品拣走。直接补货方式与此不同，它是补货人员直接在进货时将商品运至拣货区，商品不再进入保管区的补货方式。对于一些商品周转非常快的中转性仓库，直接补货是常见的一种补货方式。

2) 复合式补货。在复合式补货情况下，拣货区的商品采取同类商品相邻放置的方式，而保管区采取两阶段的补货方式。第一保管区为高层货架；第二保管区位于拣货区旁，是一个临时保管区。补货时商品先从第一保管区移至第二保管区，当拣货区存货降到设定标准时，再将商品从第二保管区移到拣货区，由拣货人员在拣货区将商品拣走。

3) 自动补货。在一些自动仓库中，计算机发出补货指令，商品被自动从保管区送出，经过扫描商品及容器条形码后，将商品装入相应的容器，然后容器经输送机被运送到旋转货架处进行补货。

3. 补货作业的时机

视频

补货作业的时机

补货作业的发生与否主要看拣货区的商品存量是否符合需求，因此究竟何时补货要看拣货区的存货量，以避免出现在拣货时才发现拣货区存货量不足需要补货，从而影响整个拣货作业的现象。补货时机通常可分为批次补货、定时补货或随机补货三种。

（1）批次补货。

批次补货是指在每天或每一批次拣取之前，经计算机系统计算所需商品的总拣取量和拣货区的商品量，计算出差额并在拣货作业开始前补足商品。这种补货原则比较适合一天内作业量变化不大、紧急追加订货不多，或者需要事先掌握每一批次拣取量的情况。

（2）定时补货。

定时补货是指将每天划分为若干个时段，补货人员在时段内检查拣货区存货量，如果发现不足，马上予以补足。这种定时补足的补货原则，较适合分批拣货时间固定，且处理紧急追加订货的时间也固定的情况。

（3）随机补货。

随机补货是一种指定专人从事补货作业的方式，这些工作人员随时巡视拣货区的分批存量，发现不足随时补货。这种不定时补足的补货原则，较适合每批次拣取量不大或紧急追加订货较多，一天内作业量不易事前掌握的情况。

三、出库作业问题处理

商品出库过程中出现的问题是多方面的，应区别对待。

（一）出库凭证问题

在出库作业过程中，出库凭证通常易出现以下几种问题。

1. 出库凭证超过提货期限

当提货人持超过提货期限的出库凭证来提货时，保管员应告知其必须先办理相关手续并按规定缴足逾期的仓储费用。待提货人办理好相关手续并缴足费用后，保管员方可发货。

2. 出库凭证有疑点或者情况不清楚

若发现出库凭证因制单员填写不规范，导致信息遗漏或者不清楚，保管员应当及时与制单员联系，查明情况并予以更正。

3. 出库凭证的真实性异常

若发现出库凭证有假冒、复制、涂改的现象，保管员应及时联系保卫部门和出具出库凭证的单位或部门，以妥善处理。

4. 出库凭证上的信息与商品的实际信息不相符

若出库凭证上的商品名称、规格等信息与商品的实际信息不相符，保管员不得自行换货，而应先告知提货人到相关单位或部门重新开具出库凭证，然后根据新的出库凭证发货。

5. 出库凭证遗失

若客户遗失了出库凭证，保管员应告知其立即办理挂失手续。如果挂失时商品没被提走，经保管员和财务人员查证属实后，由仓储部门办理挂失登记手续，将原出库凭证作废，并缓期发货；如果挂失时货物已经被提走，则仓储部门不承担责任，但有义务协助客户找回货物。

6. 货物入库未验收，或所提货物未入库

若提货人持出库凭证要求提前出库，且该商品尚未验收入库，保管员应告知提货人待货物验收后再发货，并暂缓办理发货手续。

（二）提货数量与实际存储数不符

提货数量与实际存储数不符的情况，一般是实际存储数小于提货数量。造成这种问题的原因主要有以下几种：

（1）商品入库时，由于验收问题，增大了实收商品的签收数量，因此造成账面数大于实际存储数，提货数量大于实际存储数。

（2）在以前的发货过程中，因出现串发货或错发货等差错，所以造成实际存储数小于账面数，提货数量大于实际存储数。

（3）货主没有及时核减开出的提货数量，造成账面数大于实际存储数，导致开出的提货数量大于实际存储数。

（4）仓储过程中造成商品毁损。

这几种提货数量大于实际商品存储数的情况，无论是何种原因造成的，保管员都需要与仓库主管部门以及货主及时取得联系后再作处理。如果属于入库时错账，就可以采用报出报入的方法进行调整，即先按账面数开具商品出库单销账，然后再按实际存储数重新入库登账，并在入库单上注明；如果属于串发货或错发货而引起的问题，就由仓库方面负责解决实际存储数与出库凭证数的差数的问题；如果属于货主漏记账而多开提货数量，就由货主出具新的提货单，重新组织提货和发货；如果是仓储过程中的损耗，就需要考虑该损耗数量是否在合理的范围之内，并与货主单位协商解决，合理范围内的损耗，应由货主单位承担，超出合理范围的损耗，由仓储部门负责赔偿。

（三）串发货或错发货

串发货或错发货主要是指保管员在对商品种类、规格不十分熟悉的情况下，或者由于工作中的疏漏，把错误规格或数量的商品发出库，如提货单上写明某种商品的甲规格出库，而保管员在发货时错把该种商品的乙规格发出，造成甲规格账面数小于实际存储数，乙规格账面数大于实际存储数。在这种情况下，如果商品尚未离库，应立即重新发货。如果商品已经提出仓库，保管员要根据实际库存情况，如实向本库主管部门和货主单位讲明串发货或错发货的商品名称、规格、数量、提货单位等情况，会同货主单位和运输单位共同协商解决。在无直接经济损失的情况下，一般由货主单位重新按实际发货数冲单（票）解决；如果形成直接经济损失，应按相关的赔偿损失的单据冲转调整保管账。

（四）包装破漏

包装破漏是指在发货过程中，因商品外包装破散或砂眼等现象而引起的商品渗漏或裸露等问题。这些问题主要是由于储存过程中堆垛挤压或发货装卸操作不慎等造成的，发货时应经过重新整理或更换包装后再出库，造成的损失应由仓储部门承担。

（五）漏记账或错记账

漏记账是指在商品出库作业中，由于工作人员没有及时核销商品明细账，因此造成账面数大于或小于实际存储数的现象。错记账是指在商品出库后，工作人员核销明细账时没有按实际发货出库的商品名称或数量等登记，从而造成账实不相符的情况。无论是漏记账还是错记账，一经发现，除及时向有关领导如实汇报情况外，同时还应根据原出库凭证查明原因后调整保管账，使之与实际存储数保持一致。如果由于漏记账或错记账给货主、运输单位和仓储部门造成了损失，相关单位应予以赔偿，并追究相关人员责任。

四、退货作业

物流活动中，应尽可能避免退货或换货，因为退货或换货的处理会大幅增加成本，减少利润。

（一）退货管理的含义

退货管理是指在完成物流配送活动中，由于配送方或货主关于配送商品的有关影响因素存在异议而进行的处理活动。

退货管理一般包含以下三个方面的任务：尽可能减少或消除退货、退货流程处理和退货的再分配。

（二）退货的类型

1. 无缺陷商品的退货

无缺陷商品的退货主要包括来自消费者的无缺陷商品的退货、零售商或分销商的无缺陷商品的退货两种类型。

2. 缺陷商品的退货

缺陷商品是指由于生产技术或质量管理方面的原因导致质量、功能方面存在缺陷的商品。对于这些不符合质量要求的商品，客户提出退货，仓储企业要予以退换。仓储企业虽不会有直接的成本损失，但

视频

退货的分类和处理方法

快速配合可使客户的损失降低，并增进与客户间的关系。

3. 装卸和运输过程中损坏商品的退货

商品在装卸搬运或运输过程中，造成商品破损或包装污染，仓储企业要予以退货。

4. 订单处理失误或包装过程失误的退货

由于企业内部管理不善，工作人员可能在订单处理和商品包装方面出现失误，针对这种失误，仓储企业要予以退货。

5. 商品送错退货

送达客户的商品不是订单所要求的商品，如商品条形码、品项、规格、重量、数量与订单不符，客户要求换货或退回，这时仓储企业要立即处理，以减少客户抱怨。

6. 商品过期退货

有保质期的商品，在送达客户手中时超过商品的有效保质期限，仓储企业要予以退换。

（三）退货的处理方法

1. 无条件重新发货

对于因为仓库按订单发货发生错误的，应由仓库调整发货方案，将错发商品调回，重新按原正确订单发货，中间发生的所有费用应由仓库承担。

2. 运输单位赔偿

对于因为运输途中商品受到损坏而发生退货的，应根据退货情况，由仓库确定所需的修理费用或赔偿金额，然后由运输单位负责赔偿。

3. 收取费用后重新发货

对于因为客户订货有误而发生退货的，退货所产生的费用由客户承担，退货后再根据客户新的订货单重新发货。

4. 重新发货或替代

对于因为商品有缺陷客户要求退货的，仓库接到退货指示后，工作人员应安排车辆收回退货商品，将商品集中到仓库退货处理区进行处理。一旦商品回收活动结束，生产厂家及其销售部门应立即采取行动，用没有缺陷的同一种商品或替代品更换有缺陷的商品。

项目小结

本项目介绍了商品入库、商品养护管理、出库各环节的主要作业内容和基本要求。通过本项目的学习，希望同学们能够熟悉仓储业务，掌握仓库业务各环节中的注意点，具备从事仓库实际管理的能力。

同步练习

一、判断题

1. 纵横交错式托盘堆码是指相邻两层商品的摆放要旋转 180°。（　　）

2. 补货作业是指拣货人员依照拣货信息拣取相应商品，并将商品进行集中的活动。（　　）

3. 订单式拣货的特点是以订单为单位，每张订单只拣货一次，操作方法简单。（　　）

4. 入库预检可以事先了解存货人所送商品是否存在差异，避免差异商品重复装卸。（　　）

5. 盘点是为了避免账、物不符的情况，对库存商品进行定期、不定期盘点或清查。（　　）

二、单选题

1.（　　）是存货人对仓储服务产生需求，并向仓储企业发出需求通知。

A. 入库申请　　B. 入库计划　　C. 入库准备　　D. 商品装卸

2. 检查商品有无潮湿、霉腐、虫害等属于（　　）。

A. 外观检验　　B. 数量检验

C. 尺寸精度检验　　D. 理化检验

3. 为便于商品销售，将大货物单元改装成一定规格和数量的小货物单元的过程称为（　　）。

A. 改装　　B. 分装　　C. 拼装　　D. 配装

4. 将商品整齐规则地摆放成货垛的作业称为（　　）。

A. 搬运　　B. 储存　　C. 拣取　　D. 堆码

5. 将进货商品从车辆或其他运输工具上搬运到验货区的过程称为（　　）。

A. 预收货作业　　B. 卸货作业　　C. 补货作业　　D. 收退作业

6. 补货人员根据补货计划对拣货区商品进行数量补充的过程称为（　　）。

A. 退货作业　　B. 补货作业　　C. 验收作业　　D. 拣货作业

7. 配送车辆将商品送达客户后，客户根据订单核对商品、清点数量、检查包装和质量，经检查核对无误，在送货单上签名确认的过程称为（　　）。

A. 预收货作业　　B. 卸货作业

C. 签收作业　　D. 验收作业

8. 以下各图属于旋转交错式堆码的是（　　）。

A. 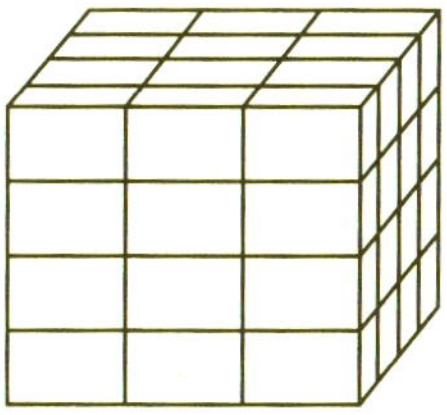

B. 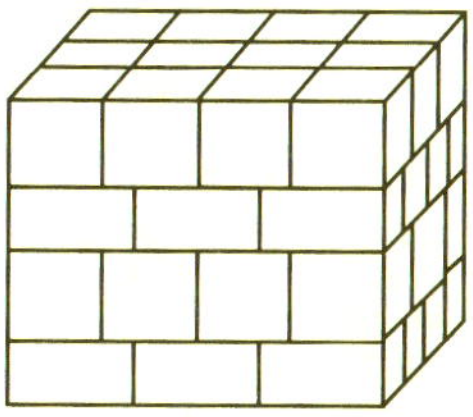

C. 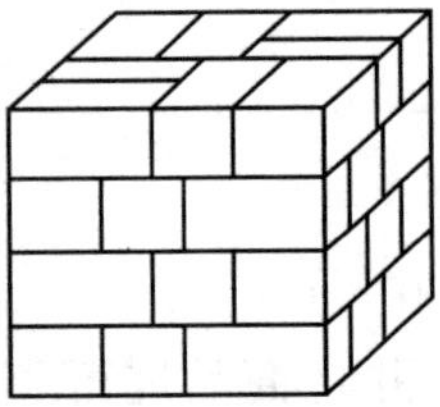

D. 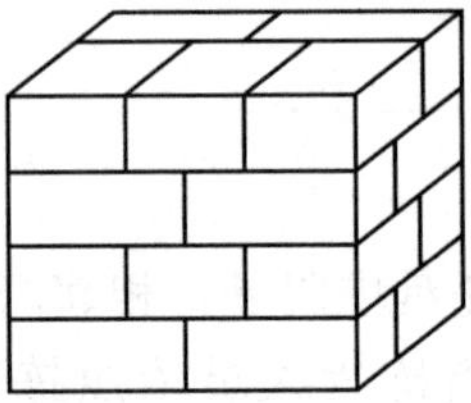

9. 验收作业流程为（　　）。

A. 验收准备→清点数量→准备入库→抽样检验

B. 验收准备→抽样检验→清点数量→准备入库

C. 验收准备→清点数量→抽样检验→准备入库

D. 验收准备→准备入库→清点数量→抽样检验

10. 拣货作业流程为（　　）。

A. 生成拣货信息→选择拣货方法→集中→拣取

B. 生成拣货信息→选择拣货方法→拣取→集中

C. 生成拣货信息→拣取→集中→选择拣货方法

D. 拣取→集中→生成拣货信息→选择拣货方法

三、简答题

1. 描述入库作业流程，并说明影响入库作业的因素有哪些。

2. 货位的使用方式有哪些？选择货位要遵循哪些原则？

3. 拣货作业有哪几种方式？优缺点分别是什么？

4. 简述盘点作业的流程。

四、案例分析

某光电科技有限公司位于广东，成立于2008年，是一家照明产品与电气装置产品制造商，是行业中的龙头企业。凭借优异的产品品质和卓越的售后服务，该公司获得了客户的广泛认可与赞誉。为了适应新形势下的战略发展需要，公司对现有的客户关系网络进行了整合，在全国各地成立了35个运营中心，完善了供应链系统、物流仓储与配送系统以及客户服务系统。该公司总部共有3个成品仓库，分别是成品一组仓库、成品二组仓库和成品三组仓库。其中，成品一组仓库位于一楼，目的是方便进出货，所以该仓库存放的产品种类相对多一点，如筒灯和灯盘等，并且所有的外销品也存放在成品一组仓库；成品二组仓库储存的主要是路轨灯、T4灯、T5灯以及光源，公司的几大光源产品都存放在成品二组仓库；成品三组仓库主要存放特定的格栅灯、吸顶灯、导轨灯以及其他公司的一些产品。

该公司的仓库货位管理采用变通后的定位储存原则。定位储存是指每一类或每一个储存产品都有固定货位，产品不能互用货位，所以在规划货位时，每一项产品的货位容量不得小于其可能的最大库存量。在实际操作中，定位储存一般会按照实际情况做适当的调整。在货位管理中，该公司有关工作人员经过研究，把理论与实际相结合，实行定位、定点、定量管理的原则，因此它的货位容量不是全部按照最大存储量进行定位的。因为该公司的产品属于季节性差异比较大的产品，如果按照最大库存量设定货位容量，就会使仓库的空间利用率下降，从而出现浪费资源的情况。

该公司在仓储管理的货位分配上遵循以下原则：（1）先进先出原则，即先入库的产品先出库，该原则一般适用于寿命周期短的产品；（2）面对通道原则，即将产品的标志和名称面对通道摆放，以便工作人员辨识，这样可以使产品的存取能够容易且有效率地进行，这也是使仓库内能流畅作业的基本原则；（3）重量特性原则，即按照产品重量来决定产品在保管场所的高低位置。根据这些原则，该公司的仓库备货采用按订单拣取的方式，这种方式非常符合公司的仓储要求，是非常合理的。

在具体的货位管理过程中，该公司采用较多的现代管理方法和原则。这些方法和原则对于大多数较为传统的仓储业务管理来说也是比较科学合理的。

当然，在管理的过程中也会有一些问题，例如，在实际操作中，有些工作人员不注意、不仔细、不小心，使得一些原则执行得不够好；在公司产品的销售旺季，仓库的货位管理会出现混乱局面，有些产品会存放在作业通道和安全通道上，既不利于仓储作业的开展，也影响仓库工作人员的人身安全。

请思考：

1. 你认为该公司在仓库货位管理方面采用定位储存原则是否合理？为什么？

2. 根据本案例总结一下该公司的仓储管理货位分配原则，并说明这些原则有哪些好处。

项目四
智慧仓储库存控制管理

学习目标

※ **知识目标**

1. 掌握库存成本的构成
2. 掌握各类库存控制管理方法和思想
3. 掌握库存控制中的注意事项

※ **能力目标**

1. 能对企业各类商品库存进行简单的管理
2. 能根据各类商品的数据，简单计算出合理的库存量
3. 能运用供应链思想进行库存管理

※ **素养目标**

1. 具备库存管理和成本管理的意识
2. 具有勤俭节约的传统美德

案例引入

1989年，某品牌计算机的销量曾一度迅猛增长。为了满足市场需求，该公司买进了大量零部件，其中有数量庞大的内存条。但是几乎是在一夜之间，市场对内存条的需求从高峰降到了谷底，内存条价格狂跌。这个损失对刚刚创办不久的公司来说是个巨大的打击，它不得不处理掉这些存货。为了生存下去，该公司只好提高计算机价格，但这又阻碍了其销量的增长，公司的扩张也被迫延迟了。这个教训使该公司对库存管理有了新的认识：库存管理不仅是一个竞争优势问题，而且是一个生存问题，存货太多会使企业在成本上处于非常不利的地位。

从此以后，该品牌计算机的每个部件上都贴有一个四位数条形码。在装配线上，只要检查这些条形码，就可以知道该部件从供应商发货到计算机装配完成的时间，这个时间称作存货周转天数。该公司每周监测一次存货周转天数，一定天数以后还对总存货周转天数进行一次监测。采取一系列措施后，1997年该公司的存货周转天数调整到7天，总存货周转天数是13天。1998年使用互联网进行订货以后，该公司的存货周转天数加快到3天，总存货周转天数减少到7天，而其他竞争对手则需要80天甚至更长时间。

存货周转天数快使得该公司能够适应市场上的突然变化。例如：当部件成本骤降时，它能确保该公司可以立刻降低计算机的售价，而一些库存量大的竞争对手很难做到这一点；同样，当新的硬件、软件或其他技术出现的时候，作为一个库存量低的公司，该公司能比其他库存量大的公司更快地进行计算机系统的升级重组，保证先进的产品尽早投放市场。正如该公司所说："如果我的存货周转天数是11天，而我的竞争对手的存货周转天数是80天，那么当竞争对手推出最新的芯片的时候，我就能比竞争对手提早69天进入市场。"

从该公司的案例中可以看出，库存管理和控制已经成为现代企业竞争的重要手段，因此库存管理也成为仓储企业能为客户提供的高端服务之一。

任务一　库存管理概述

情境导入

企业内各部门对于库存管理的要求并不完全一致，甚至会相互矛盾。对于一个企业而言，其库存管理的主要目标是使库存投资最少，对客户的服务水准最高，保证企业低成本、高效益运营。企业库存管理的具体目标表现为单位成本低、库存周转率高、产品质量稳定、与供应商保持良好的关系、供货持续不间断等。显然，上述目标并不一致，有的甚至相互抵触。因此，企业进行库存管理的首要问题，就是要根据现实条件，综合考虑环境中的各种限制，很好地把这些目标协调起来。

任务分解

1. 了解库存管理的影响因素
2. 掌握库存成本的构成

素养园地

库存管理是现代企业十分重视的问题，涉及企业的经营效益和社会效益。合理的库存管理，可以更好地使企业对资源进行分配和配置，避免资源的浪费。通过库存管理知识内容的学习，希望同学们养成公平、节约的精神。

知识准备

一、库存的分类

视频

库存的分类

库存管理是在保障供应的前提下，为使库存商品数量最少而进行的有效管理的技术经济措施。从现代物流管理的仓储角度来看，持有库存可以使企业获得规模经济性以及良好的客户服务水平。但库存是企业付出的高代价投资，因此库存管理是仓储管理领域所面临的一个重要问题。

库存管理是企业对在库商品品种及商品库存量的管理和控制，它只考虑存货的合理性、经济性与最优性，而不从技术上考虑存货的保管、储存和运输，因此库存管理就是要维持必要的库存，减少不必要的库存。

按照企业库存管理目的的不同，必要的库存可以分为以下几种类型。

（一）运转库存

运转库存又称经常库存，是指企业为了满足日常需求而建立的库存。这种库存是不断变化的，当商品入库时到达最高库存量，随着生产消耗或销售，库存量逐渐减少，直到下一批商品入库前降到最低，运转库存的补充是按一定的规则反复进行的。

（二）安全库存

安全库存是指企业为了防止由于不确定因素影响订货需求而准备的缓冲库存，如突发性大量订货或供应商延期交货等。

（三）加工库存和运输过程库存

加工库存是指在加工过程中或等待加工而处于暂时储存状态的商品；运输过程库存是指处于运输状态（在途）的商品，这类商品虽然还未入库，但实际上也是一种库存。

（四）季节性库存

季节性库存是指企业为了满足特定季节中出现的特定需求而建立的库存，或指企业对季节性生产的商品在出产的季节大量收储所建立的库存。

（五）促销库存

促销库存是指企业为了应付促销活动产生的预期销售增长而建立的库存。

（六）时间效用库存

时间效用库存是指企业为了避免商品价格上涨造成损失，或者为了从商品价格上涨中获利而建立的库存。

（七）沉淀库存和积压库存

沉淀库存和积压库存是指因商品品质变坏或损坏，或是因没有市场而滞销的商品库存，以及超额储存的库存。

二、库存管理的影响因素

（一）需求的性质

需求性质的不同对库存管理决策有着决定性的影响。它表现为以下几种情况。

1. 需求确定或不确定

若需求是确定而已知的，则企业可以只在需求产生时准备库存，库存量根据给定的计划确定；若需求是不确定的，则需要保持经常储备量，以供应随时产生的需求。

2. 需求规律变动或随机变动

需求虽有变动，但其变动存在规律，如季节性变动，企业可以有计划地根据变动规律，在旺季到来之前准备较多的库存以满足销售增长的需要。如果需求变动没有一定的规律，呈现为随机变动，企业就需要设置经常储备量，甚至准备一定的保险储备量，来满足突然产生的需求。

3. 独立性需求或相关性需求

需求的独立性或相关性是指某种商品的需求与其他商品的需求互不相关或相互依赖。独立性需求是企业所不能控制的，它们随机发生，只能预测而无法精确计算，在确定供货数量和时间上主要考虑成本的经济性；相关性需求一般根据某项相关需求计划直接推算该商品的供货数量和时间即可。

4. 需求的替代性

有些商品可以由其他商品替代，则这些商品的库存量就可以定得小些，万一缺货也能用替代品来满足需要；对于没有替代品的商品，则必须保持较大的库存量才能保证满足预期的供应需求。

（二）提前期

提前期是指从订购或下达生产指令时开始，到商品入库的时间周期。在库存管理中，企业都是根据库存量将要消耗完的时间提前订货，以避免在订货到达之前发生缺货。显然，提前期与订单处理时间、商品在途时间以及该商品的日需要量有关。

和提前期相关的还有订货点。订货点是指随着仓库中商品的使用和出库，商品的库存量会不断下降，当库存量低于某一点的时候，就需要补充订货，否则就可能影响企业的正常生产或者销售。库存水平的这个点就是订货点。

每个企业的订货点数量是由其提前期和生产过程中商品的日均需求量决定的，计算公式如下：

订货点＝提前期需求量＋安全库存

＝平均提前期×日均需求量＋安全库存

（三）自制或外购

企业所需要的商品是自制还是外购的，也影响企业对库存量的决策。若商品从外部采购，应着重从经济性，即节约成本的角度来确定供货数量和供货次数。若商品属于本企业自制，则不但要考虑成本的经济性，还要考虑生产能力的约束和生产各阶段的节奏性等因素，以此来确定供货数量和供货次数。

（四）服务水平

服务水平是指库存满足客户需求的百分比。如果库存能够满足全部客户的全部订货需求，则其服务水平为100%；若100次订货只能满足90次，则服务水平为90%，此时的缺货率为10%。服务水平一般是由企业根据经营的目标和战略而制定的。服务水平的高低影响库存量，服务水平越高，就需要越多的库存量。

（五）管理水平

企业通过管理仓储与库存，可以减少库存失误。企业分析造成库存管理问题的原因，有利于加强仓储与库存管理。

三、库存成本的构成

企业要进行库存控制管理，首先需要了解库存成本的构成及不同成本的特点。

视频

库存成本的构成

（一）订货成本

订货成本是指企业为了实现一次订货而进行的各种活动的费用，包括处理订货的差旅费、订货手续费、通信费和招待费等。订货成本中有一部分与订货次数无关，如常设采购机构的基本开支等，这部分订货成本称为订货的固定成本；另一部分与订货次数有关，如差旅费和邮资等，这部分订货成本称为订货的变动成本。

订货成本的特点是：在一次订货中，订货成本与订货量无关，总订货成本与订货次数有关，订货次数越多，总订货成本越高。

（二）保管成本

保管成本是指在保管过程中为保管商品而发生的全部费用，包括出入库时的装卸、搬运、堆垛和检验费用，保管用具和用料费用，仓库房租和水电费用，保管员的工资费用，保管过程中的货损货差，保管商品占用资金的银行利息等。

保管成本的确定一般有两种方法：一种是直接计算单位商品的保管成本；另一种是先计算保管费率，然后再乘以库存商品的价值（一般指商品的单价）。

保管成本的特点是：保管成本与被保管商品的数量和保管时间有关，即被保管商品的数量越多，保管时间越长，所承担的保管费用也就越高。

（三）缺货成本

缺货成本是指因存货不足而造成的损失，包括由于材料供应中断造成的停工损失和丧失销售机会的损失等。缺货成本的确定应视企业是否允许出现存货短缺的情况而定。

缺货成本的特点是：若允许缺货，则缺货成本便与存货数量反向相关；若不允许缺货，则缺货成本为零。

（四）进货成本与购买成本

进货成本是指在进货过程中为进货所花费的全部支出，即运杂费，包括运费、包装费、装卸费和租赁费等。购买成本，即所购买商品的原价。

它们的特点是：当订货的数量和地点确定以后，总的进货成本和总的购买成本就是确定不变的，不会随着订货批量的变化而变化。

我们把与订货批量无关的成本称为固定成本，把与订货批量有关的成本称为变动成本，因此进货成本与购买成本是固定成本，而订货成本、保管成本、缺货成本是变动成本。

任务二　经济订货批量法

情境导入

大部分企业在生产过程中都会对原材料库存量进行监控，当原材料库存量达到订货点时，企业就会发出订单，订货补充库存。那么，企业每次采购多少数量的原材料最合理、能使企业的库存成本最低呢？

任务分解

1. 了解经济订货批量法的原理
2. 掌握经济订货批量法的计算方法

素养园地

库存管理不仅关系企业资源的节约，也关系运输、仓储等社会资源的分配和使用。企业要有担当精神，承担社会责任，节约、合理地使用社会资源。希望同学们掌握库存管理中常用的经济订货批量法，培养责任心和社会责任感。

知识准备

一、经济订货批量法简介

经济订货批量（Economic Order Quantity，EOQ）模型又称整批间隔进货模型。它是固定订货批量模型的一种，可以用来确定企业一次订货（外购或自制）的数量。当企业按照经济订货批量订货时，可实现订货成本和储存成本之和最小化。最优的订货批量应该既能满足生产需要和保证生产正常进行，又最经济。

经济订货批量模型适用于整批间隔进货和不允许缺货的情况，即某种商品单位时间的需求量为 D，库存量以单位时间固定消耗数量的速度逐渐下降，经过时间 t_0 后，库存量下降到 0，此时企业开始订货并随即到货，库存量由 0 上升为最高库存量 Q_0，然后开始下一个存储周期，形成多周期存储模型，如图 4－1 所示。

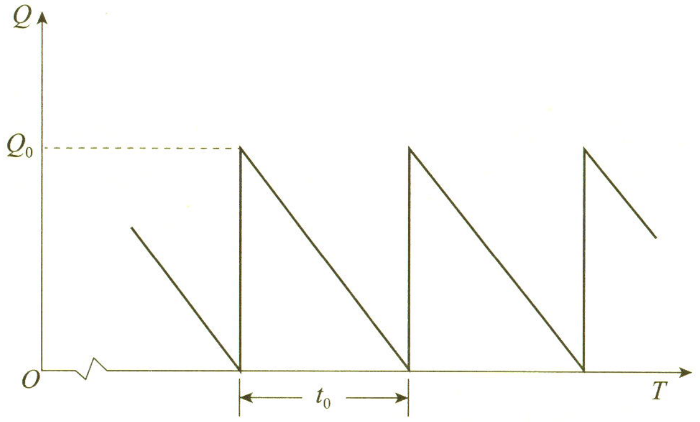

图 4－1　EOQ 模型

理想的 EOQ 模型具有以下假设条件：

（1）EOQ 模型涉及三种费用，包括采购费、订货费和存储费。

（2）缺货成本为无穷大，即不允许缺货。

（3）当库存量降至 0 时，可以立即得到补充，即备货时间或拖后时间很短，可以近似地看作 0。

(4) 企业对商品的需求是连续的和均匀的。

(5) 订货量不变、每次订货费不变（每次备货量不变、装卸搬运费不变）、单位商品存储费不变。

二、经济订货批量法的运用

经济订货批量模型的基本原理是归集在特定条件下与批量有关的各项成本，即相关总成本，能使相关总成本达到最低的批量即经济批量，亦称最优批量或最佳批量。

经济订货批量模型是大型企业在确定采购数量时常用的数学模型。随着我国市场经济的完善和集中采购的推广，经济订货批量模型对企业采购具有较好的指导意义。对于企业来说，进货批量增加，平均库存量增加，相应的存储费升高；同时，由于进货批量增大，年进货次数势必减少，因而订货费肯定会降低；若进货批量减少，存储费也会降低，但进货次数增加会造成订货费升高。经济订货批量模型的出发点是计算当进货批量为多少时，总费用能够最低。

使用经济订货批量法最关键的是如何确定相关总成本。在不同情况下，相关总成本的内容是不同的，在应用过程中应具体问题具体分析，重要的是把握与订货批量相关这一要点。在最简单的条件下，即企业不允许缺货的情况下，企业的库存成本主要包括以下几个方面。

（一）采购成本

采购成本除了包括订货成本，还包括占用资金的利息支出、订购商品的行政开支、建筑物的折旧费、租金、供暖费、照明费、机械设备费、工作人员薪金等其他费用。

（二）订货成本

订货成本是指因订货而支付的费用。一些规模很小的公司，订购商品的工作只由某个人兼任，或者由公司的老板兼任，这就很难把兼职的人所领取的薪金中划出一部分纳入订货成本。不过即使如此，企业也应该计算因订货而支付的差旅费、手续费、通信费、招待费及秘书工作费等。在大公司里，订货成本是很容易估计的，因为大公司有独立的采购部门，很容易做到把采购部门的总管理费用分摊到全年发出的订货单上。

（三）储存成本

储存成本是指为保持库存而发生的成本，包括库存占用资金应付的利息以及使用仓库、保管商品或商品损坏变质等支出的各项费用，一般分为固定成本和变动成本。

为便于计算，我们假设：

Q 为企业每次订货批量，单位：件。

C 为每次订货的费用，单位：元/次。

D 为某种原料的年需求量，单位：件/年。

K 或 PF 为单位商品的储存费用，单位：元/件·年。

F 为单件商品保管费用与单件商品单位取得成本之比，即年保管费率。

P 为单位商品的购入费用，单位：元/件。

$Q/2$ 为年平均库存量，单位：件。

TC 为年度库存总成本（包含全年采购成本、订货成本与储存成本）。

EOQ 为经济订货批量。

商品的年库存总成本的构成如图 4－2 所示。

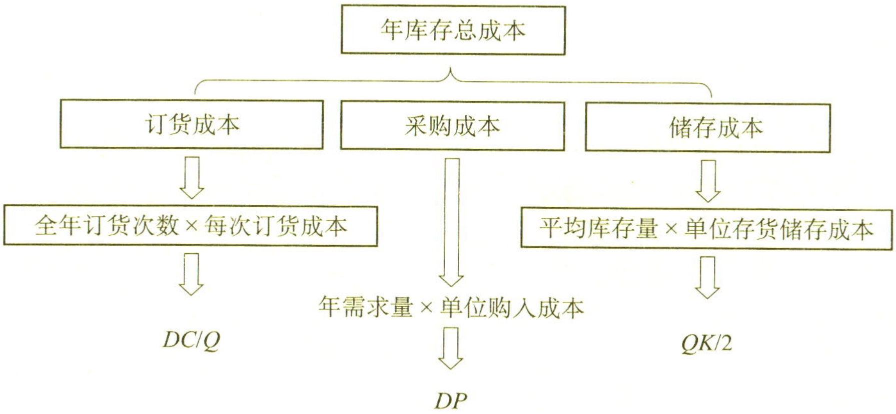

图 4－2 年库存总成本的构成

这样我们可以得到以下关系：

企业年度库存总成本＝采购成本＋订货成本＋储存成本

$$TC=DP+DC/Q+QK/2$$

我们要做的是，如何确定最佳订购批量 Q，以使年度库存总成本 TC 达到最低。可以采用高等数学中求一阶导数的方法推导出以下结果：

$$Q=\sqrt{\frac{2CD}{K}}=\sqrt{\frac{2CD}{PF}}$$

此时，Q 即为最佳经济订货批量，这个经济订购批量就是能使企业年度库存总成本最低的每次订购批量。

设 T 为每年的经济订货次数，则：

$$T=D/Q$$

设 N 为经济订货周期（每年按 360 天计算），则：

$$N=360/T$$

例题：某企业每年需要购买 8 000 套儿童服装，每套服装的价格是 100 元，储存成本为 3 元/件/年，每次订购成本为 30 元。企业每次要订购多少套儿童服装才可以使年度库存总成本最低？最低的年度库存总成本是多少？企业每次订货的时间间隔是多少天？（每年按 360 天计算）

解：$D=8\ 000$ 套，$C=30$ 元/次，$K=3$ 元/件/年，根据经济订货批量公式得出：

$$Q=\sqrt{\frac{2CD}{K}}=\sqrt{\frac{2\times30\times8\ 000}{3}}=400\text{（件）}$$

$$T=\frac{D}{Q}=\frac{8\ 000}{400}=20\text{（次）}$$

$$N=\frac{360}{T}=\frac{360}{20}=18\text{（天）}$$

企业年度库存总成本＝采购成本＋订货成本＋储存成本$=DP+\frac{DC}{Q}+\frac{QK}{2}$

$$=8\ 000\times100+\frac{8\ 000\times30}{400}+\frac{400\times3}{2}=801\ 200\text{（元）}$$

例题：某企业每年需要购买 8 000 套儿童服装，每套服装的价格是 100 元，储存成本为 3 元/件/年，每次订购成本为 30 元。如果每次订货数量达到 600 件，供应商给予 8 折的价格折扣。企业每次要订购多少儿童服装可以使年度库存总成本最低？最低的年度库存总成本是多少？

分析：在上例中，我们计算了没有采购折扣的情况下，企业的经济订货批量是 400 件，库存总成本为 801 200 元；400 件的订货批量要低于供应商给出的达到 600 件才有采购折扣的数量。我们需要做的是进行计算和比较，以确定是否需要增加订货数量去获得折扣，若接受折扣所产生的年度总成本低于经济订购批量所产生的年度总成本，则应接受折扣，反之应按不考虑数量折扣的情况，计算经济订购批量。

解：根据供应商给出的条件，采购批量为 600 件则享受折扣，此时 $D=8\ 000$ 套，$C=30$ 元/次，$K=3$ 元/件/年，$P=80$ 元/件，$Q=600$ 件，则：

$$TC=DP+\frac{DC}{Q}+\frac{QK}{2}=8\ 000\times80+\frac{8\ 000\times30}{600}+\frac{600\times3}{2}=641\ 300\text{（元）}$$

641 300（订货数量 600 件，享受折扣）＜801 200（按经济订购批量 400 件采购，不享受折扣）

根据计算结果可以判断，若按享受折扣价格时的数量 600 件采购，年度库存总成本为 641 300 元，低于按经济订货批量 400 件采购时的年度库存总成本 801 200 元，因此采购策略为每次订购 600 件。

例题：某商品以每件 50 元购入，订购成本为每次 8 元，该商品的年需求量是 3 000 件，库存成本为价格的 10%，订购周期为 3 天，求该商品的经济订购批量和订货点（全年工作日按 250 天计算）。

解：已知 $D=3\ 000$ 件，$C=8$ 元，$K=0.1\times50=5$ 元，$P=50$ 元，则：

$$Q=\sqrt{\frac{2CD}{K}}=\sqrt{\frac{2\times8\times3\ 000}{5}}=98\text{（件）}$$

订货点＝提前期需要量＝平均提前期×平均日需求量

＝3×(3 000÷250)＝36（件）

该商品的经济订购批量为 98 件，订货点为 36 件。由于例题中没有提及安全库存，因此订货点的计算过程中没有计入安全库存。

任务三　ABC 分类库存管理法

情境导入

“关键的少数和次要的多数”在大多数社会领域是普遍存在的。1951 年，美国通用电气公司在对公司库存商品进行分类时，首次提出将公司库存商品根据销量、现金流量、前置时间或缺货成本分成 A、B、C 三类：A 类库存为重要商品，B、C 类库存为次重要和不重要商品，那么到底怎么来确定哪些商品属于 A 类、哪些商品属于 B 类或 C 类呢？

任务分解

1. 了解 ABC 分类库存管理法的原理
2. 掌握 ABC 分类库存管理法的计算方法

素养园地

通过 ABC 分类库存管理法的学习，希望同学们在观察事物时，养成识别少数的但对事物起决定作用的关键因素、多数的但对事物影响较小的次要因素的习惯，能够抓住重点、分清主次。

知识准备

一、ABC 分类库存管理法简介

ABC 分类库存管理法（简称 ABC 分类法）是由意大利经济学家维尔弗雷多·帕累托首创的。帕累托在研究个人收入的分布状态时，发现少数人的收入占全部人收入的大部分，而多数人的收入却只占一小部分，他将这一关系用图表示了出来，这就是著名的帕累托图。该分析方法的核心思想是在分析一个事物的众多因素时分清主次，识别出少数的但对事物起决定作用的关键因素和多数的但对事物影响较小的次要因素，后来这一分析方法被不断应用于管理的各个方面。管理学家戴克将其应用于库存管理，并命名为 ABC 分类法；彼得·德鲁克将这一方法推广到全部社会现象，使 ABC 分类法成为企业普遍应用的库存管理方法。

ABC 分类法既是库存管理中常用的分析方法，也是经济工作中的基本工作和认识方法。应用ABC分类法，在库存管理中比较容易取得以下几方面成效：压缩总库存量、释放被占压资金、使库存结构合理化、节约管理力量。

在一个大型公司中，存货的种类通常会很多，动辄就是十几万种甚至几十万种。"眉毛胡子一把抓"的管理方式容易把管理者累得直不起腰，且收效甚微，而且可能出现混乱，造成重大损失。例如：企业库存盘点清查不仅非常困难，而且难以确保准确性。这对于不重要的材料，如低值易耗品，可能影响不大，但对于重要材料，如产品关键部件，如果计数错误，就可能导致缺货，不可避免地影响生产，进而导致企业不能满足市场需求，丧失市场机会和失去客户；企业库存量控制困难，重要材料的库存量应该作为重点监控，确保不缺货又不积压，非重要材料由于其重要性不高和资金占用量小，因此可以按一定的估计量备货。如果管理时"眉毛胡子一把抓"，人们就可能将目光集中在大量不重要的材料上，而忽视了对重要材料的控制。

面对纷繁复杂的处理对象，如果分不清主次，效率和效益就会比较低下；而分清主次，抓住重点，却可以事半功倍。在库存管理面临众多问题时，如果能运用ABC分类法分清主次，着重处理主要问题，次要的和不重要的问题常常也会迎刃而解。

二、ABC分类库存管理法的分类标准与规则

人们一般把那些单价高、资金占用金额大、品种少的商品归为A类；把单价低、资金占用金额小、品种多的商品归为C类；把资金占用金额、品种类别介于二者之间的商品归为B类。A类商品是库存管理的重点对象。

ABC分类法的分类规则是：A类商品品目（种类）数占库存品目（种类）总数的15%左右，而资金占库存总金额的75%左右；B类商品品目（种类）数占库存品目（种类）总数的30%左右，而资金占库存总金额的20%左右；C类商品品目（种类）数占库存品目（种类）总数的55%左右，而资金占库存总金额的5%左右。

三、ABC分类库存管理法的分类管理原则

实行ABC分类法的好处是可以对物资控制做到重点与一般相结合，有利于企业建立正常的物资秩序，降低库存，节约仓库管理费用，加速资金周转和提高经济效益。ABC分类法运用简单且易于推广，有利于简化控制工作，往往不单独使用。企业在进行库存管理时首先要做的一件事就是进行ABC分类，分类完成后，再针对不同的类别选取不同的库存管理控制方法。

A类商品是企业重点管理的对象，仓储管理要更加严格，应放在更安全的地方；为了保持库存记录的准确，要经常进行检查和盘点；预测时要更加仔细，必须尽量缩短供应间隔时间，选择最优的经济订购批量，在库存控制中采取重点措施加强控制。

B类商品应进行次重点管理，仓储管理不必投入比A类商品更多的精力；库存检查和盘点的周期可以比A类商品要长一些，但也应引起重视，适当控制。在采购中，B类商品订货量可适当照顾供应企业，确定合理的生产批量以及选择合理的运输方式，应采

取适当简单的管理措施，以定量订货法为主，辅以定期订货法，适当提高安全库存，也可采用三堆法等简单的管理措施。

C 类商品应放宽控制或做一般控制，仓储管理可以更粗放一些，但是由于其品种多，出现差错的可能性也比较大，因此也必须定期进行库存检查和盘点，周期可以比 B 类商品更长一些。由于 C 类商品品种繁多，资金占用量又小，如果订货次数过于频繁，不仅工作量大，而且从经济效果上来说也没有必要，因此 C 类商品应根据供应条件规定其最大库存量和最小库存量。当库存量降到最小时，一次订货到最大库存量，以后订货量均照此办理，不必重新计算。这样有利于采购部门和仓库部门集中精力抓好对 A 类和 B 类商品的采购和控制。当然这不是绝对的，若对 C 类商品放任不管，有时也会造成严重损失。

四、ABC 分类库存管理法的计算步骤

在现代库存管理中，ABC 分类法在库存控制和货位优化中起着重要作用。这里所讲的 ABC 分类法，主要是以控制存货资金为原则的库存管理商品的分类，并根据不同的资金占用量和商品的品目类别实施不同的管理方法。

ABC 分类法的计算步骤如下：

（1）获取每一种材料或商品的库存金额和品目数量。

（2）按照库存金额从大到小对材料或商品进行排序并列成表格。

（3）计算每一种材料或商品金额占库存总成本的比率，并计算累计比率。

（4）计算每一种材料或商品的品目（种类）占库存品目（种类）总数的比率，并计算累计比率。

（5）按照分类规则进行分类。

例题：一家连锁超市日常销售 20 种商品，每种商品品种数、库存金额见表 4－1，请根据所给出的数据对这家连锁超市的 20 种商品进行 ABC 分类。

表 4－1　连锁超市日常销售 20 种商品库存金额

商品名称	商品 1	商品 2	商品 3	商品 4	商品 5	商品 6	商品 7	商品 8	商品 9	商品 10
品种数	5	5	5	5	5	5	5	5	5	5
库存金额	1 050	1 050	6 020	10 000	56 000	18 000	2 500	50 000	12 000	16 250
商品名称	商品 11	商品 12	商品 13	商品 14	商品 15	商品 16	商品 17	商品 18	商品 19	商品 20
品种数	5	5	5	5	5	5	5	5	5	5
库存金额	80	1 500	9 900	190 000	4 000	210 000	1 500	1 000	7 000	4 875

解：根据所给条件，可列表计算与分类（已按库存金额从大到小排序），具体如表 4－2 所示。

表 4-2 ABC分类计算与分类

商品名称	库存金额（元）	品种数（种）	所占比重（%）	品种数累计（种）	比重累计（%）	分类
商品16	210 000	5	34.842	5	34.842	A
商品14	190 000	5	31.523	10	66.365	
商品5	56 000	5	9.291	15	75.656	
商品8	50 000	5	8.296	20	83.952	B
商品6	18 000	5	2.986	25	86.938	
商品10	16 250	5	2.696	30	89.634	
商品9	12 000	5	1.991	35	91.625	
商品4	10 000	5	1.659	40	93.284	
商品13	9 900	5	1.643	45	94.927	
商品19	7 000	5	1.161	50	96.088	C
商品3	6 020	5	0.999	55	97.087	
商品20	4 875	5	0.809	60	97.896	
商品15	4 000	5	0.664	65	98.560	
商品7	2 500	5	0.415	70	98.975	
商品17	1 500	5	0.249	75	99.224	
商品12	1 500	5	0.249	80	99.473	
商品2	1 050	5	0.174	85	99.647	
商品1	1 050	5	0.174	90	99.821	
商品18	1 000	5	0.166	95	99.987	
商品11	80	5	0.013	100	100	
合计	602 725	100	100	—	—	—

根据计算结果，将资金占用量累计在75%左右、品种数累计在15%的商品列为A类；将资金占用量累计在75%～95%，品种数累计在15%～45%的商品列为B类；将资金占用量累计在90%～100%，品种数累计在45%～100%的商品列为C类。

为了直观地对比分析各种商品的库存结构，根据20种商品库存金额占比数据，绘制折线图。如图4-3所示，各类商品占比差异明显，A类商品占比相当高，而C类商品占比则较低。

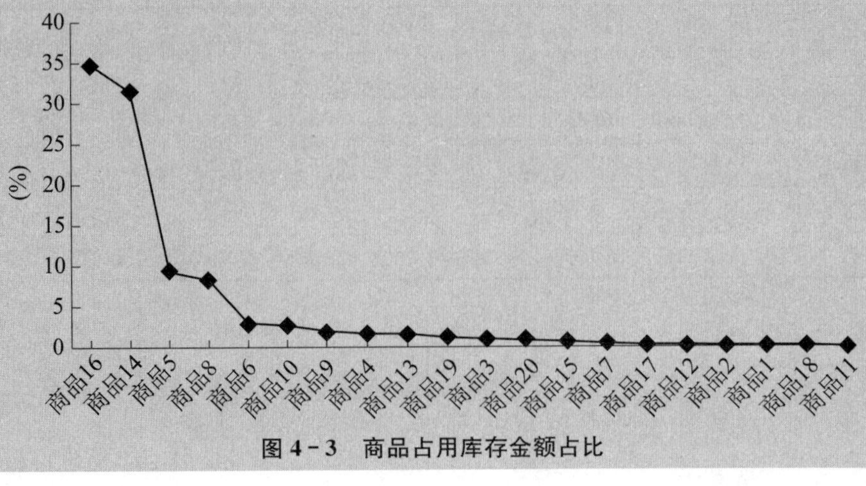

图 4-3 商品占用库存金额占比

任务四 供应链库存管理

情境导入

传统管理模式下库存管理的运作方式比较单一，主要对象是单一的企业，没有形成整体的供应脉络。现代供应链管理思想认为，库存既是供应链乃至整个物流领域的重要环节，也是企业竞争策略的重要组成部分，应用供应链管理的理念与方法来控制库存量与降低库存量，就是从整个供应链管理的广度与深度来优化库存管理，探索库存管理的战略管理模式。

任务分解

1. 了解供应链库存管理的思想
2. 掌握供应链库存管理的方法

素养园地

通过供应链库存管理思想的学习，希望同学们学会从全局把握物流的各项活动，实现整个供应链的库存量科学合理，养成观察从全局的角度观察事物，在解决问题的过程中，避免局部的细节困扰，看清问题本质。

知识准备

一、JIT 库存管理

(一) JIT 简介

准时制（Just In Time，JIT）生产方式又称无库存生产方式或零库存方式。JIT 是日本丰田汽车公司在 20 世纪 60 年代实行的一种生产方式，这种方式对丰田汽车公司度过第一次能源危机发挥了重要的作用，引起了其他国家生产企业的重视，逐渐在欧洲和美国的企业中推行开来。这一方式与源自日本的其他生产和流通方式一起，被西方企业界称为“日本化模式”。

日本汽车工业从其起步到今天，经历了“技术设备引进—国产化—建立规模生产体制—高速成长—工业巨大化—强化国际竞争力—出口增加—全球战略”这样一个过程。但是从一开始的技术设备引进阶段，日本汽车工业就没有全部照搬美国的汽车生产方式。这其中除了有当时的日本国内市场环境、劳动力与美国不同以及第二次世界大战之后资金短缺等原因，还有一个很重要的原因是，以丰田汽车公司为代表的日本汽车公司从一开始就意识到，美国汽车工业的生产方式虽然已很先进，但仍需要采取一种更灵活和更能适应市场需求的、能够提高产品竞争力的生产方式。

在20世纪后半期，整个汽车市场进入了需求多样化的新阶段，消费者对汽车质量的要求也越来越高，随之给汽车制造业提出了一个新课题，即如何有效地组织多品种、小批量生产，否则就会生产过剩，引起设备、人员、非必需费用等的浪费，从而影响企业的竞争能力和生存能力。在这种历史背景下，丰田汽车公司综合单件生产和批量生产的特点和优点，创造了一种在多品种、小批量混合生产条件下高质量、低消耗的生产方式，即JIT。

JIT在推广应用过程中，经过不断发展完善，提高了生产效率，为日本汽车工业的腾飞插上了翅膀。这一生产方式亦为世界工业界所瞩目，被视为当今制造业中最理想且最具有生命力的新型生产方式之一。

JIT指的是，将必要的零件以必要的数量在必要的时间送到生产线，并且只将所需要的零件、只以所需要的数量、只在正好需要的时间送到生产线。这是为适应20世纪60年代消费需求变得多样化和个性化而建立的一种生产体系及为此生产体系服务的物流体系，所以JIT的出发点就是不断消除浪费，减少库存，进行持续的、循环式的改进。

（二）JIT在库存管理中的应用

JIT作为一种管理思想，在库存管理中主要应用于订货管理，即在库存管理中形成一种先进的库存管理模式——准时化库存管理（JIT库存管理模式）。它的基本思想是：在恰当的时间、恰当的地点，以恰当的数量和恰当的质量提供恰当的物品。JIT库存管理模式既做到了很好地满足客户的需求，又使得客户的库存量最小，客户不需要设库存，只在货架上（或在生产线）旁有一点临时的存货，经过一天的销售或一天的生产，这些临时存货就被消耗干净，库存量完全为零，真正实现了零库存，这样的库存管理模式就是JIT库存管理模式。

1. JIT库存管理模式的意义

JIT库存管理模式在以下几个方面取得了令人满意的效果。

（1）大幅度减少原材料和外购件的库存量。

根据国外一些实施JIT库存管理模式的企业测算，JIT库存管理模式可以使原材料和外购件的库存量降低40%～85%。原材料和外购件库存量的降低，有利于减少企业流动资金的占用，加速流动资金的周转，同时也有利于节省原材料和外购件占用的空间，从而降低库存成本。

（2）提高库存物资的质量。

一般来说，实施JIT库存管理模式可以使购买的原材料和外购件的质量提高2～3倍。原材料和外购件质量的提高，又会引致质量成本的降低。据估计，推行JIT库存管理模式可使质量成本降低26%～63%。

（3）降低原材料和外购件的采购成本。

由于供应商和制造商的密切合作以及内部规模效益与长期订货，再加上消除了库存管理过程中的一些浪费，因此企业购买原材料和外购件的成本得以降低。

此外，推行JIT库存管理模式，不仅能够缩短交货时间、节约库存管理过程中所需资源（包括人力、资金、设备等），而且能够提高企业的生产效率，增强企业的适应能力。

2. JIT的采购特点

（1）采用较少的供应商。

传统的采购模式一般是多头采购，供应商的数目相对较多。从理论上讲，采用单供应源比多供应源好。这是因为：一方面，企业管理供应商比较方便，有利于降低采购成本；另一方面，有利于供需之间建立长期稳定的合作关系，质量上比较有保证。但是采用单供应源也有风险，比如供应商可能因意外原因中断交货、供应商缺乏竞争意识等。

在实际工作中，许多企业也不是很愿意成为单一供应商。原因很简单：一方面，供应商是具有较强独立性的商业竞争者，它们不愿意把自己的成本数据披露给客户；另一方面，供应商不愿意成为自己客户的一个原材料和外购件存储点。实施JIT采购，需要减少本企业库存，但库存压力原先是在企业一边，现在转移到了供应商处，因此企业必须意识到供应商的这种忧虑。

（2）对供应商的选择标准与传统采购不同。

在传统的采购模式中，供应商是通过竞标选择的，供应商与客户的关系是短期的合作关系，当发现供应商不合适时，企业可以通过市场竞标的方式重新选择供应商。但在JIT库存管理模式中，由于供应商和企业是长期的合作关系，供应商的合作能力将影响企业的长期经济利益，因此对供应商的要求就比较高。在选择供应商时，企业需要对供应商进行综合评估。在评价供应商时，价格不是最主要的因素，质量才是最重要的标准。这种质量不单指商品的质量，还包括工作质量、交货质量和技术质量等多方面内容。

（3）对交货准时性的要求与传统采购不同。

JIT采购的一个重要特点是要求交货准时，这是实施精细生产的前提条件。交货准时取决于供应商的生产和运输条件。对供应商来说，要使交货准时，可从以下几个方面着手开展工作：

1）供应商要不断改进企业的生产条件，提高生产的可靠性和稳定性，减少延迟交货或误点现象。作为准时化供应链管理的一部分，供应商同样应该采用准时化的生产管理模式，以提高生产过程的准时性。

2）为了提高交货准时性，运输问题也不容忽视。在物流管理中，运输问题是一个很重要的问题，它决定准时交货的可能性，特别是全球的供应链系统，运输过程长且可能要先后经过不同的运输工具，需要中转运输等，因此必须进行有效的运输计划与管理，使运输过程准确无误。

（4）从根源上保障采购质量。

实施JIT采购后，企业的原材料和外购件的库存量很少甚至为零。为了保证企业生产经营的顺利进行，采购物资的质量必须从根源上抓起，也就是说，购买的原材料和外购件的质量，应由供应商而不是企业的物资部门负责。JIT采购就是要把质量责任还给供应商，从根源上保证采购质量。因此，供应商必须参与制造商的产品设计过程，制造商也应帮助供应商提高技术水平和管理能力。

（5）对信息交流的需求较高。

JIT 采购要求供应与需求双方信息高度共享，保证供应与需求信息的准确性和实时性。由于双方的战略合作关系，企业在生产计划、库存、质量等各方面的信息都可以及时与供应商进行交流，以便在出现问题时能够及时处理。

（6）制定采购批量的策略与传统采购不同。

小批量采购是 JIT 采购的一个基本特征。JIT 采购和传统采购模式的重要不同之处在于：准时化生产需要减少生产批量，直至实现“一个流生产”，因此物资的采购也应采用小批量的办法。当然，小批量采购会增加运输次数和成本，对供应商来说这是很为难的事情，特别是供应商与企业不在一个国家等远距离的情形下，实施 JIT 采购的难度就更大。解决的办法是：混合运输、代理运输或尽量使供应商靠近企业等。

（7）可靠的送货和特定的包装要求。

由于 JIT 采购消除了原材料和外购件的缓冲库存，供应商交货的失误和送货的延迟必将导致企业生产停工待料，因此可靠的送货是实施 JIT 采购的前提条件。送货的可靠性常常取决于供应商的生产能力和运输条件，一些不可预料的因素，如恶劣的天气、交通堵塞、运输工具故障等，都可能引起送货的延迟。当然，最理想的送货方式是直接将货送到生产线上。

JIT 采购对原材料和外购件的包装也提出了特定的要求。良好的包装不仅可以减少装货和卸货对人力的需求，而且使原材料和外购件的运输和接收更为便利。最理想的情况是，对每一种原材料和外购件，采用标准规格并使用可以重复使用的容器包装，这样既可以提高运输的效率，又能够保证交货的准确性。

3. JIT 的采购步骤

视频

实施 JIT 采购的步骤

（1）制订计划，确保采购有计划、有步骤地实施。

企业要有针对性地制定采购策略，制定出分阶段改进当前传统采购模式的具体措施，包括减少供应商的数量、制定供应商评价方法、向供应商发放签证等内容。在这个过程中，企业要与供应商一起商定 JIT 采购的目标和有关措施，保持经常性的信息沟通。供应商的前期参与是保证 JIT 采购有效实施的前提条件，双方意思的一致有利于消除合作中的障碍，减少采购的阻力。

（2）创建 JIT 采购班组。

专业化、高素质的采购队伍对实施 JIT 采购至关重要。一流企业的专业采购人员有三项责任：寻找货源、商定价格、发展与供应商的协作关系并不断改进。JIT 采购班组的作用，就是全面处理 JIT 有关事宜，制定 JIT 采购的操作规程，协调企业内部各有关部门的运作，协调企业与供应商之间的运作。

JIT 采购班组除了有企业采购供应部门有关人员，还要有本企业以及供应商的生产管理人员、技术人员和搬运人员等。具体而言，JIT 采购班组可分为两个：一个是专门处理供应商事务的班组，该班组的任务是认定和评估供应商的信誉和能力、与供应商谈判签订准时化订货合同或向供应商发放免检签证等，同时还要负责供应商的培训与教育；另一个班组是专门协调本企业各个部门的JIT操作、制定作业流程、指导和培训操作人员、操作检验、监督和评估、专门从事消除采购过程中的浪费现象的班组。这些班组人员对JIT采购的方式方法应有充分的了解和认识，必要时要进行培训。

（3）精选供应商，建立伙伴关系。

采用较少的供应商，甚至单供应源供应是JIT采购的重要特点；精选少数供应商，建立利益一致的战略联盟是供应商管理的主要任务。供应商和企业之间建立互利的伙伴关系，意味着双方营造了一种紧密合作、主动交流、相互信赖的和谐气氛，共同承担长期协作的义务。在这种关系的基础上，企业可以选择少数几个最佳供应商作为合作对象，抓住一切机会加强与它们的业务联系，发展共同目标和分享共同利益。

选择供应商应考虑以下因素：产品质量、供货情况、应变能力、地理位置、企业规模、财务状况、技术能力、价格以及其他供应商的可替代性等。

（4）进行试点。

风险存在于任何时候，它永远无法避免，这是市场经济的一个特点，但我们可以化解风险甚至将其降到最低。为降低JIT采购的风险，企业可以先从某种产品、某条生产线或是某些特定原材料开始进行试点工作。在试点过程中，工作人员取得企业各个部门的支持是很重要的，特别是要取得生产部门的支持，通过试点总结经验，为正式实施JIT采购打下基础。

（5）进行供应商的培训，确定共同目标。

JIT采购是供需双方共同的业务活动，单靠企业采购部门的努力是不够的，需要供应商的配合。只有供应商也对JIT采购的策略和运作方法有深刻的认识和理解，企业才能获得供应商的支持和配合，因此企业需要对供应商进行教育培训。通过培训，双方目标一致，就能够做好JIT采购工作。

（6）向供应商颁发产品免检证书。

JIT采购方式和传统采购方式的不同之处在于，买方不需要对采购产品进行比较多的检验。在实施JIT采购策略时，企业给供应商核发免检证书是非常关键的一步。颁发免检证书的前提是供应商的产品合格。因此，在核发免检证书时，企业应要求供应商提供最新的、正确的、完整的产品质量文件，包括设计蓝图、规格、检验程序以及其他必要的关键内容。经长期检验达到目标后，所有采购的产品就可以从卸货点直接运至生产线使用。

（7）实现配合JIT生产的交货方式。

实现配合JIT生产的交货方式，其目标是要达到当生产线正好需要某种物资时，该物资就到货并运至生产线，生产线拉动它所需的物资，并在制造产品时使用该物资。JIT采购是一个不断完善和改进的过程，需要在实施过程中不断地总结经验教训，从降低运输成本、提高交货准确性、提高产品质量、降低供应商库存等各个方面进行改进，不断提高JIT采购的运作绩效。

总之，JIT采购不但能够很好地满足企业需要，而且可以极大地消除库存和最大限度地消除浪费，从而极大地降低企业的采购成本和经营成本，提高企业的竞争力。正是因为JIT采购对于提高企业经济效益有着显著的效果，20世纪80年代以来，发达国家非常重视对JIT采购的研究与应用。据统计，到目前为止，许多企业已经开始全部或局部应用JIT采购方法，并取得了良好的应用效果。由于实施JIT采购对企业的基础工作、人员素质和管理水平等要求较高，在我国实施JIT采购方法的企业还不太多，主要集中在汽车和电子等行业，应用水平也有待进一步提高。作为一种先进的物资采购模式和管理方法，JIT在我国的应用是大势所趋，因此我国企业有必要了解JIT采购的战略价值并结合企业的实际情况实施JIT采购，从而提升企业核心竞争能力和参与全球化竞争的能力。

二、供应商库存管理

长期以来，流通中的库存是各自为政的，即流通环节中的每一个部门都是各自管理自己的库存，零售商、批发商、供应商都有各自的库存，各个供应链环节都有自己的库存控制策略。由于库存控制策略不同，因此不可避免地产生需求扭曲的现象，即所谓的需求放大现象，无法使供应商快速地响应企业的需求。在供应链管理环境下，供应链的各个环节的活动是同步进行的，而传统的库存控制方法无法满足这一要求，于是传统的各自为政的库存管理模式被打破，供应链的集成化管理思想出现了，一种新的、有代表性的、能适应市场变化的要求的库存管理思想应运而生。

供应商库存管理（Vendor Managed Inventory，VMI）是一种以企业和供应商双方都获得最低成本为目的，在一个共同的协议下由供应商管理库存，并不断监督协议执行情况和修正协议内容，使库存管理得到持续的改进的合作性策略。传统库存管理和供应商库存管理的比较如表4-3所示。

表4-3 传统库存管理和供应商库存管理的比较

比较项目	传统库存管理	供应商库存管理
采购订单	在传统的库存管理模式下，客户通过采购订单来订购自己需要的物料和数量	在供应商库存管理模式下，供应商负责订单的投放，客户只提供需求预测和要货申请
存货透明度	客户只有在有需求的条件下，才将采购订单传送给供应商，不会和供应商共享其需求和存货信息	供应商既可以实时地了解客户的库存水平，也可以掌握客户存货的消耗时间、地点和数量
存货补充	订单的投放时间和订单批量大小，以及订单的需求时间全部由客户确定，供应商只能被动地接受订单	订单的投放时间和订单批量大小由供应商确定，并按照客户需求日期进行补货
库存计划	客户负责维护库存计划，如存货天数、安全库存等	供应商根据双方的协议，确定库存计划

（一）供应商库存管理的优点

1. 降低企业资源占用

供应商掌握库存，就可以把企业从库存陷阱中解救出来。企业不需要担心库存资金占用，不需要增加采购、进货、检验、入库、出库、保管等一系列的工作，能够集中更多的资金、人力、物力用于提高核心竞争力。

2. 增强供应商灵活响应需求能力

供应商是商品的供应者，它掌握企业的库存，具有很大的主动性和灵活性。供应商可以根据市场需求量的变化，及时调整生产计划和采购计划，所以既不会造成超量库存积压，又可以灵活响应市场的变化；既不存在占用资金的问题，又不存在增加费用、造成浪费的问题。

3. 帮助企业改进产品

供应商管理库存，就是掌握市场需求。企业的库存消耗就是市场需求的组成部分，它直接反映了消费者的消费水平和消费倾向，这对于供应商改进产品结构和设计、开发销售对路的新产品，对于企业的生产决策和经营决策起着有力的信息支持作用。实施供应商管理库存，可以实现企业和供应商的“双赢”。

（二）供应商库存管理的工作原理

供应商库存管理作为一种库存管理策略，要求供应商负责管理和补充企业的库存量。其工作原理如下：

1. 合作与协议

供应商和企业达成一致，包括库存水平、补货频率以及数据通信协议等。

2. 库存监控

供应商采用各种方法监控企业的库存量，如电子数据交换（EDI）、仓库管理系统（WMS）实时数据交换、射频识别（RFID）或条形码扫描。

3. 补货决定

根据库存数据，供应商做出补货决策，生成采购订单或装运单，以补充企业的库存。

4. 交货和收货

供应商将商品交付到企业所在地，企业接收并验收。

5. 发票和付款

供应商向企业开具发票，企业按照约定的条款向供应商付款。

供应商库存管理是一个持续的过程，要求供应商和企业之间密切合作和沟通，以确保库存量始终保持在最佳状态，供应商在企业需要时提供产品。为了有效实施供应商库存管理，强大的 IT 基础设施和清晰的沟通协议必不可少。

(三)供应商库存管理的业务流程

供应商库存管理运行中的两项关键业务是需求预测和补货配送。

1. 需求预测

需求预测最主要的目的就是要供应商做库存管理决策，准确的预测可让供应商明确提供何种商品、提供给谁、以何种价格提供、何时提供等。而预测所需的参考要素有企业订货的历史资料、外部历史资料(各种市场情报和市场信息等)。

2. 补货配送

供应商用可利用的成品库存满足企业需求，计算商品出货达到的成本效益，通过实时配置库存改善服务，降低库存量及最小运输成本，有效管理库存量。补货计划的制订是依据需求预测得到的预测结果，供应商与企业双方约定相关的补货规则，如最小订购量、配送前置时间、安全库存、配送规则等信息。

需求预测和补货配送是整个供应商库存管理业务流程的核心，加上企业信息管理系统中的订单管理和生产制造功能，在运用各种信息技术的基础上，共同支撑起供应商库存管理的运作流程，如图 4-4 所示。

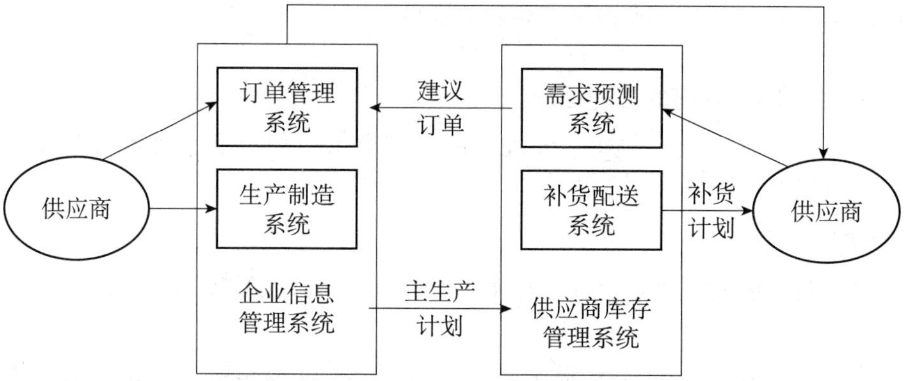

图 4-4 供应商库存管理业务流程图

三、联合库存管理

联合库存管理(Jointly Managed Inventory，JMI)是一种在供应商库存管理的基础上发展起来的上游企业和下游企业权利责任平衡和风险共担的库存管理模式。联合库存管理强调供应链中各个节点同时参与，共同制订库存计划，使供应链过程中的每个库存管理者都从相互之间的协调性考虑，供应链各个节点之间的库存管理者对需求的预期保持一致，从而消除需求变异放大现象。

(一)联合库存管理的优点

(1)联合库存管理将传统的多级别、多库存点的库存管理模式，转化成对核心制造企业的库存管理。核心企业通过对各种原材料和产成品实施有效控制，就能达到对整个供应链库存的优化管理，简化了供应链库存管理运作程序。

（2）联合库存管理在减少物流环节、降低物流成本的同时，提高了供应链的整体工作效率。联合库存管理可使供应链库存层次简化和运输路线优化。在传统的库存管理模式下，供应链上各企业都设立自己的库存，随着核心企业的分厂数目的增加，库存物资的运输路线将呈几何级数增加，而且重复交错，这显然会使物资的运输距离和在途车辆数目增加，其运输成本也会大大增加。

（3）联合库存管理系统把供应链系统管理进一步集成为上游和下游两个协调管理中心，从而部分消除了由于供应链环节之间不确定性和需求信息扭曲现象导致的库存波动。通过协调管理中心，供需双方共享需求信息，提高了供应链的稳定性。

从供应链整体来看，联合库存管理减少了库存点和相应的库存设立费及仓储作业费，从而降低了供应链系统总的库存费用。

供应商的库存直接存放在核心企业的仓库中，不仅保障核心企业原材料、零部件供应、取用方便，而且核心企业可以统一调度、统一管理、统一进行库存控制，为核心企业快速高效地生产运作提供了强有力的保障条件。

（4）这种库存管理模式也为其他科学的供应链物流管理，如连续补充货物、快速反应、准时化供货等创造了条件。

（二）联合库存管理的实施策略

1. 建立供需协调管理机制

为了发挥联合库存管理的作用，供需双方应从合作的精神出发，建立供需协调管理机制，明确各自的目标和责任，建立合作沟通的渠道，为供应链的联合库存管理提供有效机制。没有一个协调的管理机制，就不可能进行有效的联合库存管理。建立供需协调管理机制，要从以下几个方面着手：

（1）建立共同合作目标。

要建立联合库存管理模式，供需双方必须本着互惠互利的原则，建立共同的合作目标。为此，供需双方要理解双方在市场目标中的共同之处和冲突点，通过协商形成共同的目标。

（2）建立协调控制方法。

联合库存管理中心担负着协调供需双方利益的角色，起协调控制器的作用，因此需要对库存优化的方法进行明确。这些内容包括库存如何在多个需求商之间调节与分配，库存量的最大值和最小值，安全库存的确定，需求的预测等。

（3）建立一种信息沟通的渠道。

为了提高整个供应链的需求信息的一致性和稳定性，减少由于多重预测导致的需求信息扭曲，供应链各方对需求信息获得的及时性和透明性要相应提升，供需双方应建立一种信息沟通的渠道或系统，以保证需求信息在供应链中的畅通和准确性。供需双方要将条形码技术、POS 系统和 EDI 系统集成起来，并且要充分利用互联网的优势，建立一个畅通的信息沟通桥梁和联系纽带。

（4）建立利益的分配、激励机制。

要有效运行基于协调中心的库存管理，必须建立一种公平的利益分配制度，并对参与协调库存管理中心的各个企业（供应商、制造商、分销商）进行有效的激励，防止机会主义行为，增加协作性和协调性。

2. 发挥两种资源计划系统的作用

为了发挥联合库存管理的作用，在供应链库存管理中应充分利用目前比较成熟的两种资源管理系统：物料需求计划（MRP）和配送需求计划（DRP）。原材料库存协调管理中心应采用 MRP，而在产品联合库存协调管理中心则应采用 DRP。

3. 建立快速响应系统

快速响应系统（QR 系统）是在 20 世纪 80 年代末从美国服装行业发展起来的一种供应链管理策略，目的在于减少供应链中流通过程中的时间和库存。QR 系统是通过更有效的企业间的合作，消除供应链组织之间的障碍，提高供应链的整体效率，减少缺货，如通过编制联合计划、实施预测与补货等策略、确定库存量和销售策略等。QR 系统需要供需双方密切合作，因此协调库存管理中心的建立为 QR 系统发挥更大的作用创造了有利的条件。

（三）联合库存管理与供应商库存管理的区别

联合库存管理是解决供应链系统中，由于各节点企业相互独立的库存运作模式导致的需求变异放大现象，提高供应链的同步化程度的一种有效方法。联合库存管理和供应商库存管理不同，它强调双方同时参与，共同制订库存计划，使供应链过程中的每个库存管理者（供应商、制造商、分销商）都从相互之间的协调性考虑，供应链相邻的两个节点之间的库存管理者对需求的预期保持一致，从而消除了需求变异放大现象。任何相邻节点需求的确定都是供需双方协调的结果，库存管理不再是各自为政的独立运作过程，而是供需连接的纽带和协调中心。

项目小结

本项目首先介绍了库存的分类、库存管理的影响因素和库存成本的构成，让同学们对库存有一个基本认识；接着重点介绍了经济订货批量法、ABC 分类库存管理法；最后介绍了现代物流中比较先进的 JIT、VMI 和 JMI 管理思想。通过本项目的学习，希望同学们能够重点掌握这些方法的基本原理，并在仓储管理实践中灵活运用。

同步练习

一、判断题

1. 库存管理就是对库存商品的管理，主要包括库存业务管理、库存成本管理和库存控制管理，其核心就是库存成本管理。（　　）

2. 订货费是指订货过程中为订购商品而发生的全部费用，如订货手续费、通信费、差旅费等。（　　）

3. 实现零库存的根本途径就是实施准时化作业，如准时化采购、准时化生产、准时化配送、准时化销售。（　　）

4. 在使用ABC分类法进行库存管理时，可以将商品分为A、B、C三类，其中A类最重要，B类和C类远远没有A类重要。（　　）

5. JIT又称无库存生产方式或零库存方式，是由日本丰田汽车公司提出的一种生产方式。（　　）

二、单选题

1. 用于防止和减少因订货期间需求量增长或到货期延误所引起的缺货而设置的储备类型称为（　　）。

A. 流通库存　　B. 周转库存

C. 季节性储备库存　　D. 安全库存

2. 现代库存控制的任务是（　　）。

A. 保证供应　　B. 不缺货　　C. 最低的成本　　D. 最小的库存量

3. 关于经济订货批量模型，以下描述不正确的是（　　）。

A. 订货费固定　　B. 商品单价固定

C. 存储费根据平均存储费确定　　D. 商品的需求波动性大

4. JIT库存是维持系统运行所需的（　　）。

A. 最小库存量　　B. 调节库存　　C. 安全库存　　D. 标准库存

5. 在ABC分类法中，存货的品种占总品种种类的15%左右，但价值占存货总价值的75%左右的存货为（　　）。

A. ABC类存货　　B. B类存货　　C. A类存货　　D. C类存货

6. 库存能够使企业实现规模经济，但下列描述中不属于其具体表现的是（　　）。

A. 大批量采购可以获得更多的价格折扣，降低采购成本

B. 大批量采购可以和物流商建立更牢固的合作关系，降低物流费用

C. 在运输方面，大批量采购可以实现整车运输，从而降低采购运输费用

D. 在制造方面，产成品库存可使大批量制造发挥规模经济，降低制造成本

7. 处理一次性订货问题的关键是确定（　　）。

A. 需求量　　B. 订货周期　　C. 安全库存　　D. 提前期

8. ABC分类法包括下述步骤：

(1) 将商品按年耗用金额从大到小进行排序。

(2) 计算各种商品金额占全部库存商品总金额的比率和品种数占库存品种总数的比率并进行累计。

(3) 按照分类标准进行分类，确定A、B、C三类商品。

它们的正确顺序是（　　）。

A. (2)→(3)→(1)　　B. (1)→(3)→(2)

C. (3)→(1)→(2)　　D. (1)→(2)→(3)

9. 库存在企业中的作用之一是可以平衡（　　）。

A. 价格和订货周期的波动　　B. 订货量和订货点的波动

C. 采购和运输的波动　　D. 供应与需求的波动

10. 在库存管理中，ABC 分类法的主要依据是（　　）。

A. 库存价值　　B. 库存数量　　C. 库存周期　　D. 库存精度

三、计算题

1. 某公司为了降低库存成本，采用经济订货批量法控制某种商品的库存。该商品的年需求量为 1 000 单位，准备或订货成本为每次 10 元，每年每单位商品的持有成本为 0.5 元，则该公司每次订货的最佳数量为多少？如果安全库存天数为 3 天，订购备运时间为 4 天，则该公司的订货点是多少？

2. 如果某商品的需求量为每年 2 000 个单位，价格为每单位 2.5 元，每次订货的订货成本为 25 元，年持有成本率为 20%，则各次订货之间的最优检查间隔期为多长时间？

3. 康华公司全年需要 A 零件 2 400 件，每次的订货成本为 800 元，每件零件年库存成本为 6 元，最佳经济订购批量是多少？如果每件零件的价格为 10 元，一次订购超过 1 200 件，可给予 2%的批量折扣，康华公司以多大批量订货最划算？

4. 某物流公司为加强对库存商品的管理，采用 ABC 分类法进行重点管理。该公司的库存商品明细如下表所示。请采用 ABC 分类法对库存商品进行分类，并针对不同类别商品说明使用哪种管理方法更合适。

序号	商品品名	品种数	平均库存量（kg）	平均资金占用额（万元）
1	H	12	220	33
2	I	25	1 200	23
3	J	3	5 000	60
4	K	30	400	16
5	L	6	6 500	68
6	M	46	500	10
7	N	8	2 600	92
8	O	78	10 000	12
合计		208	26 420	314

四、案例分析

华西电子是一家生产工业继电器等产品的制造企业，公司在 5 个国家拥有 5 家制造工厂。美国华西公司是华西电子的一个子公司，专门为美国地区提供配送和服务。公司在芝加哥设有一个中心仓库，为两类客户提供服务：分销商和原始设备制造商。分销商一般持有华西公司产品的库存，根据消费者需要供应产品；原始设备制造商则使用华西公司的产品来生产各种类型的产品，如自动化车库的开门装置。

华西电子大约生产 2 500 种不同的产品，所有这些产品都是在中国制造的，产成品储存在中国的一个中心仓库，然后从这里运往不同的国家，在美国销售的产品是通过海运送到芝加哥仓库的。

近年来，美国华西公司已经感到竞争大大加剧了，并感受到消费者要求提高服务水平和降低成本的巨大压力。然而现实情况是，目前公司的服务水平处于历史最低水平，只有大约70%的订单能够准时交货，另外很多没有需求的产品占用了大量库存。

在最近一次与美国华西公司及总部代表的会议中，华西电子指出了服务水平低下的几个原因：(1) 预测消费者需求存在很大的困难；(2) 供应链存在很长的提前期，美国仓库发出的订单一般要6～7周后才能交货，存在这么长的提前期主要是因为在中国的中心仓库需要1周来处理订单，海运时间也比较长；(3) 公司有大量的库存，美国华西公司要向消费者配送2 500种不同的产品；(4) 总部给予美国子公司较低的优先权，美国订单的提前期一般要比其他地方的订单早1周左右。

有人提出，可以通过空运的方式来缩短提前期，但是这样运输成本肯定会提高，那么怎么做才能节省成本呢?

请思考：

1. 如何平衡服务水平和库存量之间的关系?
2. 美国华西公司应该采取哪些有效的库存管理策略?

项目五
智慧仓储运营管理

学习目标

※ 知识目标

1. 明确智慧仓储商务管理包含的内容
2. 掌握仓储合同的主要条款和当事人的权利
3. 掌握仓储成本的内容和智慧仓储绩效评价指标

※ 能力目标

1. 能对仓储合同条款进行简单的分析
2. 能初步通过指标分析仓储经营情况

※ 素养目标

1. 具有遵纪守法的意识，强化法治观念
2. 培养精益求精的工匠精神和爱岗敬业的劳动态度

案例引入

某水果店与某仓储公司签订了一份仓储合同，合同约定仓储公司为水果店储存水果50t，储存时间为1个月，存储费为5 000元，自然耗损率为4%，水果由存货人分批提取。合同签订以后，水果店按照合同约定将水果交给仓储公司储存，入库过磅为50.1t。仓储公司在接受商品以后，向水果店签发了仓单。在按照双方的仓储合同填写仓单的过程中，一人读合同的条款，另一人填写。读合同的工作人员有口音，导致填写人将自然耗损率误写为10%，存货人也没有多看就将仓单取走了。合同到期以后，存货人持仓单向仓储公司提货，出库过磅时发现水果仅有46t，扣除4%的自然耗损以后还短缺2.096t，于是水果店要求仓储公司赔偿损失。仓储公司认为仓单上写明的自然耗损率为10%，因此剩余46t并没有超出自然耗损的范围，不存在赔偿问题。双方争执不下。水果店向法院起诉，要求仓储公司赔偿。你认为仓储公司是否应该赔偿？为什么？

任务一　智慧仓储商务管理

情境导入

近年来，随着我国经济飞速发展，市场对物流效率有了新的要求。作为物流系统和供应链的重要节点，仓储服务水平的高低直接决定了物流系统的效率与质量。现代化的仓储要求高效率和低成本，要求仓储企业的经营方式和经营行为必须适应市场的需求。这些都是仓储商务管理的内容。

任务分解

1. 了解仓储商务活动的概念
2. 熟悉仓储商务管理的具体内容

素养园地

通过智慧仓储商务管理知识的学习，希望同学们明确仓储商务管理包含的内容，学会如何从满足社会需求的角度思考，提升企业能力和效益；培养责任意识、节约意识、安全意识和创新意识。

知识准备

一、仓储商务活动

（一）仓储商务活动的概念

仓储商务活动是指仓储企业经营人利用自身的仓储保管能力向社会提供仓储保管服务，并以获得经济利益为目的所进行的经济交换行为。仓储商务活动是仓储企业基于仓储经营而对外进行的经济交换活动，是一种商业行为。

（二）仓储商务活动的内容

1. 制定企业经营战略

仓储企业要实现可持续性发展，离不开一支高效的商务队伍、一套完善的商务管理和作业规章制度、一个科学合理的管理体系。因此，在全面了解企业资源的情况下制定企业经营战略，对仓储企业的发展至关重要。企业在制定经营战略时，要综合考虑自身的人力、财力和物力以及市场对仓储商品的需求和供给状况，以实现可持续发展和利润最大化为原则，合理制定经营发展目标和经营发展方法。仓储企业可以在总体经营战略的基础上选择租赁经营、公共仓储、物流中心或者配送中心，决定单项专业经营或者综合经营，确定独立经营或者联合经营的经营定位。

2. 市场调研和市场开拓

市场调研是企业进行有效经营决策不可缺少的一步，市场调研的资料和结论是企业经营决策的重要依据。仓储企业市场调研的目的在于寻找和发现潜在的商业机会，对市场进行分析并合理选择商业机会。仓储企业市场调研的重点应放在仓储市场的供求关系、仓储服务需求方的需求变化、同行业的竞争状况等方面。

市场开拓的目的在于通过采取有针对性的有效措施，挖掘有潜在需求的客户，并与之建立业务关系。市场开拓可采用广告宣传、人员促销、关系营销、企业联系等方法。企业也可以在进行有效的市场开拓时宣传企业形象。

3. 商务磋商和签订商务合同

合同是市场经济主体之间权利义务关系的综合体现，仓储企业经营人应本着诚实守信和互惠互利的原则积极与客户进行商务沟通和商务谈判。商品仓储往往需要较长时间，而且在保管的过程中既有可能涉及加工处理和分拆等作业，也有可能涉及与仓单持有人等第三方的关系。为了避免产生争议，商务磋商应该尽可能做到条款细致和内容充分，双方在意思表示一致的基础上应该订立较为完备的商务合同，以明确仓储合同双方的债权、债务关系，为仓储活动的顺利开展提供有效的法律依据。

4. 合同的履行

合同的履行既是双方的权利、义务得以实现的阶段，也是仓储企业实现其经济利益的阶段。一项仓储合同的履行主要包括以下几个关键环节：

（1）存货人交付仓储物。

存货人应按合同约定的时间和地点准备好仓储物，并对仓储物的状态、质量、数量应提供相应的证明，仓储物应该适合仓储。若存放危险品或易变质的仓储物，存货人应向保管人详细说明仓储物的性质和存放时的注意事项。

（2）保管人接收仓储物并保管仓储物。

保管仓储物是保管人在仓储过程中主要义务的体现，具体包括：保管人按合同约定在接收仓储物之前准备好合适的仓库；保管人在接收仓储物时对仓储物进行严格检验，确定仓储物的状态、质量和数量；保管人按合同约定对仓储物妥善进行卸载和堆放；仓储物接收完毕后，保管人向存货人签发仓单；保管人采取有效措施对仓储物进行妥善保管和相应的作业；对于存放期间仓储物的损害或变化，保管人应采取必要的处理措施并及时通知存货人。

（3）存货人提货。

仓储期满后，存货人或仓单持有人可凭仓单向保管人提取仓储物。提货人提货时应对仓储物进行检验，确定仓储物的状态、质量和数量是否完好。提货人对仓储中产生的残损物、收集的地脚货、残余物等有权一并提取。

（4）存货人支付仓储费用。

支付仓储费用是存货人的一项义务。按合同的约定，仓储费用的支付可以是预付、定期支付、提货时支付等。存货人应严格按照合同履行仓储费用的支付义务，包括支付保管人的垫付费用、仓储物的性质造成保管人的损失费用、超期存货费和超期加收费等。

（三）仓储商务活动的特点

1. 外向性

仓储企业的商务活动总是面向外部的，仓储企业与外界的各种联系主要是通过商务活动实现的。因此仓储企业的商务管理就是为了使仓储企业能进行尽可能多的商品交换。

2. 多变性

仓储企业面临的外部环境是不断变化的，仓储企业的商务活动必须保持适应外部环境。仓储企业应有效地收集市场信息，根据市场的需要提供商品，提高服务水平，降低交易价格，提高竞争力。

3. 全局性

商务活动的好坏直接影响仓储企业的全局，一项不适当的促销措施可能会造成仓储企业产销循环受阻，一项错误合同的签订可能导致仓储企业产生重大损失。

二、仓储商务管理

（一）仓储商务管理的概念

仓储商务管理是仓储企业经营人对仓储商务活动进行计划、组织、指挥和控制的活动，属于独立经营的仓储企业的内部管理活动之一。加强仓储商务管理，可使仓储企业充分利用仓储资源，最大限度地获得经济收入和提高经济效益。

（二）仓储商务管理的特点

1. 经济性

虽然企业管理的最终目标是企业利润最大化，各方面的管理也是围绕这一最终目标展开的，但与企业经营管理和人力资源管理等相比，仓储商务管理直接涉及企业的经营目标和经营收益，所以更重视管理的经济性和效益性。

2. 外向性

仓储商务活动是仓储企业对外的一种经济交换活动，仓储商务管理是对围绕仓储企业的内部与外部发生的经济活动的管理。

3. 整体性

仓储商务活动直接涉及仓储企业整体的经营和效益，因此在仓储企业中，高层管理者会将仓储商务管理作为自己的核心工作。仓储商务管理的好与坏，会直接影响其他各部门的工作，这体现了仓储商务管理具有整体性的特点。

（三）仓储商务管理的目的

科学的仓储商务管理有利于仓储企业降低仓储成本、控制商务风险、塑造良好的企业形象。通过对资源的充分利用，仓储企业可以提供适应市场需求的专业化仓储服务，提高自身的行业竞争力和经济效益，实现可持续发展。仓储商务管理的目的是有效利用仓储资源，最大限度地获得经济收入和提高经济效益。具体来说，它表现在以下几个方面。

1. 满足社会需要

仓储企业通过商务管理，向社会提供尽可能多的商品，满足社会对商品的需要。其任务是积极开发市场，适应市场需求的变化，提高服务水平，降低商品价格，提高商品竞争力。

2. 充分利用企业资源

在有效的仓储管理之下，仓储企业在获得大量的商业机会的同时，也承担起按时提供仓储服务的义务。这需要仓储企业充分利用企业的人力、物力和财力资源，完成仓储任务，使仓储企业的一切资源都得到最充分的利用。

3. 降低成本

成本的高低是决定仓储企业竞争力的关键因素，仓储商务管理不仅要尽可能地提高回报，在市场竞争激烈的形势之下，更重要的是采取先进的经济管理理论、现代化技术和有效的经营手段，控制并降低成本，提高自身竞争力。

4. 降低风险

一般来说，仓储企业的经营风险绝大部分来自商务风险。高水平的仓储商务管理应尽可能避免商务风险与责任事故的发生，规避经营风险。建立有效的风险防范机制、妥善地处理合同纠纷、构建仓储商务质量管理体系，是仓储商务管理的重要任务。

5. 塑造企业形象

每一项工作都会对仓储企业形象产生直接的影响。工作人员在对外交往的过程中的一言一行都代表企业的形象，关系客户对企业的信赖程度。仓储商务管理要以人为本、任人唯贤、权责分明，要致力于建立一支精明能干和业务熟练的商务队伍，提倡合作和服务精神，从而逐步树立起可信赖和高水平的企业形象。

6. 提高企业效益

通过有效的成本管理，仓储企业的成本会降低，进而实现经济效益的提高。同时，良好的企业形象将促进仓储企业社会效益的提高。

（四）仓储商务管理的内容

视频

仓储商务管理的内容

仓储商务管理涉及对仓储商务工作的人、财、物的组织和管理，包括企业资源的合理利用、制度建设和激励机制的建立、仓储商务队伍的培训等。

1. 市场调查和研究

仓储企业要广泛收集和分析市场信息，对市场环境因素以及关于仓储服务的消费者行为进行分析，细分市场以捕捉和选择有利的市场机会；科学制定满足客户需求的仓储服务和合理的价格竞争策略，加强市场监督和管理，科学规划和设计营销策略。

2. 仓储资源管理

仓储企业需要合理和充分利用仓储资源，做到物尽其用，为企业创造更多的商业机会。在资源配置与管理方面，仓储企业要建立和健全规范的管理制度，明确权力和职责，规范仓储资源管理，提高效率。

3. 商务成本管理

在商务成本管理上，仓储企业应做到以下两个方面：一方面，仓储企业应该准确进行成本核算，细致进行成本分析，提高成本管理效果，降低仓储商务管理成本，提高商品或服务的竞争力；另一方面，仓储企业应该通过科学合理的组织，充分利用先进的技术来降低交易成本。

4. 商务合同管理

仓储企业应该加强商务谈判和对合同履行的管理，做到诚实守信、依约办事，建立良好的商业信誉。

5. 商务风险管理

仓储企业需要建立风险防范机制以及规范的商务责任制度，妥善处理商务纠纷和冲突，防范和减少商务风险。

6. 商务人员管理

商务人员的业务素质和服务态度在很大程度上影响仓储企业的整体形象，因此商务管理还包含对商务人员的培训管理。仓储企业应该重视对商务人员的培训，通过合理的激励机制调动商务人员的积极性和聪明才智，同时要加强对商务人员的监督。

任务二 智慧仓储合同管理

情境导入

飞鹏国际贸易有限公司有一批商品需要存入义发仓储物流有限公司的仓库，该批商品总共有 20 000 箱，共 14 个品种，不同商品的包装和数量都不一样。出入库的商品都需要检验数量、包装和品质，储存时间是 3 年，允许商品有 1%的损耗，入库办理仓储保险，保险费率为 0.5%。义发仓储物流有限公司为飞鹏国际贸易有限公司准备了 A 仓库作为这批商品的存储仓库。A 仓库占地 10 000m^2，实际货位存储面积为 6 000m^2，层高为 8m，地面承载能力为 2t/m^2，存储费为 15 元/m^2/月，收取方式为预付一半，另一半等商品出库时结清。现双方要签订仓储合同，合同中应包含哪些条款？合同双方的权利与义务应如何约定？

任务分解

1. 了解仓储合同的概念
2. 熟悉仓储合同的特征和种类
3. 掌握仓储合同的主要条款

素养园地

通过仓储合同的概念、特征、主要条款等知识的学习，希望同学们在从事仓储业务时在道德、法律和社会责任层面保持良好的品质，树立法治意识，遵循国家政策导向，促进行业公平、公正和可持续发展。

知识准备

一、仓储合同概述

（一）仓储合同的概念

仓储合同又称仓储保管合同，是指保管人储存存货人交付的仓储物，存货人支付仓储费用的合同。

仓储合同的标的是仓储保管行为，是仓储合同关系中存货人与保管人的民事权利义务共同指向的对象，包括仓储空间、仓储时间和保管要求，存货人要为此支付仓储费用。仓储合同的标的物是仓储物，是仓储合同标的的载体和表现。

对于易燃、易爆、易腐烂、有毒的危险品以及易渗漏或超限的特殊商品，存货人与保管人在订立仓储合同时还需要约定必要的特别仓储事项。

（二）仓储合同的特征

视频

仓储合同的特征和种类

从性质上看，仓储合同是一种特殊的保管合同。由于仓储经营性质特殊，因此仓储合同具备一些不同于保管合同的特征。

1. 保管人拥有仓储设备并从事保管业务

在仓储合同中，保管人既可以是法人，也可以是个体工商户或其他组织。保管人必须具备仓储设备和专门从事仓储业务的资格。保管人应当是在市场监督管理机关登记，从事仓储保管业务并领取营业执照的法人或其他组织。

2. 仓储合同的标的物是实物动产

在仓储合同中，存货人应当将仓储物交付保管人，由保管人按照合同的约定进行储存和保管。因此就合同的规定而言，存货人交付的仓储对象必须是实物动产。

3. 仓储合同是双务和有偿合同

仓储经营作为一种商业活动，保管人替存货人储存仓储物，提供储存和保管服务，并收取仓储费用，而存货人为获得保管人提供的储存和保管服务，必须交付相应的仓储费用，双方的义务具有相应性和对价性，因此仓储合同为双务、有偿合同。

4. 仓储合同是诺成合同

《中华人民共和国民法典》第 905 条规定，仓储合同自保管人和存货人意思表示一致时成立，确认了仓储合同为诺成合同，而不是等到仓储物交付才生效。由于仓储企业的专业性和营利性，在仓储物入库前，保管人要为履行合同做必要的准备工作，支出一定的费用。由于仓储合同是诺成合同，因此在签订了仓储合同但存货人未交付仓储物的情形下，保管人可以依据违约责任的约定请求存货人给予损害赔偿。

5. 仓单是仓储合同的重要凭证

在仓储合同中，存货人按照合同约定将仓储物交付保管人时，保管人应当给付仓单。仓单是表示一定数量和品种的商品已交付的法律文书，是一种有价证券，是记名的物权凭证。仓单是提取仓储物的凭证，存货人或者仓单持有人在仓单上背书并经保管人签字或者盖章的，可以转让提取仓储物的权利。

（三）订立仓储合同的原则

1. 平等

当事人双方法律地位平等是合同订立的基础，是任何合同行为都需要遵循的原则。

任何一方采取恃强凌弱、以大欺小或者发布行政命令的方式订立的合同都是无效合同；任何一方不能以歧视的方式选择订立合同的对象。

2. 等价有偿

仓储合同是双务合同，合同双方都要承担相应的合同义务，享受相应的合同利益。保管人的利益体现在收取仓储费用上。在仓储过程中，保管人的劳动和资源投入的多少，决定了保管人能获得多少报酬。等价有偿的原则也体现在当事人双方合同权利和义务对等上。

3. 自愿与协商一致

当事人完全根据自身的需要和条件，通过广泛的协商，在整体上接受合同签订时所约定的条款。任何采取胁迫和欺诈等手段订立的合同都是无效的合同，如果合同未经协商一致，将来在合同履行中就会产生争议，甚至会导致合同无法履行。

4. 合法和不损害社会公共利益

当事人在订立合同时要严格遵守相关法律、行政法规，不得有侵犯国家主权、危害环境、超越经营权、侵害所有权等违法行为。合同主体在合同行为中不得有扰乱社会经济秩序、妨碍人民生活和违背道德的行为。

（四）仓储合同的种类

按照仓储的经营方式，仓储合同可以分为以下 4 类。

1. 一般仓储合同

一般仓储合同的仓储物为确定物，保管人必须按原样归还。例如，存货人存入 10 台电视机，取回时依然是存入时的 10 台电视机。

2. 混藏仓储合同

混藏仓储合同是指存货人将一定品质、数量的种类物交付保管人储存，保管人将不同存货人的、同样的仓储物混合在一起进行储存，合同期届满时，保管人只需要以相同种类、相同品质、相同数量的替代物返还存货人，并不需要原物归还的仓储合同。

3. 消费仓储合同

消费仓储合同是指存货人不仅将一定品质、数量的种类物交付保管人储存，而且与保管人约定，将商品的所有权也移转至保管人处，合同期届满时，保管人以相同种类、相同品质、相同数量的替代品返还的仓储合同。消费式仓储的经营收益，除了约定的仓储费用（一般较低），消费仓储物与到期购回仓储物所带来的差价收益也十分重要。

4. 仓库租赁合同

仓库租赁合同是指仓库所有人将所拥有的仓库以出租的方式开展仓储经营，由存货人自行保管商品时签订的合同。仓储人只提供基本的仓储条件，进行一般的仓储管理，如环境管理和安全管理等，并不直接对所存放的商品进行管理。从严格意义上来说，仓库租赁合同不是仓储合同，只是租赁合同。

二、仓储合同的主要条款

仓储合同的内容是检验合同的合法性和有效性的重要依据。一般来说，仓储合同的主要条款包括以下内容。

（一）存货人和保管人信息

存货人和保管人是仓储合同的当事人，是履行合同的主体。合同中需要使用完整的企业注册名称、登记地址或者主办单位地址，必要时可在合同中增加通知人，但通知人不是合同当事人，通知人仅仅履行通知当事人的义务。

（二）仓储物的详细信息

仓储合同要标明仓储物的品名（品种）、数量、质量、包装等详细信息。仓储物的数量应使用标准的计量单位，计量单位应准确到最小的计量单位并防止产生歧义；仓储物的质量应当参照国家或有关部门规定的质量标准、经过批准的企业标准、行业标准或双方自行约定的质量标准评定；仓储物的包装一般应由存货人负责，应依据国家、专业标准或双方基于便于保管的原则商定。

（三）仓储物的验收要求

保管人验收仓储物的项目包括仓储物的品种、规格、数量和包装状况，以及无须开箱和拆捆即直观可见、可辨的质量情况。

商品验收期限是指自商品和验收资料全部送达保管人之日起至验收报告送出之日止。依惯例，商品验收期限根据法律和当事人约定设置。超过验收期限所造成的实际损失，由保管人负责。

（四）仓储条件和要求

当事人应根据商品性质和要求的不同，在合同中明确规定保管条件。对特殊商品以及易燃、易爆、易渗漏、有毒等危险品，保管人保管时应当有专门的仓库和设备，并配备有专业技术知识的人负责管理，存货人应当明确告知保管人商品的有关保管条件和保管要求。

（五）商品进出库手续

仓储合同要明确入库办理手续、理货方法、入库的时间和地点、商品运输和装卸搬运方式等，还要明确提货时应办理的手续、验收的内容和标准、验收方式和地点等内容。出库时间由仓储合同当事人在合同中约定，当事人对储存时间没有约定或者约定不明确的，存货人可以随时提取仓储物，但是应当给予保管人必要的准备时间。

（六）仓储物的损耗处理

损耗处理是指当仓储物实际发生损耗时，应参照损耗标准进行处理。仓储物的损耗标准就是由仓储合同当事人事先商定的商品自然减量标准和破损率，需要考虑商品保管条件、保管要求以及储存时间的长短。

如果仓储物出库时与入库时实际验收数量不一致，在损耗标准范围之内的则视为商品完全交付；如果损耗超过约定的损耗标准，应核实后作出验收记录，由保管人负责处理或赔偿。

（七）计费和结算项目

计费项目包括：存储费、转仓费、装卸搬运费、车皮使用费、站台使用费、专用线占有费用、养护费等。仓储合同中需要明确上述费用由哪一方承担，还应该明确各种费用的计算标准、支付方式、支付时间、支付地点、开户银行和账号等内容。

（八）责任划分和违约处理

仓储合同可以从商品入库、商品验收、商品保管、商品包装、商品出库等方面明确当事人的责任，并同时规定违反合同时应承担的违约责任。违约责任的承担方式主要有支付违约金、损害赔偿以及采取其他补救措施等。

（九）合同的有效期限

合同的有效期限即商品的保管期限。对于保管人来说，不仅要注意仓库温度和湿度的变化，还应注意商品的储存期限。根据有关规定，储存的商品临近失效期时，保管人未通知存货人及时处理而造成的损失，保管人负有赔偿责任。

（十）合同的变更或解除

当事人如果需要变更或解除合同，必须事先通知另一方，双方达成一致即可变更或解除合同，如果发生了法律或合同中规定的可以单方变更或解除合同的情形，拥有权利的一方可以变更或解除合同。

三、仓储合同当事人的权利和义务

仓储合同当事人的权利与义务，是指合同当事人在履行合同过程中有权要求对方采取的行为和自身需要进行的行为或不能进行的行为，当事人的权利和义务来自合同的约定和法律的规定。

(一) 存货人的权利

1. 查验取样的权利

在仓储保管期间，存货人有对仓储物进行取样查验的权利，存货人可以提取合理数量的样品进行查验。查验会影响保管人的工作，取样还会造成仓储物的减量，但存货人进行合理的查验取样，保管人不得拒绝。

2. 仓储物的领取权

当事人对储存时间没有约定或约定不明确的，保管人可以随时要求存货人领取仓储物；约定储存时间的，保管人无特别事由，不得要求存货人提前领取仓储物，但存货人可以随时领取仓储物。

3. 获取仓储物孳息的权利

《中华人民共和国民法典》第 900 条规定，保管期限届满或者寄存人提前领取保管物的，保管人应当将原物及其孳息归还寄存人。孳息是民法中的一个法律概念，它是指由原物所产生的额外收益。

(二) 存货人的义务

1. 告知义务

存货人的告知义务包括两个方面：对仓储物的完整告知和瑕疵告知。完整告知是指在订立合同时存货人要完整细致地告知保管人仓储物的准确名称、数量、包装方式、性质、保管要求等，因为这些资料涉及验收、储存、交付等作业，特别是危险品，存货人还要提供详细的说明资料。存货人寄存贵重商品的，应当向保管人声明，由保管人验收或者封存。瑕疵告知包括仓储物及其包装已存在的缺陷或将会发生损害的缺陷。保管人应采取针对性的操作和管理，以避免发生损害和危害。

2. 妥善处理和交存仓储物的义务

存货人应对仓储物进行妥善处理，根据性质进行分类和分储，根据合同约定妥善包装，使仓储物适合仓储作业和保管。存货人应在合同约定的时间内向保管人交存仓储物，并提供验收单证。交存仓储物不是仓储合同生效的条件，而是存货人履行合同的义务。

3. 支付存储费和偿付必要费用的义务

存货人应根据合同约定，按时和按量地支付存储费。如果存货人提前提取仓储物，保管人不减收存储费。如果存货人逾期提取，应加收存储费。由于未支付存储费，保管人有对仓储物行使留置权的权利，并可通过拍卖留置仓储物等方式获得款项。储存期间发生的应由存货人承担的费用支出或垫支费用，如货损处理费用和转仓费等，存货人都应及时支付。

4. 及时提货的义务

存货人应按照合同的约定，按时将仓储物提离，保管人根据合同的约定安排仓库的使用计划，如果存货人未将仓储物提离，会使得保管人已签订的下一个仓储合同无法履行。存货人未在约定的时间提离仓储物，保管人可向提存机关要求提存。

（三）保管人的权利

1. 收取仓储费用的权利

收取仓储费用是保管人订立合同的目的，是保管人的合同权利，保管人有权按照合同约定收取仓储费用。仓储费用是对仓储物进行保管所获得的报酬。

2. 保管人的提存权

储存期限届满，存货人或者仓单持有人不提取仓储物的，保管人可以催告其在合理期限内提取，逾期不提取的，保管人可以提存仓储物。提存仓储物时，首先应由保管人向提存机关呈交提存申请书，提存书上应当载明提存的理由、标的物的信息、存货人或仓单持有人的姓名和地址等内容；其次保管人应提交仓单副联和仓储合同副本等文件，以证明保管人与存货人或仓单持有人的债权债务关系；最后保管人还应当提供证据证明自己催告了存货人或仓单持有人提货而对方没有提货，致使该批仓储物无法交付所有人。

3. 验收商品的权利

验收商品不仅是保管人的义务，也是保管人的权利。保管人应该在接受仓储物时，对商品进行理货、计数和查验，在合同约定的期限内检验商品质量并签发验货单证。保管人在商品的验收中发现商品溢短，对溢出部分可以拒收，对短少部分有权向存货人主张违约责任。对于商品存在的不良状况，保管人有权要求存货人更换、修理或拒绝接受，否则需要如实编制记录，以明确责任。

（四）保管人的义务

1. 提供合适的仓储条件的义务

保管人开展仓储经营活动的先决条件就是具有合适的仓储保管条件，有从事保管商品的设施和设备，包括合适的场地、容器、仓库、货架、装卸搬运设备、计量设备、保管设备、安全保卫设施等条件。仓储企业还应配备一定的保管员、商品养护人员，制定有效的管理制度和操作规程等。

2. 签发仓单的义务

保管人在接收商品后，应根据合同的约定或者存货人的要求，及时向存货人签发仓单。在储存期限届满时，根据仓单的记载向仓单持有人交付商品。保管人应根据合同条款确定仓单的责任事项，避免将来承担超出合同约定的责任。

3. 合理化仓储的义务

保管人应在合同约定的仓储地点存放仓储物，并充分利用先进的技术、科学的方法、严格的制度，高质量地做好仓储管理。保管人应使用适用于仓储物储存的仓储设施和设备，在谨慎操作、妥善处理、科学保管和合理维护等各方面做到合理化仓储。

4. 返还仓储物及其孳息的义务

保管人应在约定的时间和地点向存货人或仓单持有人交还约定的仓储物，仓储合同没有明确储存时间和交还地点的，存货人或仓单持有人可以随时要求提取，保管人应在合理的时间内交还仓储物。作为一般仓储合同，保管人在交还仓储物时，应将原物及其孳息、残余物一同交还。

5. 危险告知的义务

当仓储物出现危险时，保管人应及时通知存货人或仓单持有人，并有义务采取紧急措施处置，防止危害扩大，包括在验收时发现不良情况、发生不可抗力损害、仓储物变质，以及其他涉及仓储物所有权的情况。

（五）违约责任和免责

1. 仓储合同的违约行为

（1）拒绝履行。

拒绝履行是指仓储合同的一方当事人无法律或无约定根据而不履行义务的行为，如单方毁约、没有履行义务或将应当交付的仓储物作其他处理等，均可以推断为不履行义务的表现。

（2）履行不能。

仓储合同的履行不能是指合同当事人应履行义务的一方无力按合同约定履行义务。履行不能既可能是由于客观原因引起的，如仓储物因毁损或灭失而不能履行，也可能是由于主观过错而不能履行义务，如保管人错将仓储物返还给存货人。

由保管人的违约导致履行不能，存货人可以要求解除合同，追究保管人的违约责任。由存货人违约导致履行不能，保管人可追究其违约责任。一时履行不能的情况，权利人既可以请求赔偿损失、解除合同、追究义务人的违约责任，也可以要求继续履行并追究其履行迟延责任。

（3）履行迟延。

在仓储合同中，保管人未在合同规定的期限内返还仓储物、存货人未按时将商品入库、未在约定的期限内支付仓储费用等行为均属于履行迟延。义务人履行迟延，经催告后在合同期限内未履行，权利人可以解除合同并请求义务人支付违约金和赔偿损失。

（4）履行不适当。

在仓储合同的履行过程中，在商品的入库、验收、保管、包装、出库等任一环节未按法律规定或合同约定履行，即属履行不适当。由于履行不适当不属于真正的履行，因此作为仓储合同权利主体的一方当事人，可以请求另一方当事人补正，要求其承担违约责任、支付违约金并赔偿损失，此外还可以根据实际情况要求解除合同。

2. 仓储合同的违约责任及其承担方式

仓储合同的违约责任是指仓储合同的当事人在存在仓储违约行为时，所必须承担的民事责任。违约责任的承担方式有以下几种：

（1）支付违约金。

在仓储合同中，赔偿性违约金是指存货人与保管人对违反仓储合同可能造成的损失而作出的预定赔偿金额。

违约金分为法定违约金和约定违约金。法定违约金是指法律或行政法规有明确规定的违约金。约定违约金是指当事人在签订合同时协商确定的违约金，它是当事人的自主意思表示，由存货人与保管人协商确定。法定违约金与约定违约金发生冲突时，约定违约金优先适用。

（2）损害赔偿。

损害赔偿是指合同的一方当事人在不履行合同义务或履行合同义务不符合约定的情形下，在违约方履行义务或者采取其他补救措施后，对方还有其他损失时，违约方承担赔偿损失的责任。损害赔偿最显著的性质特征为补偿性，即损害赔偿用来补偿违约金不足的部分。

受害方的实际损失包括直接经济损失和间接经济损失。直接经济损失又称实际损失，是指一方当事人因对方的违约行为所直接造成的财物的减少。间接经济损失是指因一方当事人的违约行为使对方失去实际上可以获得的利益，包括利润的损失（主要是指被损害的财产可以带来的利润）、利息的损失、自然孳息的损失等。

（3）继续履行。

继续履行是指一方当事人在不履行合同时，对方有权要求违约方按照合同规定的标的履行义务，或者向法院请求强制违约方按照合同规定的标的履行义务，而不得以支付违约金和赔偿金的办法代替履行。在仓储合同中，要求继续履行作为非违约方的一项权利，是否需要继续履行，取决于仓储合同非违约一方的当事人，他既可以请求支付违约金和赔偿金，也可以要求继续履行。

（4）采取补救措施。

补救措施是指在违约方给对方造成损失后，为了防止损失进一步扩大，由违约方依照法律规定承担的违约责任形式，如仓储物的更换或补足数量等，进行补救。

在仓储合同中，这种补救措施表现为当事人可以选择偿付额外支出的存储费等方式，一般不采取实物赔偿方式。

3. 仓储合同违约责任的免除

免除民事责任是指不履行合同或法律规定的义务，致使他人财产受到损害时，由于有不可归责于违约方的事由，法律规定违约方可以不承担民事责任的情况。仓储合同违约责任的免除主要有以下几种情况：

（1）不可抗力。

不可抗力是指当事人不能预见、不能避免且不能克服的客观情况，包括地震、台风、冰雹和洪水侵袭等自然灾害，以及战争或罢工等社会现象。因不可抗力造成仓储保管合同不能履行或不能完全履行的，违约方不承担民事责任。

不可抗力的免责范围仅限于不可抗力的直接影响，当事人未采取适当措施所造成的损失扩大部分不能免责，对于延期履行合同中所遇到的不可抗力不能免责，在发生不可抗力事件后所订立的合同不得引用不可抗力免责。

（2）仓储物自然特性。

《中华人民共和国民法典》第 832 条规定，承运人对运输过程中货物的毁损、灭失承担赔偿责任。但是，承运人证明货物的毁损、灭失是因不可抗力、货物本身的自然性质或者合理损耗以及托运人、收货人的过错造成的，不承担赔偿责任。

（3）存货人的过失。

由于存货人的原因造成仓储物的损害，如包装不符合约定、未提供准确的验收资料、隐瞒和夹带、存货人的错误指示和说明等，保管人不承担赔偿责任。

（4）合同约定的免责。

基于当事人的利益，双方在合同中约定免责事项，对免责事项造成的损失，不承担互相赔偿责任。例如，当事人约定商品入库时不验收重量，则保管人不承担重量短少的赔偿责任；约定不检验商品内容质量，保管人不承担非作业、保管不当所造成的商品变质损坏的责任。

四、仓单

（一）仓单的概念和效力

1. 仓单的概念

仓单是保管人应存货人的请求，在接收仓储物后签发的，表明一定数量的商品已经交付仓储保管的一种有价证券。它表示一定数量的商品已由存货人交付保管人，是仓单持有人依仓单享有对有关仓储物的所有权的法律凭证。仓单既是仓储合同存在的证明，也是仓储合同的组成部分。

2. 仓单的效力

仓单上所记载的权利和义务与仓单密不可分，仓单具有以下效力：

（1）受领仓储物的效力。保管人一经签发仓单，不管仓单是否由存货人持有，持单人均可凭仓单受领仓储物，保管人不得对此提出异议。

（2）转移仓储物所有权的效力。仓单上所记载的仓储物，只要存货人在仓单上背书并经保管人签字或者盖章，提取仓储物的权利即可发生转让。

仓单正面、反面所记载的内容如表 5－1 和表 5－2 所示。

表 5-1　仓单（正面）

<table>
<tr><td colspan="8">仓　单
公司名称：
公司地址：</td></tr>
<tr><td colspan="4">电话：
账号：
存货人：
地址：
银行名称：</td><td colspan="4">传真：
批号：
发单日期：
起租日期：
到期日期：</td></tr>
<tr><td colspan="8">兹收到下列商品，依本公司条款（见后页）储存：</td></tr>
<tr><td>仓储物名称</td><td>规格</td><td>数量</td><td>单位</td><td>每件收费</td><td>每月仓租</td><td>进仓费</td><td>出仓费</td></tr>
<tr><td></td><td></td><td></td><td></td><td></td><td></td><td></td><td></td></tr>
<tr><td></td><td></td><td></td><td></td><td></td><td></td><td></td><td></td></tr>
<tr><td></td><td></td><td></td><td></td><td></td><td></td><td></td><td></td></tr>
<tr><td></td><td></td><td></td><td></td><td></td><td></td><td></td><td></td></tr>
<tr><td></td><td></td><td></td><td></td><td></td><td></td><td></td><td></td></tr>
<tr><td></td><td></td><td></td><td></td><td></td><td></td><td></td><td></td></tr>
<tr><td></td><td></td><td></td><td></td><td></td><td></td><td></td><td></td></tr>
<tr><td colspan="5">总件数：</td><td colspan="3">保管人（签章）：</td></tr>
<tr><td colspan="8">总件数（大写）：</td></tr>
<tr><td colspan="8">注：仓储物（已/未）办理保险，保险金额________元，保险期限________，保险人________。</td></tr>
<tr><td colspan="8">备注：
核对人：</td></tr>
</table>

表 5-2　仓单（反面）

<table>
<tr><td colspan="6">存货记录</td></tr>
<tr><td>日期</td><td>提单号码</td><td>提货人</td><td>数量</td><td>结余</td><td>备注</td></tr>
<tr><td></td><td></td><td></td><td></td><td></td><td></td></tr>
<tr><td></td><td></td><td></td><td></td><td></td><td></td></tr>
<tr><td></td><td></td><td></td><td></td><td></td><td></td></tr>
<tr><td colspan="6">存货条款：
一、本仓库所保管之商品种类、唛头、箱号等，均系按照存货人所称填列，本公司对商品内容、规格等概不负责。
二、商品在入仓交接过程中，若发现与存货人填列内容不符，本公司有权拒收。
三、本仓库不储存危险品，存货人保证入库商品绝非危险品，如果因存货人的商品品质危及本公司其他商品造成损失时，存货人必须承担因此产生的一切经济赔偿责任。
四、本仓单有效期一年，过期自动失效。已提货之分仓单和提单档案保留期亦为一年。期满尚未提清者，存货人须向本公司换领新仓单。
五、客户（存货人）凭背书之仓单或提货单出货。本公司收回仓单和分提单，证明本公司已将该项商品交付无误，本公司不再承担责任。</td></tr>
</table>

（二）仓单的性质

1. 仓单是要式证券

仓单上必须记载保管人的签字及必要条款，以此来确保保管人和存货人各自的权利和义务。

2. 仓单是文义证券

仓单上权利义务的范围，以仓单的文字记载为准，即使仓单上记载的内容与实际不符，保管人仍应按仓单上所载文义履行责任。

3. 仓单是无因证券

无因证券又称不要因证券，是指证券效力与作成证券的原因完全分离，证券权利的存在和行使，不以作成证券的原因为要件的一类证券。仓单即属这一类证券。

4. 仓单是背书证券

背书证券又称指示证券，是指可以依据背书进行合法转让的证券。《中华人民共和国民法典》第 910 条规定，仓单是提取仓储物的凭证。存货人或者仓单持有人在仓单上背书并经保管人签名或者盖章的，可以转让提取仓储物的权利。

（三）仓单的形式和内容

视频

仓单的形式和内容

仓单作为收取和提取仓储物的凭证，是记名的物权证券，依据法律规定可转让或出质。仓单具备一定形式，其记载事项必须符合《中华人民共和国民法典》及物权凭证的要求，使仓单关系人明确自己的权利并适当行使。

仓单所包含的内容如下。

1. 存货人的姓名或者名称及住所

仓单上所载明的名称或者姓名，应当是存货人在市场监督管理机关登记注册的名称或者由国家公安机关颁发的有效身份证件上的名称。如果存货人是法人或经济组织，仓单上应以市场监督管理机关登记注册的住所为记载的住所；如果存货人是个人，仓单上应以其户籍所在地或者经常居住地为记载的住所。

2. 仓储物的状况

仓储物是仓单的标的物，保管人在接受存货人交付的仓储物时，应当认真验收，把上述内容详细、明确地记载在仓单上，以确保仓单持有人收取的仓储物与存货人交付的仓储物具有同一性。

3. 仓储物的损耗标准

仓单上应标明仓储物的损耗标准，依主管部门的规定或者双方合理约定，明确必要的仓储自然减量标准和合理磅差。制定损耗标准后，保管人在归还仓储物时，对仓储物在损耗标准内的减量或质量变化等不予赔偿。

4. 储存场所

仓单上应明确储存场所，以便存货人或者仓单持有人能够及时准确地在储存期限届满时提取仓储物；当发生纠纷引起诉讼时，也便于确定诉讼管辖等。

5. 储存期间

储存期间是保管人履行保管义务的起止时间，是存货人或者仓单持有人是否按时提取仓储物的期限，也是计算存储费、超期加收费、空置费等的依据。储存期间由保管人与存货人在签订仓储合同时约定，在仓单上予以明确记载。

6. 存储费

存储费由保管人和存货人约定，包括存储费计费标准、支付方式、支付时间、支付地点等。提货人支付存储费或者在提货时结算的，必须在仓单上准确记录，以便约束仓单持有人。存储费在仓单转让时，可以让受让人知道其所要承担的支付义务和支付费用。

7. 仓储物的保险事项

为了降低风险，通常要对仓储物进行投保，投保的费用原则上应由仓储物的所有人承担。仓储物是否购买了保险，与仓单受让人有直接的利益关系，仓单的转让只是转让了入库时仓储物的所有权，入库后仓储物的状态变化是仓单受让人需要承担的风险。

仓储物已经办理保险的，仓单上应记载其保险金额、保险期间及保险公司的名称等保险资料，这将有利于发生事故时的保险处理，如通知保险公司和保险索赔等。

8. 仓单的填发人、填发地和填发时间

保管人在签发仓单时，应当将公司名称或者个人姓名记载在仓单相应位置上，这是确保保管人承担义务的重要依据之一。仓单的填发地一般为存货人交付仓储物的地点，仓单的填发日期就是储存期间的开始日期。填发地和填发日期不仅表示仓单发生效力的时间和地点，而且是属地管辖的依据和时效起算的依据。

（四）有关仓单的业务

1. 仓单的签发

仓单是由保管人签发给存货人的，只有经保管人签署的仓单才能生效。存货人要求保管人签发仓单时，保管人必须签发仓单。当存货人将仓储物交给保管人时，保管人对仓储物进行查验和理数，确认仓储物的状态，在全部仓储物收妥后，填制并签发仓单。保管人在填制仓单时必须将所接收的仓储物的实际情况如实记录在仓单上，特别是要准确描述仓储物的不良状况，以便到期时能按仓单的记载给付仓储物。仓单经保管人签署才能生效。

当存货人不同意批注时，如果仓储物的瑕疵不影响仓储物的价值或质量等级，保管人可以接受存货人的担保而不批注，否则就必须批注，或者拒绝签发仓单。

2. 仓单的份数

仓单一般为一式两份。仓单正本交存货人，底单由保管人保管。仓单副本可根据业务需要复制相应份数，但须注明为“副本”。

3. 仓单的转让

仓单持有人需要转让仓储物时，可以通过背书转让的方式进行仓储物转让。仓单的背面通常有印制好的若干背书栏，供背书人进行背书时填写。一般并不限制背书的次数，在背书栏或票据背面写满时，可以在票据上粘贴“粘单”处进行背书。仓单在背书转让过程中应注意背书过程必须完整，而且保管人必须签署。

如果保管人和存货人达成协议，由保管人签发不记名仓单，则所签发的仓单的存货人就可以为空白。不记名仓单在转让时无须背书。储存期限届满，仓单持有人签署并出示同样的身份证明即可提货。不记名仓单不能提前提货。

任务三　智慧仓储成本与绩效评价

情境导入

随着改革开放的进行和市场经济的发展，国内很多企业的规模逐渐扩大，业务逐渐增加，但很多企业的物流业务还是自己操作，延续着传统制造业的生产模式。这些企业为了满足生产需求，大量采购原材料和零部件，造成了较大的库存积压和资金占用；物流设施设备也比较老旧，人员冗余，仓储成本居高不下。如何改变这一状况并采取有效措施降低仓储成本，成为很多企业面临的问题。

任务分解

1. 掌握仓储成本的构成
2. 掌握智慧仓储绩效评价指标

素养园地

通过学习智慧仓储成本与绩效评价的知识，希望同学们在掌握智慧仓储成本与绩效评价指标的同时，能够具备敬业、精益、专注的职业道德、职业能力和职业品质，培育工匠精神。

知识准备

一、仓储成本

（一）仓储成本的含义

仓储成本是指仓储企业在储存商品过程中，包括建造和购置仓库设施设备、装卸搬运、存储保管、流通加工、收发商品等各个环节，所消耗的人力、物力、财力及风险成本的总和。仓储成本是衡量仓储企业经营管理水平和管理质量高低的重要标准。

（二）仓储成本的构成

与库存成本不同，商品的仓储成本主要是指商品保管的各种支出，其中一部分为仓储设施和设备的投资，另一部分为仓储保管作业中的活劳动或者物化劳动的消耗，主要包括工资和能源消耗等。根据商品在保管过程中的支出，仓储成本可分为以下几类。

1. 保管费

保管费是指为存储商品所开支的商品养护和保管等费用，包括用于商品保管的货架和货柜的费用开支、仓库场地的房地产税等。

2. 固定资产折旧费

固定资产折旧费主要包括库房和堆场等基础设施建设的折旧费以及仓储设施设备的折旧费。企业可以根据自己的业务特点和策略选择适宜的折旧方法。一般的仓储企业采用平均年限法折旧，有的设备可采用工作量法折旧。固定资产的折旧年限不完全相同，一般为5～40年。若采用加速折旧法，可在较短的时间内将投入回收，但要经过有关部门的批准。

3. 工资和福利费

工资和福利费是指仓储企业内各类人员的工资、奖金和补贴，以及由企业缴纳的住房公积金、医疗保险等。

4. 能源费、水费和耗损材料费

该项费用包括电力、燃料、流通加工耗材等的费用，仓库用水的费用，装卸搬运使用的工具和索具以及绑扎、衬垫、苫盖材料的费用等。

5. 设备维修费或大型设备的修理费

仓库一般会设立大型设备修理基金，该基金每年从经营收入中提取，提取额度一般为设备投资额的3%～5%，专用于设备大修。

6. 管理费用

管理费用是指仓储企业为组织和管理仓储生产经营所发生的费用，包括行政办公费用、工会经费、职工教育经费、咨询费、排污费、绿化费、土地使用费、业务招待费、以及其他管理费用等。

7. 装卸搬运费

该部分费用主要是指商品在出入库、组托、上架、理货、补货等环节所产生的装卸搬运作业费用，一般由设备运行费用和搬运工人的人工成本两部分组成。

8. 财务费用

财务费用是指仓储企业为筹集资金而发生的各项费用，包括仓储企业作业经营期间发生的利息支出、汇兑净损失、调剂外汇手续费、金融机构手续费以及筹资发生的其他财务费用等。

9. 销售费用

销售费用包括企业宣传、业务广告、仓储促销、交易等经营活动的费用支出。

10. 保险费

保险费是指仓储企业对因意外事故或者自然灾害造成仓储物损害所要承担的赔偿责任进行保险所支付的费用。一般来说，如果事先没有协议，仓储物的财产险由存货人承担，保管人仅投保责任险。

11. 外协费

外协费是指仓储企业在提供仓储服务时由其他企业提供服务所支付的费用，如配送业务外包、设备租赁等。

12. 税费

这里所说的税费是指由仓储企业承担的增值税、城市维护建设税等税费。

（三）仓储成本分析与控制

根据成本性质的不同，仓储成本可分为固定成本和变动成本两部分。固定成本是指仓储作业活动过程中，在一定时间内不会随着仓库库存量的大小和仓库空间利用率的高低变化而变化的成本，即不随着库存量的变化而发生变化的成本。该项成本主要包括保险费、大修理提存费、固定资产折旧费、长期租赁费、固定工资及附加费等。变动成本是指仓储作业活动过程中，在一定时间内随着库存量的增加或减少而呈正比例变化的成本，它是与业务量大小直接有关的成本，即随着库存量的变化而发生变化的成本。该项成本主要包括保管费、耗损材料费、设备运转成本等。

从固定成本和变动成本的性质分析，一方面，仓储企业必须有足够多的库存量（较高货位利用率）来分摊固定成本，通过合理规划仓储空间，提高设备完好率，减少非生产人员，可有效地降低固定成本；另一方面，仓储企业要在降低变动成本上下功夫，这就需要加强管理，合理选择备货方式，合理选择流通加工方式，做好商品养护工作，提高装卸搬运灵活性，提高劳动效率，提高仓储服务质量，降低机具物料的损耗和燃料的消耗，降低风险成本，以有效地降低变动成本。

1. 储存成本分析与控制

储存成本分析主要是对固定成本分摊的分析。库存量及储存的规律性会影响储存成本的高低，这是因为仓库的库存量可以分摊固定成本，也就是说，想要形成一定的库存量和稳定的储存规律，可以通过降低单位商品的储存成本来达成，因此要提高仓库库存量，合理规划仓储空间。

一般仓库都关心其所储存商品的重量、体积，因为这直接影响仓库的空间利用率和仓库设施设备的完好程度。仓库常常以重量和体积作为制定收费标准的依据，商品所占用的空间和商品所占面积的多少直接影响仓储费用的多少。一般对体积大、重量轻的商品要合理安排货位。若采用货架存放，应选择承载力相当的货格；若采用货场堆码，应选择地坪载荷较小的货位存放。

制定仓储费用时要考虑诸多因素，如体积、重量、仓储环境和条件、商品性质、养护方式等。由于商品本身特性或包装不规则不能堆高，或批量小、规格杂而无法堆高储存，或需要利用仓库加工、整理、挑选、组配，需要占用一定仓库面积时，仓库要合理安排占用面积和空间，一般应按实际占用面积和每平方米地坪（或楼面）的设计载荷能力折成计费吨收费。若客户要求对整个仓库进行包仓，仓储企业和客户要进行协商，一般按照不低于仓库实际面积的 80%计费。

2. 装卸搬运成本分析与控制

装卸搬运成本主要包括装卸搬运机具的成本和费用、燃料和润料消耗费用、人工成本和时间费用等。

视频

装卸搬运成本分析与控制

（1）合理选择装卸搬运机具。

合理选择装卸搬运机具，是提高装卸效率和降低装卸搬运成本的重要环节。装卸搬运机械化程度可分为三个等级：一级是使用简单的装卸器具，如地牛、传送带等；二级是使用专用的高效率机具，如吊车、电动叉车等；三级是依靠计算机控制实行自动化和无人化操作，如自动堆垛机、轨道车等。

选择哪个级别的装卸搬运机具，首先要从商品的性质和可操作性方面考虑商品是否需要包装，采用哪种包装，适合哪种机具。其次要从管理上考虑选择提高搬运装卸速度、节约人力资源和减轻工人劳动强度、保证人与物的安全等。若属于偶然性作业，又是重量大、体积大的商品，必须采用机械进行装卸搬运，可临时租借设备；若属于风险性大的作业而仓储企业又无操作经验，仓储企业应该将其外包出去。

（2）提高商品装卸搬运的活性与可运性。

提高商品装卸搬运的活性与可运性是科学装卸搬运和降低装卸搬运成本的重要手段之一。装卸搬运的活性化就是要求装卸搬运作业必须为下一个环节的物流活动做好准备。活性分为 5 个等级，即 0～4，等级 0 的活性程度最低，等级 4 的活性程度最高。仓储企业要不断提高装卸搬运的活性。但是从成本角度分析，并不是活性程度越高越好，活性程度一定要适宜。

装卸搬运的可运性是指装卸搬运的难易程度。影响装卸搬运难易程度的因素主要包括：商品的外形尺寸，商品的密度或笨重程度，商品的形状，商品、设备或人员损伤的可能性，商品的活性等。

装卸搬运商品的可运性的度量标准是根据装卸搬运的机具不同而定的。人工装卸搬运是指商品的整理用一只手就可以方便地拿起放下，不散、不勒手；电动机具装卸搬运是指不用其他辅助工具，商品整齐稳固地码放在托盘上，堆码不歪、不斜和不倒。提高装卸搬运的可运性是降低装卸搬运成本的重要手段。

（3）合理选择装卸搬运方式。

在装卸搬运过程中，工作人员必须根据商品的种类、性质、形状、重量来确定装卸搬运方式。在装卸搬运时对商品进行处理的方式有以下三种：

1）单品处理，即按普通包装对商品逐个进行装卸，较符合商品的可运性，对体积较大的单品来说效率较高，对体积较小的单品而言，虽符合商品的可运性，但效率较低。

2）单元处理，即商品以托盘或集装箱为单位，按规定组合后再进行装卸搬运，符合商品的可运性，可以提高装卸效率。

3）散装处理，即对粉粒状商品不加包装而进行的装卸搬运，虽然活性等级较低，可运性较差，但可节省包装费用；若使用简单的装卸搬运机具，如使用传送带进行装卸，可节约设备费用。

（4）改进装卸搬运作业方法。

装卸搬运既是物流的辅助功能之一，也是物流的一个重要环节。合理分解装卸搬运活动、选择适合企业的装卸搬运设备、提高机械化和自动化装卸水平，对于改进装卸搬运作业、提高装卸搬运效率、降低装卸搬运成本有着重要的意义。

3. 备货成本分析与控制

备货是仓储作业中最复杂的作业之一。为了降低备货作业成本，仓储企业可以采取以下措施：

（1）合理选择备货作业方式。

备货的作业方式包括全面分拣、批处理分拣、分区分拣、分组分拣。

全面分拣是指由一个拣货人员全面负责一个订单，并负责订单从开始到结束的整个履行过程，分拣全过程实行摘果法。当备货商品的种类较多时，应当采用全面分拣方式。

批处理分拣是指一个拣货人员负责一组订单，在接收这批订单后，先建立批处理清单（包括整个订单组里每个储存单元的商品总数），然后按照批处理订单，采用摘果法分拣商品，并将商品送到站台，再根据商品集装单元化用播种法将它们在各个订单之间进行分配。当备货商品的种类较少时，应当采用批处理分拣方式。

分区分拣是指将仓库分成若干个区域，每个区域配有拣货人员，在分区订单处理计划中，拣货人员挑选出订单中存放在其所负责区域的商品，并将其传给下一个拣货人员，由其挑选出下一个区域内的商品，依次传递下去。在这种方式下，一个订单的分拣由很多人来完成。当仓库面积比较大，存放不同商品的区域相隔较远时，应当采用分区分拣方式。

分组分拣是指按一个指定特征划分，如按承运人划分，即根据仓单将某一承运人所运送的商品拣出。当不同的订单由不同的承运人运输时，采用分组分拣方式可以节约成本。

（2）合理安排仓库空间，降低备货成本。

在备货作业中，妨碍作业效率提高的主要因素是仓库空间。仓库空间越大，备货时移动的距离就越长。因此应合理安排仓库空间，将仓库空间分为保管区和理货区，这样做有利于提高备货的作业效率。

（3）加强货位管理，提高备货作业效率。

拣货人员必须熟悉商品存放的货位。应用计算机管理的仓库，拣货人员可利用仓储管理系统查出订单中商品的存放位置，从而提高作业效率，降低成本。

4. 人工费用分析与控制

仓储企业对仓储过程中投入的劳动力应尽可能充分利用，并使其发挥最大的效用。要想实现这一目标，就应当提高工时利用率。

$$工时利用率=\frac{某一期间作业的实际时间}{同期全体员工数\times制度工作小时数}\times100\%$$

如果这个比率接近1，就说明工时利用率高，反之就说明工时利用率低。若减少非作业人员，则可以在提高工时利用率的同时降低工资费用。仓储企业还可以通过考察每项主要业务活动所耗用的生产时间的百分比，做进一步分析，对劳动实行定量管理，如用收货、存放、拣货、发货等任何一项活动及其具体作业内容与时间的比率来说明劳动生产率，如单位时间托盘的装载量和卸载量、单位时间托盘商品的入库量、单位时间包装量、单位时间拣选出库量等。利用这些作业量指标可核算成本数据，进行成本控制并达到降低成本的目的。

5. 包装作业成本分析与控制

包装作业成本是影响仓储管理成本的重要内容之一。分析与控制包装作业成本主要应考虑以下几个方面的问题：使用物美价廉的包装材料；包装作业机械化，提高包装效率；采用大包装，尽量使包装简单化，节约包装材料；利用原有包装，加贴新标签。

6. 机具物料和燃料成本分析与控制

在仓储作业过程中，使用各种工具、索具、叉车、吊车以及制冷、除湿、通风等设施设备都要耗费燃料、润料、电力和水资源。要想对这些成本进行有效的控制，把消耗降至最低点，仓储企业就要制定合理的作业流程，尽量减少不必要的重复性作业，避免过度使用设备，提高设备完好率。

7. 提高仓储服务质量，降低仓储成本

一般来说，仓储服务质量越高则仓储成本越高，但是仓储服务质量也有极限，因为仓储服务质量的高低与仓储成本不成正比。也就是说，当仓储质量达到一定程度时，仓储质量的增长速度就会慢于仓储成本的增长速度，这时仓储质量的提高是依靠成本的大幅度提高而提高的，这种质量的提高是不被客户认同的，因为客户总是希望以最经济的成本得到最佳的服务，所以仓储服务质量应该是在合理的仓储成本之下的服务质量。

8. 降低机会成本和风险成本

商品变质、短少、损坏或报废所产生的相关费用也构成仓储成本。在仓储过程中，商品会因各种原因被污染、损坏、腐烂、被盗或由于其他原因不适用或不能使用，直接造成损失，构成企业的风险成本；客户未履行合同的违约金以及仓库支付的赔偿金，构成企业的风险成本；保险虽然作为一种保护性措施，能帮助企业预防灾害性损失，但保险费也构成企业的风险成本。

库存商品价值提高，仓库所承担的风险也会提高，因此从理论上说，仓储费用是根据商品价值收取的，商品价值增加，仓储费用也应当相应增加。从这个意义上讲，存货人就必须将商品的价值、特征等告诉保管人，以便其报价，但是存货人若故意隐瞒商品的价值，势必增加仓储企业的风险成本。若仓储企业为了减少风险成本或远离风险，不经营易碎性和易破损的商品的储存业务，势必会减少仓库吞吐量，提高机会成本。此外，对于轻、大和重物而言，短期储存和长期储存都存在机会成本的问题，仓储企业只有根据经验和规律合理地解决这一问题，才能降低该项成本。

二、智慧仓储绩效评价

智慧仓储绩效评价是指在一定的经营期间内，仓储企业利用绩效评价指标对经营效益、经营业绩以及服务水平进行考核，以加强仓储管理工作，提高管理水平。

（一）智慧仓储绩效评价指标的含义

智慧仓储绩效评价指标是指反映仓库生产成果及仓库经营状况的各项指标。它是仓储管理成果的集中体现，是衡量仓库管理水平高低的尺度。利用指标考核仓库经营的意义在于对内加强管理，降低仓储成本；对外接受存货人定期对服务的评价。

（二）智慧仓储绩效评价指标的制定原则

1. 科学性

科学性原则要求所设计的评价指标体系能够客观、如实地反映仓储生产的所有环节和活动要素。

2. 可行性

可行性原则要求所设计的指标便于工作人员掌握和运用，数据容易获得，便于统计计算，便于分析比较。

3. 协调性

协调性原则要求各项指标之间相互联系、相互制约，但是不能相互矛盾和重复。

4. 可比性

在对指标的分析过程中，很重要的一点是对指标进行比较，如实际完成与计划相比、现在与过去相比、本企业与同行相比等，所以可比性原则要求进行对比的双方或多方的指标在期间和内容等方面一致。

5. 稳定性

稳定性原则要求指标一旦确定之后，应在一定时期内保持相对稳定，不宜经常变动或频繁修改，要在执行一段时间后，经过总结，再进行改进和完善。

（三）智慧仓储绩效评价指标

1. 反映仓储作业效率的指标

（1）货物吞吐量。

货物吞吐量也称货物周转量，即一定时期内入库和出库的仓储货物总量。货物吞吐量通常以吨数表示，常以年吞吐量计算。货物吞吐量既是衡量仓储企业生产规模情况及仓储企业在物流业中所起作用的主要数量指标，也是进行仓库设计规划的主要依据。

$$货物吞吐量=一定时期内入库总量+同期出库总量+货物直拨量$$

（2）平均收发货时间。

平均收发货时间是指仓库平均收发每笔货物（即每张出入货单据上的货物）所用的时间。收发货时间总和一般按天计算，它既能反映仓储服务质量，也能反映仓库的劳动效率。

$$平均收发货时间=\frac{收发货时间总和}{收发货总笔数}$$

收发货时间的一般界定标准：收货时间自单证和货物到齐后开始计算，至验收入库后把入库单送交会计入账为止；发货时间自仓库接到发货单（调拨单）开始，经备货、包装、填单等环节，至办完出库手续为止。

（3）货物及时验收率。

货物及时验收率表明仓库按照规定的时限执行验收货物的情况。

$$货物及时验收率=\frac{一定时期内及时验收笔数}{同期收货总笔数}\times100\%$$

（4）全员劳动生产率。

全员劳动生产率，即一定时期内仓库全体员工平均每人完成的出入库货物的数量，一般以年为单位。

$$全员劳动生产率=\frac{年吞吐量}{年平均员工人数}$$

（5）仓库作业效率。

仓库作业效率用平均每人每天完成的出入库货物量来表示，出入库货物量是指货物吞吐量减去货物直拨量。

$$仓库作业效率=\frac{全年货物出入库总量}{仓库全体员工年工作日数}$$

2. 反映仓储作业效益的指标

（1）工资利润率。

工资利润率是指一定时期内仓储企业利润总额与同期工资总额的比率。工资利润率反映仓库所得与所费的比例，反映仓库的经济效益。

$$工资利润率=\frac{利润总额}{同期工资总额}\times100\%$$

（2）成本利润率。

成本利润率是指一定时期内仓储企业利润总额和同期仓储成本总额的比率。它反映成本支出的获利程度，成本利润率越高，说明仓储企业收入大于支出，其经济效益就越高。

$$成本利润率=\frac{利润总额}{同期仓储成本总额}\times100\%$$

（3）资金利润率。

资金利润率是指一定时期内仓储企业利润与同期全部资金占用的比率。它是反映仓储企业资金利用效果的指标。

$$资金利润率=\frac{利润总额}{固定资产平均占用额+流动资产平均占用额}\times 100\%$$

（4）利润总额。

利润总额是利润核算的主要指标。它表明仓储企业利润的实现情况，是评价企业经济效益的综合指标。

$$利润总额=仓库营业收入-储存成本和费用-税金+其他业务利润\pm营业外收支净额$$

或

$$利润总额=报告期仓库总收入额-同期仓库总支出额$$

（5）收入利润率。

收入利润率是指仓储企业利润总额与营业收入总额的比率。

$$收入利润率=\frac{利润总额}{营业收入总额}\times 100\%$$

3. 反映仓储作业设施设备利用程度的指标

（1）仓库货物周转率。

仓库货物周转率是衡量货物周转速度的指标，一般用一定时间内出库量与平均库存量的比率来表示。该指标从总量上反映仓储企业的仓储管理水平，衡量仓储的能力，既反映仓储的作业规模，也反映货位的利用情况。

$$仓库货物周转率=\frac{一定时间内出库量}{平均库存量}\times 100\%$$

（2）单位面积库存量。

单位面积库存量反映了仓库的平面利用效率，它一方面与仓库规划有关，另一方面也与货位规划和堆放方式有关。

$$单位面积库存量=\frac{日平均库存量}{仓库或货场使用面积}$$

（3）仓库空间利用率。

仓库空间利用率是在一定时点上，存货占用空间（m^3）与可利用存货空间（m^3）的比率。该指标实际上反映仓库内立体空间的利用效率。

$$仓库空间利用率=\frac{存货占用空间}{可利用存货空间}\times 100\%$$

仓库空间利用率是仓储管理重要的绩效指标，它可以反映仓库空间的利用是否合理。仓库空间利用率越高，说明实际用于储存货物的空间占仓库的可利用存货空间的比例越小，空间利用率越好，也表明仓储成本越低。

（4）设备利用率。

设备利用率是指在一定时期内，设备实际使用台时数与制度台时数的比率。它表明仓储设备的利用和节约的程度。

$$设备利用率=\frac{设备实际使用台时数}{制度台时数}\times 100\%$$

4. 反映仓储作业消耗的指标

（1）材料、燃料和动力消耗指标。

这类指标有很多，由于各仓储企业所用设备不同，因此也没有统一的标准。这类指标有机械设备耗油量、苫垫物料年消耗量、苫垫物料重复使用率和月摊销额等，考核形式为与企业同期比较。

（2）平均储存费用。

平均储存费用是指保管每吨货物日、月、季、年平均所需要的费用开支。货物在保管过程中消耗的一定数量的活劳动和物化劳动，其货币形式就是各项仓储费用，这些费用包括货物出入库、验收、储存和搬运过程中消耗的材料、燃料、工资、固定资产折旧费等，这些费用的总和构成储存成本。平均储存费用是仓储企业经济核算的主要经济指标之一，它可以综合地反映仓储企业的经济成果、劳动生产率、技术设备利用率、材料和燃料节约情况、管理水平等。

$$平均储存费用=\frac{储存费用总额}{同期平均储存量}$$

5. 反映仓储作业质量的指标

（1）货损货差率。

货损货差率是指在一定时期内，仓库由于作业技术和保管措施等原因而发生的实际差错笔数与同期入库和出库总笔数的比率。

$$货损货差率=\frac{收发货累计差错笔数}{收发货总笔数}\times 100\%$$

（2）设备完好率。

设备完好率是指在一定时期内，仓库设备处于完好状态，并能随时投入使用的台数与仓库所拥有的设备台数的比率。它反映仓库设备所处的状态。

$$设备完好率=\frac{完好设备台时数}{设备总台时数}\times 100\%$$

完好设备台时数是指设备处于良好状态的累计台时数，其中不包括正在修理或待修理设备的台时数。

（3）货物损耗率。

货物损耗率是指在仓库储存期间中的货物损耗总量或总额与账面库存总量的比率。它也可以按每一种货物来计算，即某货物减损的数量占原来入库的数量的比率。货物保管损耗或损失，是指因保管不善而造成的货物霉变、残损、变质、丢失、超定额损耗等所导致的损失，其损耗总额是按直接受损货物的数量和货物受损程度计算的，包括修补损失货物所支付的费用。对于仓库中因存货人的原因长期积压超过储存期限的货物或合理范围内的损耗，所造成的损失不应计算在货物损耗总量中。

$$货物损耗率=\frac{货物损耗额}{同期货物库存总额}\times 100\%$$

或

$$货物损耗率=\frac{货物损耗量}{同期货物库存总量}\times 100\%$$

对于那些易挥发、易破碎的货物，仓储企业应制定一个相应的损耗标准，将货物损耗率与货物损耗标准相比较，凡是超过限度的就属于超限损耗。

（4）账物差异率。

账物差异率是指在货物盘点时，账面上的货物储存数量与相应库存实有数量的相互符合程度，一般在对储存货物进行盘点时，要求逐笔核对。

$$账物差异率=\frac{账物相符单数}{储存货物总单数}\times 100\%$$

或

$$账物差异率=\frac{账物相符件数（重量）}{账面储存总件数（重量）}\times 100\%$$

这两种方法计算的结果会有一定差异，若一单货物件数较多，按单数计算差异率就低，按件数计算差异率就高。此时，按件数计算得出的指标结果较真实。

（5）收发货差错率。

收发货差错率是以收发货所发生差错的累计单（件）数占收发货累计总单（件）数的比率来计算的，它反映收发货作业的准确度。

$$收发货差错率=\frac{收发货差错累计单数}{收发货累计总单数}\times 100\%$$

或

$$收发货差错率=\frac{账货差错件数}{期内储存总件数}\times 100\%$$

收发货差错率是仓储管理的重要质量指标，是用于保证仓储服务质量的指标。这两种算法结果会有一定差异，假如一单货物件数较多，则按单数计算差异率就低，若按件数计算差异率就高。此时，按件数计算得出的指标结果较真实。

6. 货物储存的安全性指标

货物储存的安全性指标用来反映仓库作业的安全程度。它主要可以用发生的各种事故的大小和次数来表示，主要有人身伤亡事故，仓库失火、爆炸、被盗事故，机械损坏事故等。安全性指标一般不需要计算，只需要根据实际出现事故的损失大小来划分等级。

以上六大类指标构成仓储管理比较完整的绩效指标体系，从不同方面反映仓储企业的经营管理水平、工作质量及经济效益。

项目小结

本项目首先介绍了仓储商务管理的目的以及仓储商务管理的内容；其次详细介绍了仓储合同的特征、主要条款以及合同当事人的权利和义务；最后分析了仓储成本的构成和智慧仓储绩效评价指标。通过本项目的学习，希望同学们能够重点掌握仓储合同的内容，注意理论与实践相结合。

同步练习

一、判断题

1. 仓库生产绩效考核的意义在于对内加强管理和降低仓储成本，对外接受货主的定期评价。(　　)

2. 货物吞吐量是指计划期内仓库中周转供应商品的总量，包括入库量和出库量两部分。(　　)

3. 收发货差错率是仓库管理的重要质量指标，通常应控制在5%的范围内。(　　)

4. 在仓储合同中验收商品不仅是保管人的义务，也是保管人的权利。(　　)

5. 仓储合同为诺成合同，合同自签订时立即生效。(　　)

二、单选题

1. 在反映仓库生产成果数量的指标中，(　　) 更能体现仓库空间的利用率和流动资金的周转速度。

A. 存货周转率　　B. 货物吞吐量　　C. 库存量　　D. 库存品种

2. 主要反映仓库保管和维护质量和水平的指标是 (　　)。

A. 收发正确率　　B. 业务赔偿费率

C. 货物损耗率　　D. 账实相符率

3. 下列选项中，不反映仓储作业质量的指标是 (　　)。

A. 收发货差错率　　B. 业务赔偿费率

C. 货物损耗率　　D. 账务差异率

4. 在车站、码头、机场供货单位等提货点办理完提货手续后，直接将货物从提货点分拨转运给客户的货物数量称为 (　　)。

A. 货物吞吐量　　B. 入库量　　C. 出库量　　D. 直拨量

5. (　　) 是保管人在接受仓储物后签发的表明一定数量的保管物已经交付仓储保管的法律文书。

A. 保管证　　B. 保管合同　　C. 仓单　　D. 入库单

6. 下列关于仓单特征的描述，错误的是 (　　)。

A. 仓单由保管人持有　　B. 仓单是提货凭证

C. 仓单是有价证券　　D. 仓单就是仓储合同

7. 下列选项中，不属于仓储成本的是 (　　)。

A. 保管费　　B. 固定资产折旧费

C. 仓库租赁费　　D. 仓储物采购费

8. 下列选项中，不属于反映仓储作业效益的指标的是 (　　)。

A. 货物吞吐量　　B. 工资利润率　　C. 成本利润率　　D. 收入利润率

9. 下列关于仓储合同特征的描述，错误的是 (　　)。

A. 双务合同　　B. 可背书转让　　C. 有偿合同　　D. 诺成合同

10. 仓储绩效评价指标制定的原则不包括 (　　)。

A. 科学性　　B. 可行性　　C. 协调性　　D. 低成本

三、简答题

1. 仓储合同的特征有哪些?

2. 简述仓储成本的构成。

3. 反映仓储作业效益的指标有哪些?

4. 简述仓单的性质。

四、案例分析

某汽车装配厂从国外进口了一批汽车零件，准备在国内组装和销售。2024 年 3 月 5 日，该汽车装配厂与某仓储公司签订了一份仓储合同，合同约定仓储公司为该汽车装配厂提供仓库保管汽车配件，期限为 10 个月，从 2024 年 4 月 15 日起到 2025 年 2 月 15 日止，存储费为 10 万元，还约定任何一方有违约行为，都要承担违约责任，违约金为合同总金额的 20%。另外，汽车装配厂交付仓储公司定金 2 000 元。

合同签订后，仓储公司开始为履行合同做准备，清理了合同约定的仓库，并且拒绝了其他客户的仓储要求。2024 年 3 月 27 日，仓储公司通知汽车装配厂已经清理好仓库，可以开始送货入库。但汽车装配厂表示已找到更便宜的仓库，如果仓储公司能降低存储费的话，就送货仓储。仓储公司不同意，汽车装配厂明确表示不再需要对方的仓库。2024 年 4 月 2 日，仓储公司再次要求汽车装配厂履行合同，汽车装配厂再次拒绝。2024 年 4 月 5 日，仓储公司向法院起诉，要求汽车装配厂承担违约责任，支付违约金。汽车装配厂答辩称合同未履行，因而不存在违约问题。

请思考：

1. 仓储合同是否生效?

2. 仓储公司的要求是否合理? 为什么? 如果你是法官，你会作出怎样的判决?

项目六
智慧配送

学习目标

※ 知识目标

1. 理解智慧配送的概念
2. 了解配送优化
3. 掌握配送方案的制定方法

※ 能力目标

1. 能解释智慧配送的概念
2. 能分析判断配送模式的类别和特点
3. 能简要分析配送作业的工作内容

※ 素养目标

1. 培养专业知识和责任心，适应智慧物流的发展
2. 有社会担当，注重绿色环保，促进物流行业可持续发展

案例引入

2023年，商务部召开全国电子商务工作会议，会上发布了全国首批商业科技创新应用优秀案例，菜鸟智慧城市配送物流系统成功入选。

从2019年开始，菜鸟就开始搭建基于人工智能的智慧城市物流大数据平台（见图6-1），来推动建设城市智慧物流。菜鸟通过将“时空AI预测能力”应用到城市内物流预测问题中，基于自研的深度时空预测模型，大幅改善时效和路径预测准度，提升配送服务质量，各场景下的预估准度比业界同类方法提升15%。

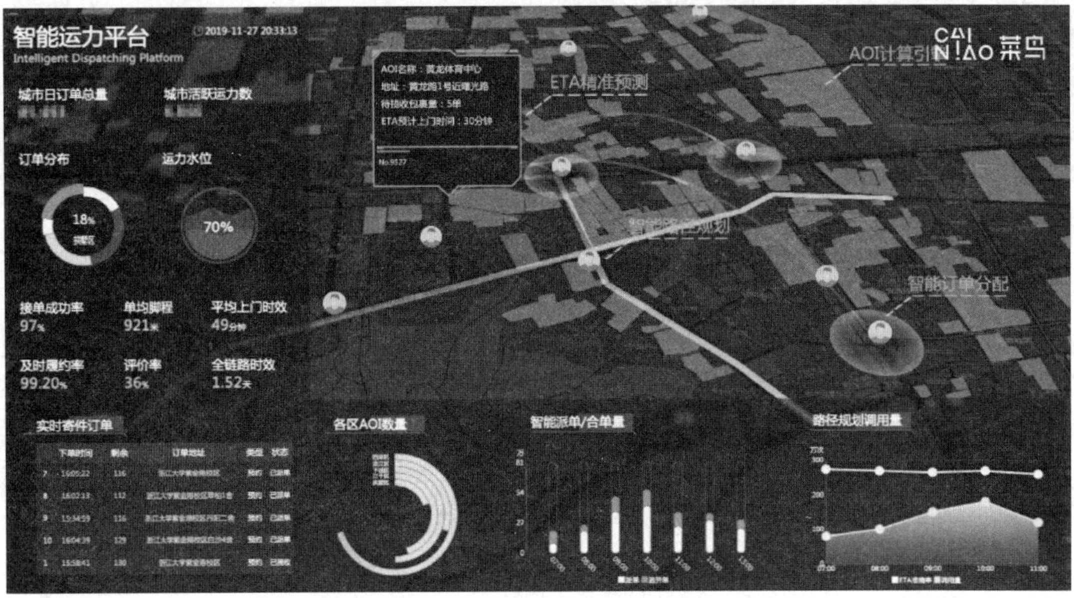

图6-1 菜鸟智能运力平台

在快递送货上门环节，菜鸟将“物流多模态AI的认知决策技术”全面应用到物流决策过程中，以此提升消费者物流体验。菜鸟的“楼栋码”技术手段，可以帮助快递员提前根据消费者的楼栋进行包裹分拣，使送货上门人效提升10%。“真实上门履约识别模型”则通过AI技术手段保障快递上门的真实、有效。目前，该技术已经在“天猫超市送货上门”“菜鸟驿站送货上门”等场景中大规模应用。据悉，菜鸟智慧城市配送物流系统已应用于菜鸟直送、菜鸟裹裹退货和个人寄件、菜鸟驿站送货上门等多个物流场景，有效提升了车辆、快递员、驿站工作人员的运作效率，并通过订单分配分单、智能装箱、决策能力等构建了自动化组织管理流程，为行业提供了一套降本增效的解决方案。菜鸟表示，近年来人工智能技术正在加速发展，作为一家客户价值驱动的全球化产业互联网公司，菜鸟聚焦产业化、全球化和数智化，在人工智能、自动化、大数据等核心技术领域坚持自主创新，通过科技创新推动物流更智能、更高效，用更低的成本，为客户提供更好的服务。

任务一　智慧配送概述

情境导入

物流配送包括货物的收集、运输、存储等，以及配送到客户手中的全过程，其目的是将各种商品、货物在不同的时间、不同的空间、不同的质量等方面的需求整合，形成整体的物流系统。其意义在于提升服务质量、降低成本、加速商业交易、优化资源配置等。随着人工智能、大数据、物联网技术的快速发展，物流企业通过建立完整的信息系统和高效的跟踪系统、引进现代物流装备、优化物流配送网络等，使得配送效率逐渐提升，配送成本不断降低。

任务分解

1. 理解智慧配送的概念
2. 明确配送的要素和分类

素养园地

智慧配送、大数据、物联网等技术和设备促进了物流行业的快速发展。新时代的物流人才必须具备创新理念和能力，具有敬岗爱业、责任心强、专业性强的品质，才能适应行业的发展，实现物流模式的革新。

知识准备

一、智慧配送的概念

视频

智慧配送概述

配送是物流活动中一种非单一的业务形式，它与商流、物流、资金流紧密结合，并且主要包括商流活动、物流活动和资金流活动，可以说是包括了物流活动中大多数必要因素的一种业务形式。图 6-2 为配送一般流程图。

智慧配送是指在配送管理业务流程基础上，用大数据、人工智能、物联网等信息化技术及先进的管理方法，实现提货、送货、退货、回收管理的双向通信、补货提醒、配送路线优化等智能管理功能，降低配送成本，提高配送效率，提升配送智慧管理能力。

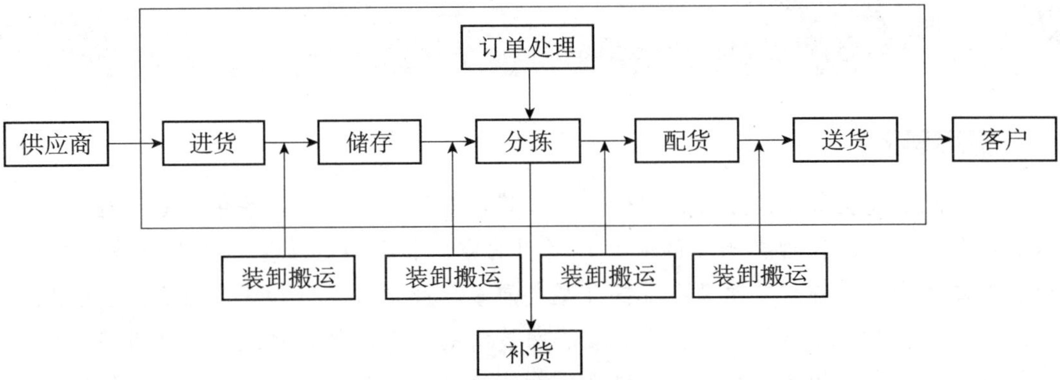

图 6-2 配送一般流程图

二、配送的要素和分类

(一) 配送的要素

1. 集货

集货，即将分散的或小批量的商品集中起来，以便进行运输、配送作业。集货是配送的重要环节。为了满足特定客户的配送要求，配送企业有时需要把从几家甚至数十家供应商处预定的商品集中起来，并将客户要求的商品分配到指定容器和场所。集货是配送的准备工作或基础工作，是配送的优势之一。

2. 分拣

此处要注意分拣和拣选的区别。分拣是拣选作业完成后，将拣选出的商品按照不同的客户、不同的配送路线进行分类、集中，等待装车配载，进行送货作业的流程。拣选是仓储配送中心的拣货人员按订单要求的商品名、规格、型号、数量，将商品从存储的货架或货垛中取出，搬运到理货区的过程。

分拣是配送不同于其他物流形式的功能要素，也是配送成败的一项重要支持性工作。它是完善送货、支持送货的准备工作，是不同配送企业在送货时进行竞争和提高自身经济效益的必然延伸。有了分拣，就会大大提高送货服务水平。

3. 配货

配货是使用各种拣选设备和传输装置，将存放的商品按客户要求分拣出来，配备齐全，送入指定发货地点的活动。

4. 配装

在单个客户配送数量不能达到车辆的有效运载负荷时，就存在如何集中不同客户的配送货物，进行搭配装载以充分利用运能、运力的问题，这就需要配装。和一般送货不同的是，配装可以大大提高送货水平及降低送货成本，所以配装既是配送系统中有现代特点的功能要素，也是现代配送不同于以往送货的重要区别之一。

5. 运输

运输中的末端运输、支线运输和一般运输形态的主要区别在于，配送运输是较短距离、较小规模、额度较高的运输形式，一般使用汽车做运输工具。与干线运输的另一个区别是，配送运输的路线选择问题是一般干线运输所没有的，干线运输的干线是唯一的运输线，而配送运输由于配送客户多，一般城市交通路线又较复杂，如何组合成最佳路线、如何使配装和路线有效搭配等，是配送运输的特点，也是难度较大的工作。

6. 送达服务

将配好的货运输到客户处还不算结束，这是因为送货和客户接货之间往往还会出现不协调的情况，导致前功尽弃。因此，要圆满地实现运到之后的移交，并有效地、方便地处理相关手续并完成结算，还应讲究卸货地点、卸货方式等。送达服务体现了配送的特殊性。

7. 加工

加工是按照客户的要求所进行的流通加工。在配送中，虽然配送加工这一功能要素不具有普遍性，但往往是有重要作用的功能要素。这是因为配送加工可以大大提高客户的满意度。配送加工是流通加工的一种，但配送加工有不同于流通加工的特点，即配送加工一般只取决于客户要求，其加工的目的较为单一。

（二）配送模式的分类

配送模式是企业关于配送的基本战略和方法。总结国内外的发展经验及我国的配送理论与实践，下面主要介绍自营配送模式、共同配送模式、互用配送模式、第三方配送模式。

1. 自营配送模式

自营配送模式是指企业配送的各个环节由企业自身筹建并组织管理，实现对企业内部以及按节点对外部货物进行分类并配送的模式。这是目前生产、流通或综合性企业所广泛采用的一种配送模式。企业通过独立组建配送中心，实现对内部各部门、场店的货物配送以及对外部客户的配送。它有利于企业生产、供应和销售的一体化运行，系统化程度相对较高，既可以满足企业内部原材料、半成品和成品的配送需求，又可以满足企业对外进行市场拓展的需求。

一般而言，采取自营配送模式的企业大都是规模较大的集团企业。有代表性的是连锁企业的配送，其基本上是通过组建自己的配送系统来完成配送业务，包括对内部各场店的配送和对外部客户的配送。

2. 共同配送模式

共同配送是指两个或两个以上有配送业务的企业相互合作对多个客户开展配送活动的一种物流模式，是指物流配送企业之间为了提高配送效率以及实现配送合理化所建立的一种功能互补的配送联合体。

共同配送模式运用的核心在于强化和充实配送组织的配送功能、提高配送效率、实现配送的共享化与合理化，从而降低配送作业的成本。共同配送的优点在于有利于企业实现配送资源的有效配置，弥补功能的不足，促使配送能力的提高和配送规模的扩大，更好地满足客户需求，提高配送效率，降低配送成本。共同配送的缺点在于配送货物繁杂，客户要求众多，企业难以管理；运作主体多元化，协调时存在困难；利益分配、资源调度问题重重；商业机密容易泄露。图 6 - 3 为共同配送模式一般流程图。

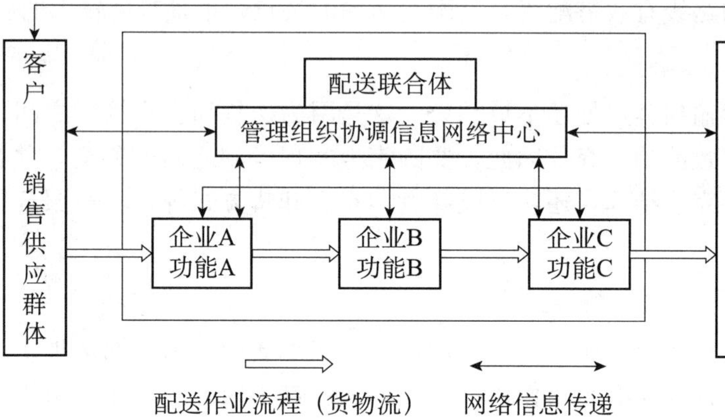

图 6 - 3　共同配送模式一般流程图

3. 互用配送模式

互用配送模式是指几个企业为了各自利益，以契约的方式达成某种协议，互用对方配送系统的配送模式。其优点在于企业不需要投入较大的资金和人力，就可以扩大自身的配送规模和范围，但需要企业有较高的管理水平以及与相关企业的组织协调能力。图 6 - 4 为互用配送模式一般流程图。

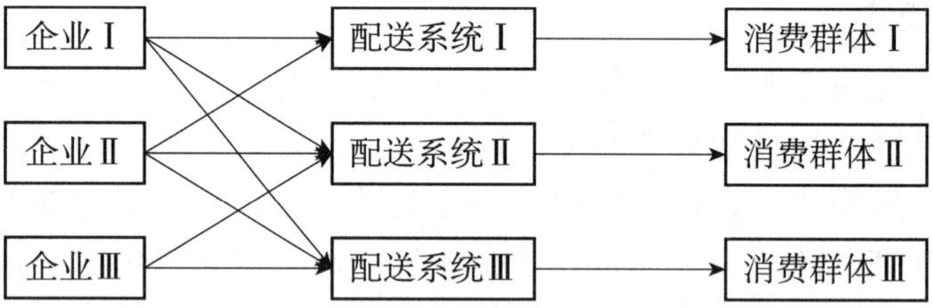

图 6 - 4　互用配送模式一般流程图

与共同配送模式相比，互用配送模式的特点主要有以下 4 个：

（1）共同配送模式旨在建立配送联合体，以强化配送功能为核心，为社会服务；而互用配送模式旨在提高自己的配送功能，以企业自身服务为核心。

（2）共同配送模式的合作对象是经营配送业务的企业，而互用配送模式的合作对象既可以是经营配送业务的企业，也可以是非经营配送业务的企业。

（3）由于合作形式的不同，共同配送模式的稳定性较强，而互用配送模式的稳定性较弱。

（4）共同配送模式旨在强调配送联合体的共同作用，而互用配送模式旨在强调企业自身的作用。

4. 第三方配送模式

第三方配送模式是指交易双方把自己需要完成的配送业务委托给第三方来完成的配送模式。它是指专门从事商品运输、库存保管、订单处理、流通加工、包装、配送、物流信息管理等物流活动的社会化物流系统。

第三方配送模式的特点有如下 3 个。

（1）高效性。

第三方配送企业可根据客户的需求情况，通过信息传递系统调整库存数量和结构，调节订货数量和结构，进而调整配送作业活动；而对于一些非程序的活动，可通过信息自动传递系统进行提示或预报，调节配送，提高信息的传输和配送效率。配送企业通过建立一套有效的计算机辅助决策系统，将一些程序化的活动利用计算机辅助决策系统来完成，提高决策效率。此外，基于网络的信息系统也可迅速有效地完成信息的交流、单证的传输以及提高配送过程中的支付效率。

（2）低成本性。

第三方配送企业利用现代网络信息技术，不仅使配送企业本身成本得到大幅度降低，而且也为客户节约了成本。随着第三方配送的快速发展，将来整个社会的配送成本也会降低。在现代配送的情况下，有效地利用第三方配送企业现代信息技术及交易等优势，不仅可以节约配送双方的储存成本，而且能降低配送双方的结算成本及单证传输成本。

（3）个性化。

个性化是指第三方配送企业能根据客户的不同需求提供一对一的配送服务，更好地满足不同客户的配送需求。个性化服务在配送中的应用、推广和发展，将开创第三方配送服务的新时代。它不仅使普通的大宗配送业务得到发展，而且能够适应客户需求多样化的发展趋势和潮流。

三、智慧配送的核心技术和重要性

（一）智慧配送的核心技术

1. 物联网技术应用

（1）实时定位与追踪。

GPS、BDS 等定位技术可以帮助实现配送车辆和人员的实时定位和追踪，提高配送精度和效率。

（2）传感器数据采集。

各类传感器对配送过程中的温度、湿度、振动等数据可以进行实时采集，确保货物安全送达。

（3）智能终端设备。

配送人员配备智能终端设备，可以实现订单接收、路线规划、签收确认等功能的自动化和智能化。

2. 大数据分析与优化

企业通过对历史配送数据的挖掘和分析，发现潜在规律和趋势，为优化配送策略提供数据支持。配送路线优化基于实时交通信息和大数据分析，可以为配送车辆规划最优路线，减少运输时间和成本。配送资源调度根据订单量、配送距离等因素，动态调度配送资源，实现资源的高效利用。

3. 云计算平台支持

企业利用云计算平台的大规模数据存储和处理能力，对海量配送数据进行高效处理和分析。根据业务需求的变化，云计算平台可弹性扩展、存储网络资源等，确保系统稳定运行。

（二）智慧配送的重要性

（1）提升配送效率。

通过智能路线规划、实时交通信息获取等技术，企业可以减少配送时间和降低配送成本。

（2）提升客户体验。

精准预测、个性化服务可以提高客户满意度。

（3）促进产业升级。

智慧配送推动物流行业向智能化、绿色化方向发展，提高整体竞争力。

四、智慧配送流程优化

（一）订单处理与调度优化

（1）自动化订单处理。

智慧配送通过智能算法对订单进行自动分类、合并和优先级排序，提高订单处理效率。

（2）实时调度系统。

智慧配送可以基于实时交通信息和配送人员位置，动态调整配送路线和任务分配，确保制定最优配送方案。

（3）多渠道订单整合。

智慧配送整合不同来源的订单，如电商平台、实体店等，实现统一管理和调度。

视频

订单有效性分析

（二）路线规划与导航技术

（1）智能路线规划。

智慧配送利用先进的路线规划算法，根据订单量、交通状况等因素，为配送人员提供最优路线建议。

（2）实时辅助导航。

智慧配送结合卫星定位和地图数据，为配送人员提供准确的导航指引，确保货物按时准确送达。

（3）路况预测和规避。

智慧配送通过分析历史交通数据和实时路况信息，预测拥堵路段并提前规避，提高配送效率。

（三）实时监控与预警系统

（1）配送人员状态监控。

智慧配送实时监测配送人员的位置、速度和任务完成情况，确保配送过程可控。

（2）车辆状态监控。

智慧配送对配送车辆进行实时监控，包括油量、车速、故障等，确保车辆安全高效运行。

（3）异常预警与处理。

智慧配送通过设定预警规则，对配送过程中的异常情况进行实时提醒和处理，降低风险。

（四）异常情况处理机制

（1）问题反馈与处理流程。

智慧配送要求建立问题反馈机制，允许配送人员、客户和商家及时反馈问题，并设立专门团队进行处理和跟进。

（2）紧急事件应对方案。

智慧配送针对可能出现的紧急事件（如交通事故、恶劣天气等），制定应急处理方案，确保在关键时刻能够迅速响应并妥善处理。

（3）数据备份与恢复策略。

智慧配送要求建立完善的数据备份和恢复机制，确保在发生系统故障或数据丢失时能够迅速恢复正常。

五、智慧配送装备

（一）自动化分拣设备

1. 高速分拣系统

高速分拣系统采用先进的图像识别技术，对货物进行快速、准确的分类和分拣，大幅提高了分拣效率。

2. 机器人分拣设备

机器人分拣设备运用机器人技术，实现货物的自动识别和移动，降低了人工分拣成本，提高了分拣准确率。

3. 多功能分拣设备

多功能分拣设备集成称重、扫码、打印等多种功能于一体，简化了分拣流程，提升了操作便捷性。

（二）无人驾驶车辆

1. 自动驾驶配送车

自动驾驶配送车利用先进的自动驾驶技术，实现配送车辆的自主导航和规划路线，提高配送效率和安全性。图 6－5 为自动驾驶配送车。

图 6－5　自动驾驶配送车

2. 无人机配送

无人机配送，即采用无人机进行空中配送，突破地面交通限制，快速将货物送达指定地点，提升配送速度和服务质量。

3. 无人站点配送

无人站点配送，即建立无人值守的配送站点，通过自动化设备和智能管理系统，实现货物的自动存取和转运。

（三）智能仓储管理系统

1. 智能化入库管理

智能化入库管理，即通过射频识别、条形码等技术手段，对入库货物进行快速、准确的识别和记录，提高入库效率。

2. 智能化出库管理

智能化出库管理，即根据订单信息，自动规划最优出库路线和配送方案，减少人工干预，提高出库速度和准确性。

3. 库存实时监控

库存实时监控，即运用物联网技术和大数据分析，对库存情况进行实时监控和预测，确保库存充足且不过多积压。

任务二　智慧配送作业

情境导入

百胜物流是肯德基、必胜客等国际连锁餐饮企业的物流配送提供商。对于百胜物流来说，由于原料特征及客户需求基本稳定，因此送货成本始终是企业降低成本的焦点。进取的扩张步伐背后是百胜物流对中国市场长期发展潜力的巨大信心。据百胜物流统计，在连锁餐饮企业的配送业务中，送货运输成本占到总体配送成本的60%左右，而在这60%中，有55%～60%是可以通过各种手段控制的。因此，该公司把降低成本的核心锁定在送货运输这个核心环节。该公司采取的策略是：合理安排送货运输路线；减少不必要的送货作业；提高车辆利用率；尝试利用歇业时间送货。合理安排送货运输路线包括尽量使车辆满载，设计合理的送货路线使送货总里程最短或所需人员数、车辆班次最少；减少不必要的送货作业是指与客户保持良好沟通联络，降低送货频率，提高送货效率；提高车辆利用率是从尽可能使用大型车辆、合理安排作业班次和增加每周运行天数等方面着手；尝试歇业时间送货是因为连锁餐厅大多位于繁华路段，利用深夜或凌晨等歇业时间送货可以使送货作业有较充裕的时间，提高车辆的利用率。

任务分解

1. 认识配送作业的基本环节
2. 进行配送路线规划

素养园地

绿水青山就是金山银山，希望同学们在实践中注重配送作业时效性的同时，尽量降低能源消耗，为可持续发展战略助力。

知识准备

一、配送作业的基本环节

配送作业是按照客户需求，把货物分拣出来，按时按量发送到指定地点的过程。从总体上讲，配送是由备货、理货、送货和配送加工 4 个基本环节组成的。

（一）备货

备货是准备货物的一系列活动，是配送的准备工作和基础工作。物流企业在组织货源和筹集货物时往往采用两种方法：一是直接向生产企业订货或购货完成此项工作；二是选择商流和物流分开的模式，由货主自己去完成订货、购货等工作，物流企业只负责进货和集货等工作，货物所有权属于货主。

（二）理货

理货是配送的重要内容。理货包括货物分拣、配货和包装等具体活动。货物分拣就是采用适当的方式，从储存的货物中选出客户所需的货物。

视频

拣货作业——摘果式

分拣货物一般采取订单拣货法（摘果式）和批量拣货法（播种式）两种方法来操作。

摘果式分拣就是像在果园中摘果子那样去拣选货物，拣货人员拉着集货箱（分拣箱）在排列整齐的配送中心货架间巡回走动，按照拣货单上所列的品种、规格、数量，将客户所需要的货物拣出并装入集货箱内，如图 6－6 所示。

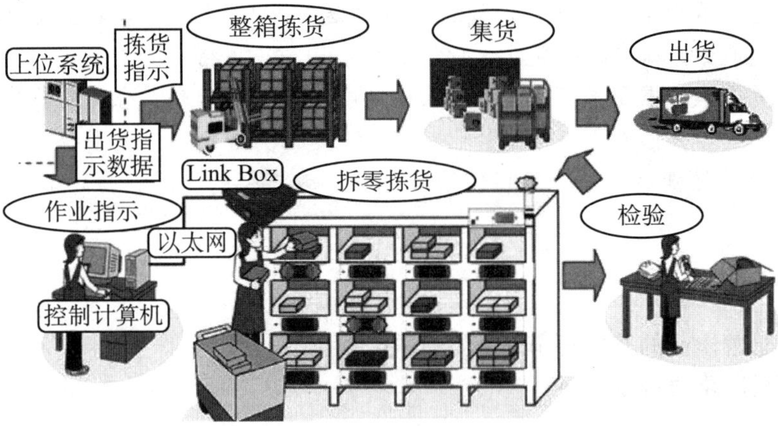

图 6－6　摘果式分拣

视频

拣货作业——播种式

播种式分拣的操作方式类似于田野中的播种，具体操作方式是将多份订单（多个客户的要货需求）集合成一批，将每种商品的数量分别汇总后，再对所有客户进行分货，如图 6－7 所示。

（三）送货

送货是备货和理货工序的延伸，是配送活动的末端。在物流活动中，送货活动实际上就是货物的运输或运送活动，因此常常以运输代表送货。但是，组成配送活动的运输与通常所讲的干线运输是有很大差别的。前者多表

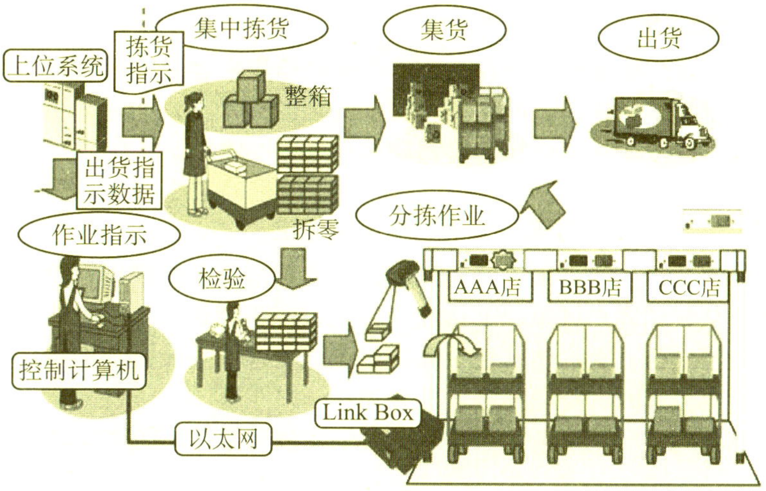

图 6-7 播种式分拣

现为客户的末端运输和短距离运输，并且运输的次数比较多；后者多为长距离运输。由于配送中的送货需要面对众多的客户，并且要多方向运动，因此在送货过程中，常常涉及运输方式、运输路线和运输工具的选择。按照配送合理化的要求，企业必须在全面计划的基础上，制定科学的、距离较短的运输路线，选择经济、迅速、安全的运输方式和适宜的运输工具。通常，配送中的送货都以汽车为主要的运输工具。

（四）配送加工

配送加工是流通加工的一种，它虽然不是普遍存在的，但是往往有着重要的功能，能大大提高客户满意度。

二、配送方案的选择

配送方案是从事配送活动的物流配送项目和物流配送运作的总称。配送方案是针对具体的物流服务需求做出的，而每个物流活动所需的服务都是不同的，因此，每个配送方案也都应该是不同的，它由具体的项目和具体的运作组成。配送方案包含两层意思：一是指某个不具体配送活动的方案，如企业受客户委托对某件货物的具体配送活动做出规划和实施计划；二是指解决配送活动中问题的方法和具体运作的描述。

配送方案是物流服务供应商提出的配送服务解决方案。由于客户提出的配送服务要求不尽相同，而且客户的货物又千差万别，因此配送方案的形式和内容也不完全一样。为了满足客户对物流配送服务的个性化要求，企业为客户量身定做的物流配送方案必然各有特点。从宏观上看，各种配送方案都是为提供合理、低成本、高效率的配送服务而做出的，所以各种方案必有共性，即有共同的基本内容。这些基本内容主要由以下 7 个部分组成：

（一）资源筹措方案

为了能够按照客户要求配送货物，企业首先必须集中客户需求规模备货，从生产企业取得种类、数量繁多的货物，即在客户需求计划的协调下，缩短客户的响应时间，实现采购与配送保持同步，从而使物流管理和客户服务一体化。

（二）实施时间、地点、方式、要求、状况的规定

为实现准时服务，企业必须采用先进的物流管理信息系统辅助管理库存，充分利用虚拟物流技术。从收到客户订单、下达配送计划、安排配送，到启动服务程序运行，物流通过信息流一步到位，客户体验到一站式服务。管理统一及过程同步的结果是需求准确、库存合理、调控及时、配送经济、服务完善，减少环节、缩短流程、提高效率，使客户能够在适当的时间和地点获得所需质与量的货物和服务，能够提高客户满意度。

（三）合作伙伴的选择

企业通过与合作伙伴建立稳定的关系，降低运行成本，分散竞争压力，以合作伙伴的形式来规避市场风险，提高抗风险能力。对合作伙伴的考查项目：一是合作伙伴的实力；二是合作伙伴的诚信度；三是产品的市场份额。

（四）配送计划的制订

从物流的观点来看，配送几乎包括物流的全部活动；从整个流通过程来看，它是物流与信息流的统一体。因此，配送计划的制订要以市场信息为导向、以商流为前提、以物流为基础，这就是说要以商流为主要依据来制订配送计划。

（五）配送路线的选择

配送路线是指各送货车辆向各个客户送货时所要经过的路线。配送路线合理与否对配送速度、成本、效益有较大的影响，采用科学合理的方法来优化配送路线，是配送活动中非常重要的一项工作。选择配送路线的方法有许多。配送路线要根据配送货物的数量、特性，客户的地理位置、距离，以及交通状况、运送成本、客户对配送服务的时间要求等因素具体确定。

（六）配送合理化分析

对于配送合理与否的判断，是配送决策系统的重要工作内容。目前国内外尚无一定的技术经济指标体系和判断方法，一般来说可以从库存标志、资金标志、成本和效益、供应保证等标志来进行分析。

（七）配送成本分析

配送中心承担了物流企业绝大部分乃至全部的物流任务，因此其物流成本管理实际上是把企业的利润目标具体化，这便要求推行以预算管理为核心的物流成本计划和统筹管理，并通过成本差异分析发现问题，提出解决问题的方法。

三、配送路线的选择与优化

由于配送活动一般都面对多个固定或非固定客户，并且这些客户坐落地点各不相同，送货时间和配送数量也都不尽相同，如果不进行运输路线的合理规划，往往会出现不合理运输现象，如迂回运输、重复运输、重复装卸等，从而造成送货时间的耽误、送货成本的增加，乃至配送服务水平也难以提高。因此，采取科学的方法对配送路线进行合理的优化组合是配送活动中非常重要的一项工作。

（一）配送路线的选择

1. 配送路线方案目标的选择

（1）以配送效益最高为目标。

在选择以配送效益最高为目标时，一般是以企业当前的效益为主要考虑因素，同时兼顾长远的效益。效益是企业整体经营活动的综合体现，可以用利润来表示，在计算时是以利润的数值最大化为目标值的。

（2）以成本最低为目标。

成本和配送路线之间有密切的关系，企业在计算各配送路线的运送成本时需要结合运输成本、装卸搬运成本、包装成本等进行综合考量，最终确定送货总成本。由于成本对最终效益起决定作用，选择成本最低为目标实际上还是选择了以效益为目标。

（3）以路程最短为目标。

如果成本和路程相关性较强，而和其他因素相关性不强时，企业就可以以路程最短为目标，这可以大大简化计算，而且也可以避免许多不便于计算的影响因素。需要注意的是，有时候路程最短并不见得成本就最低，如果道路条件、道路收费影响了成本，单以路程最短为最优解则不一定合适。

（4）以吨公里最小为目标。

吨公里最小通常是长途运输或是采取共同配送方式时所选择的目标，在多个发货站、多个收货站、整车发货的条件下，以吨公里最小为目标可以取得满意的结果。节约里程法中所确定的配送目标就是以吨公里最小为目标。

（5）以准时性最高为目标。

准时性是配送活动中重要的服务指标，以准时性最高为目标就是要将各客户的时间要求和配送顺序协调起来，这样有时难以顾及成本问题甚至需要牺牲一定的成本来满足准时性要求。需要注意的是，这时总成本始终应控制在目标范围内，不能失控。

（6）以劳动消耗最低为目标。

以能耗最低、司机人数最少、司机工作时间最短等劳动消耗最低为目标确定配送路线也很常见，这主要是企业在特殊情况下（如供油异常紧张、油价非常高、意外事故引起人员减员、某些因素导致配送司机人数减少等）所做出的选择。

2. 确定配送路线的约束条件

以上目标在实现时都受到许多条件的约束，只有满足这些约束条件才能实现目标。

（1）路线允许通行的时间限制。

某些路段在限定的时间范围内，不允许某种类型的车辆通行，企业在确定配送路线时应当考虑这一因素。

（2）运输工具最大装载能力的限制。

最大装载能力的限制包括载重量的限制和装载容积的限制。运输途中需要保证货物的安全，企业在安排货物的配送路线时应明确货物的重量或者体积不超过所使用运输工具的最大装载能力。

（3）配送中心的能力的限制。

配送中心的能力包括运输和服务这两个方面的能力。运输能力是指提供适当的专门化车辆的能力，如温度控制能力、侧面卸货能力等；服务能力包括编制时间表和开发票、在线装运跟踪以及储存能力。

（4）自然因素的限制。

自然因素主要包括气象条件、地形条件。尽管现代运输手段越来越发达，自然因素对于运输的影响已相对减少，自然因素仍是不可忽视的影响因素之一。例如，突然发生的地陷导致正常的运输道路毁坏，企业在进行配送路线的规划时应考虑替代路线。

（5）其他不可抗力因素所产生的风险。

其他不可抗力主要指法律的颁布、灾害的发生等。这些因素有时会带来很严重的后果，为了规避风险应当对这些因素进行充分估计并购买相应的保险。

（二）配送路线的优化

在配送路线设计中，当从一个配送中心向一个特定客户进行专门送货时，从物流的角度看，客户需求量接近或大于可用车辆的定额载重量，须专门派一辆或多辆车一次或多次送货。货物的配送力求多装快跑、选择最短配送路线，以节约时间和费用，提高配送效率，也就是寻求物流网络中的最近距离的问题。

1. 经验判断法

经验判断法是指利用司机的经验来选择配送路线的一种主观判断方法。一般是以司机习惯行驶路线和道路行驶规定等为基本标准，拟订几个不同方案，然后通过倾听有经验的司机和配送人员的意见，或者直接由配送人员凭经验做出判断。这种方法的成效取决于决策者对运输车辆、客户的地理位置与交通路线情况的掌握程度以及决策者的分析判断能力与经验。尽管这种方法缺乏科学性、易受掌握信息的详细程度限制，但其运作方式简单、决策快速和方便。企业通常在配送路线的影响因素较多，难以用某种确定的数学关系表达时，或难以依靠某一种依据评定时采用这种方法。

2. 节约里程法

随着配送的复杂化，配送路线的优化一般要结合数学方法和计算机求解的方法来进行。节约里程法是目前优化配送方案中比较成熟的方法。

利用节约里程法确定配送路线的主要出发点是根据配送中心的运输能力（包括车辆的多少和载重量）和配送中心到各个客户以及各个客户之间的距离来制订以总吨公里数最小为目标的配送方案。

节约里程法的基本原理如图 6-8（a）所示，三角形的三个顶点分别为 P、A、B。P

为配送中心，它分别向客户 A 和 B 送货。三者相互之间道路距离分别为 a、b、c，即三角形的三个边长。送货时最直接的方法是两辆汽车分别为 A、B 两个客户配送，此时，如图 6－8（b）所示，车辆的实际运行距离为 $2a+2b$。然而，如果按图 6－8（c）所示，改用由一辆车巡回配送，则实际运行距离为 $a+b+c$。如果道路没有什么特殊情况时，可以节省的车辆运行距离为 $(2a+2b)-(a+b+c)=a+b-c$。根据三角形两边之和大于第三边的原理，$a+b-c>0$，这个节约量被称为节约里程。

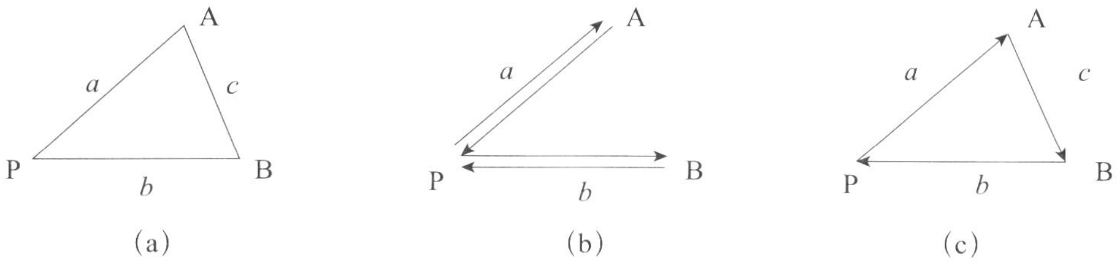

图 6－8　节约里程法

根据节约里程法的基本原理，如果有一个配送中心 P，分别向 N 个客户配送货物，在汽车载重能力允许的前提下，每辆汽车的配送路线上经过的客户个数越多，总配送距离越小，配送路线越合理。

例题：由配送中心 P 向 A～I 共 9 个客户配送货物。图 6－9 中连线上的数字表示公路里程（km）。靠近各客户括号内的数字，表示各客户对货物的需求量（t）。配送中心备有 2t 和 4t 载重量的汽车，且汽车一次巡回行驶里程不能超过 35km，设送到时间均符合客户要求，求该配送中心的最优送货方案。

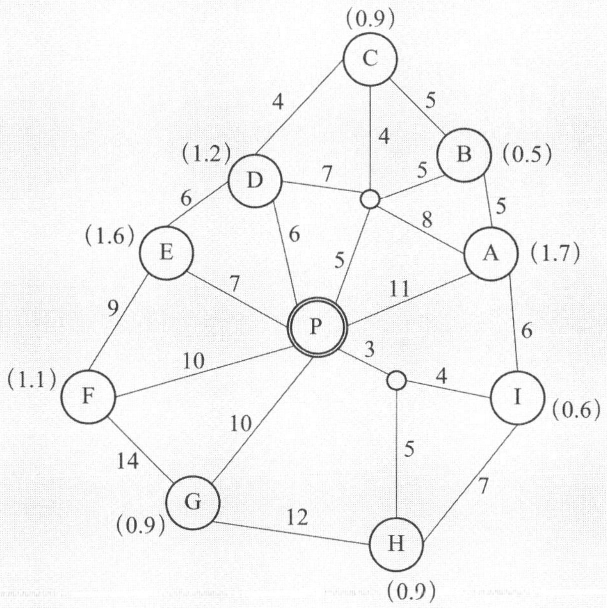

图 6－9　配送货物图

计算配送中心至各客户以及各客户之间的最短距离，列表得最短距离如表 6-1 所示。

表 6-1 最短距离表

	P	A	B	C	D	E	F	G	H	I
P		11	10	9	6	7	10	10	8	7
A			5	10	14	18	21	21	13	6
B				5	9	15	20	20	18	11
C					4	10	19	19	17	16
D						6	15	16	14	13
E							9	17	15	14
F								14	18	17
G									12	17
H										7
I										

利用节约里程法计算出各客户之间的节约里程，编制节约里程表如表 6-2 所示。

表 6-2 节约里程表

	A	B	C	D	E	F	G	H	I
A	0	16	10	3	0	0	0	6	12
B		0	14	7	2	0	0	0	6
C			0	11	6	0	0	0	0
D				0	7	1	0	0	0
E					0	8	0	0	0
F						0	6	0	0
G							0	6	0
H								0	8
I									0

将节约里程表从大到小排列，列出节约里程排序表，如表 6-3 所示。

表 6-3 节约里程排序表

顺序号	里程	节约里程	顺序号	里程	节约里程	顺序号	里程	节约里程
1	A-B	16	6	H-I	8	10	F-G	6
2	B-C	14	8	B-D	7	10	G-H	6
3	A-I	12	8	D-E	7	15	A-D	3
4	C-D	11	10	A-H	6	16	B-E	2
5	A-C	10	10	B-I	6	17	D-F	1
6	E-F	8	10	C-E	6	—	—	—

最佳配送路线如图 6－10 所示，2 辆 4t 载重量的汽车和 1 辆 2t 载重量的汽车分 3 条路线配送最佳，总共行走里程 88km。

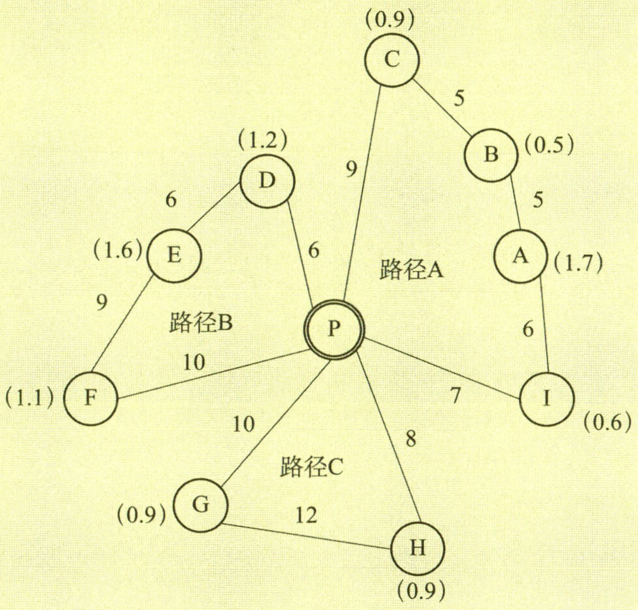

图 6－10 最佳配送路线示意图

四、车辆配载

视频

配载作业

节约里程法可以帮助我们确定配送路线，路线的确定意味着送货顺序的确定，送货顺序对装车顺序有很大的影响。一般情况下，车辆配载遵循先送后装的原则。但在实际送货作业中，要考虑的因素是多方面的，如货物性质、货物种类，不同货物对装卸、受力、防震要求各不相同，同时要考虑车辆体积和载重量两个维度的限制，保证车辆的载重量和体积既能得到有效利用，又便于装卸，不会损坏货物，达到充分发挥运能、节省运力、降低配送费用的目的。

（一）车辆配载的原则

（1）尽可能多地装入货物，充分利用车辆的有效容积和载重量。

（2）装入货物的总体积不超过车辆的有效容积。

（3）装入货物的总重量不超过车辆额定载重量。

（4）重不压轻，大不压小。轻泡货应该放在重货上面，包装强度差的应该放在包装强度好的货物上面。

（5）货物堆放时保持平衡，以免发生翻车事件。

（6）尽量做到先送后装，同一车辆中有目的地不同的货物时，要把先到站的货物放在易于装卸的位置，后到站的货物放在里面和下面，避免发生反复装卸搬运的情况。

（7）货与货之间、货与车辆之间应该留有适当空隙并适当衬垫，防止货物损坏。

（8）货物的标签朝外，以方便装卸。

（9）装货完毕，应该在门端处采取适当的稳固措施，防止开门卸货时货物倾倒造成货损或者人身伤亡。

（二）车辆配载的注意事项

（1）为了减少或避免差错，尽量把外观相近，容易混淆的货物分开装载。

（2）不将散发异味的货物与具有吸收性的货物混装。

（3）切勿将渗水货物与易受潮货物一同存放。

（4）包装不同的货物应分开装载，如板条箱货物不要与纸箱、袋装货物堆放在一起。

（5）具有尖角或其他突出物的货物应和其他货物分开装载或用木板隔离，以免损伤其他货物。

（6）尽量不将散发粉尘的货物与清洁货物混装。

（7）危险货物要单独装载。

项目小结

本项目首先介绍了智慧配送的概念、配送的要素和分类的内容；接着介绍了配送作业的含义与基本环节、配送路线的选择与优化、车辆配载等内容。通过本项目的学习，希望同学们能够加深对智慧配送的认识，为今后从事配送工作打下基础。

同步练习

一、判断题

1. 配送是一种物流业务，因此物流是编制配送作业计划的依据。（　　）
2. 了解物流配送作业流程为配送作业计划的编制奠定了基础。（　　）
3. 即时配送成本较高，但它是整个配送合理化、客户实行零库存的重要保证。（　　）
4. 配送中心业务流程中的第一步是采购部/信息部向供应商发出采购订单。（　　）
5. 配送作为一种现代流通组织形式，具有集商流、物流、信息流于一身的功能。（　　）

二、单选题

1. 配送将物流和（　　）紧密结合起来。

A. 装卸　　B. 供应链　　C. 商流　　D. 仓储

2. 将分散的或小批量的商品集中起来，以便进行运输、配送的作业称为（　　）。

A. 集货　　B. 分货　　C. 存货　　D. 流通

3. 使用各种拣选设备和传输装置，将存放的商品，按客户要求分拣出来，配备齐全，送入指定发货地点是（　　）。

A. 配货　　B. 集货　　C. 存货　　D. 分货

4. 配送运输是较短距离、较小规模、额度较高的运输形式，一般使用（　　）做运输工具 。

A. 汽车　　B. 火车　　C. 轮船　　D. 飞机

5. 在配送中，配送加工这一功能要素（　　）。

A. 具有普遍性　　B. 不具有普遍性

C. 是每个配送中心必备的　　D. 是没有利润的

6. 配送以（　　）为出发点。

A. 自身的需要　　B. 市场规模　　C. 客户要求　　D. 货物特点

7. 关于流通加工的理解，正确的是（　　）。

A. 流通加工的对象是不进入流通过程的商品，不具有商品的属性，因此流通加工的对象不是最终产品，而是原材料、零配件、半成品

B. 一般来讲，如果必须进行复杂加工才能形成人们所需的商品，那么这种复杂加工应专设生产加工过程，而流通加工大多是简单加工而不是复杂加工，因此流通加工可以是对生产加工的取消或代替

C. 从价值观点看，生产加工的目的在于创造价值及使用价值，而流通加工则在于完善其使用价值并在不作大改变情况下提高价值

D. 流通加工的组织者是从事流通工作的人，能密切结合流通的需要进行这种加工活动，从加工单位来看，流通加工与生产加工则都由生产企业完成

8. 在节约里程法的计算中，配送路线的目标是（　　）。

A. 以效益最高为目标　　B. 以成本最低为目标

C. 以路程最短为目标　　D. 以吨公里最小为目标

9. 不属于确定配送路线的约束条件的是（　　）。

A. 满足收货人时间要求　　B. 在允许通行的时间配送

C. 各路线货物量不超过车辆限制　　D. 配送成本的限制

10. 在多对多的配送模式下，最终考虑的是选择以（　　）来完成配送任务。

A. 最快的速度　　B. 最短的路径　　C. 最省的费用　　D. 最高的效益

三、简答题

1. 简述节约里程法的基本原理。

2. 简述配送作业的基本环节。

3. 配载的原则是什么?

四、案例分析

某连锁零售店下设有一个配送中心 P 和 10 个连锁分店 A～J，配送中心和各连锁分店及各连锁分店之间的位置关系如图 6－11 所示，两点间连线上的数字为两点间的路线长度（km)。各连锁分店对某种商品的需求量如表 6－4 所示，该商品由配送中心统一采购并进行配送。配送中心备有 2t 和 4t 的汽车，限定送货车辆一次巡回行驶距离不超过 35km。

请思考:

设送到时间均符合连锁分店的要求，用节约里程法求得的配送中心的最优送货方案是什么?

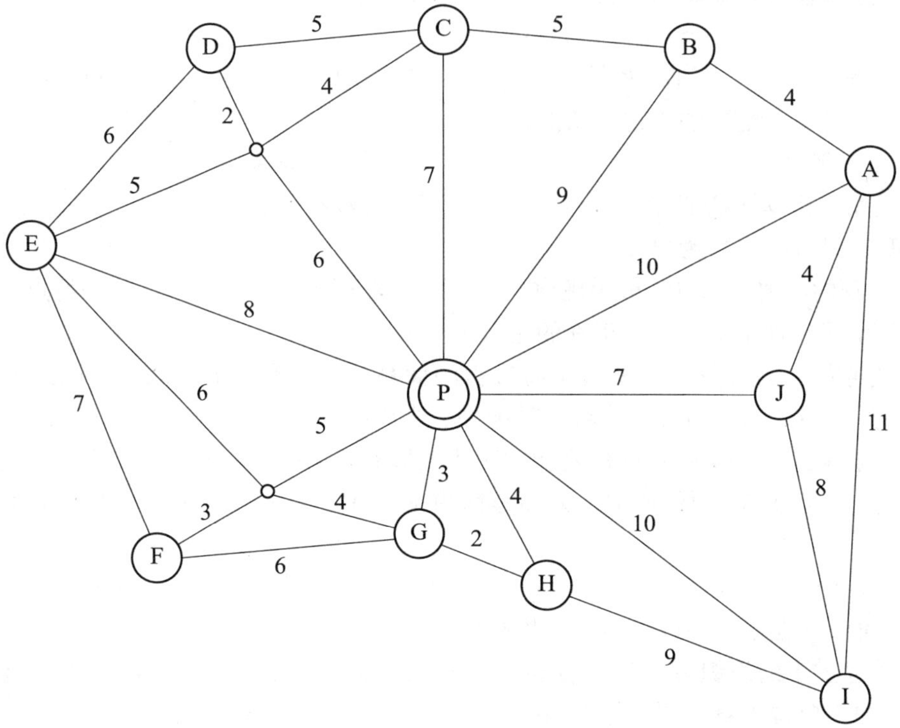

图 6-11 配送中心和各连锁分店及各连锁分店之间的位置关系图

表 6-4 各连锁分店对某种商品的需求量

维度	A	B	C	D	E	F	G	H	I	J	合计
数量（件）	4	5	4	5	3	2	6	5	4	3	41
重量（t）	0.32	0.40	0.32	0.40	0.24	0.16	0.48	0.40	0.32	0.24	3.28

项目七
智慧配送中心

学习目标

※ 知识目标

1. 了解配送中心的类型和功能
2. 理解配送中心规划与设计的相关内容

※ 能力目标

1. 能解释配送中心规划与设计的原则、目标
2. 掌握配送中心选址的方法
3. 掌握配送中心规划与设计的步骤

※ 素养目标

1. 培养责任心，加强专业建设，适应智慧配送中心的发展
2. 有社会担当，立志成为社会急需的物流人才

案例引入

2023 年 8 月 8 日，西海岸新区智慧中药熬制配送中心正式启动运营（见图 7 - 1）。该中心由青岛西海岸医疗健康发展集团投资建设，是青岛市首个集中药饮片仓储、调剂、熬制、配送于一体的智能化、信息化的智慧中药熬制配送中心。该中心总面积 2 000m^2，能同时存储 300 余种常用中药饮片，日处理煎煮药方量达 1 500 方，可完全满足全区医疗机构中药处方煎煮日需量。

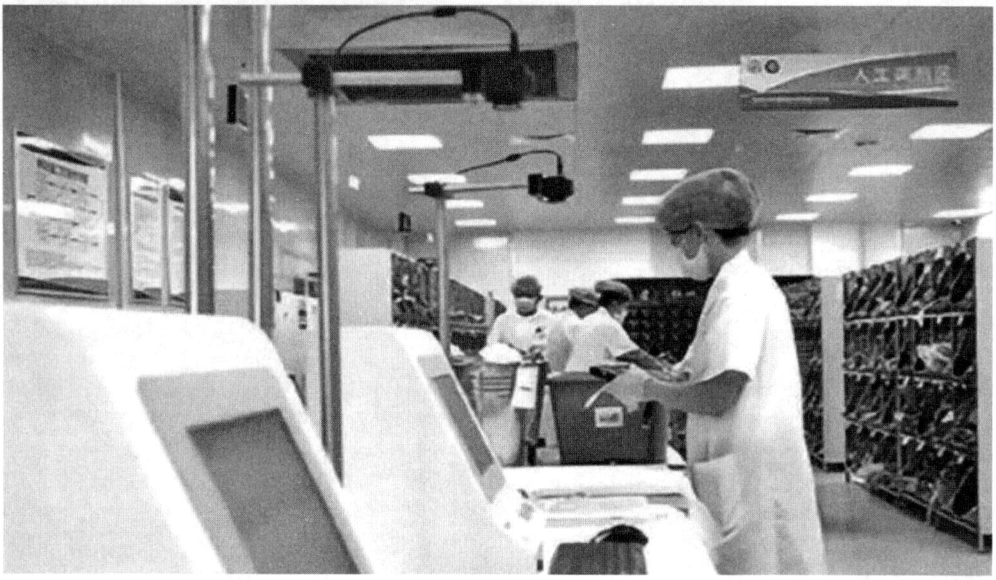

图 7 - 1　西海岸新区智慧中药熬制配送中心内部场景

"'智慧中药熬制配送中心'作为政府指导、企业市场化运营的一项利民工程，不仅为医疗机构省去了饮片采购、储存、调剂、煎煮、分装的人工成本及物理空间，更为患者节约了取药、熬药等药事的繁复和忙乱。"青岛西海岸医疗健康发展集团有限公司领导在致辞中表示，中心还能为医疗机构及患者提供当日达、次日达的配送服务。西海岸新区智慧中药熬制配送中心硬件设施先进、功能齐备、质控体系完善，能满足先煎后下、火力调控、一煎二煎等传统煎药要求，同时，还能够实现全流程药品煎煮质量溯源，聚焦"不想煎、不会煎"的中药用药痛点，解决中医药服务"最后一公里"问题。另外，该中心用物联网、互联网、云计算及大数据等技术，整合线上线下资源，打通了"接方—配药—复核—浸泡—煎药—包装—配送"的一体化、智慧化流程，建立多重复核关卡的全流程质控体系，倾力为患者提供专业、安全、可及的煎药与配送服务。

下一步，青岛西海岸医疗健康发展集团有限公司将进一步优化智慧中药熬制配送中心的流程和服务，与更多医疗机构达成智慧中药服务合作，共同为西海岸新区及周边百姓提供个性化、便捷化、共享化、精准化、智能化的中医药健康服务，实现患者方便看中医、放心用中药，助力西海岸新区中医药发展。

任务一　智慧配送中心概述

情境导入

随着城市人口的不断增长和经济的飞速发展，城市物流配送压力日益加大，同时，城市交通拥堵、环保压力、配送效率低下等问题也越发突出。为解决以上问题，智慧城市配送中心建设方案应运而生，智慧城市配送中心建设方案为城市物流配送提供更快、更准、更优、更绿的服务。随着“互联网+”时代的到来，物流行业也迎来了前所未有的机遇与挑战。智慧物流管理将成为未来物流发展的重要趋势，而配送中心的设计将会起到至关重要的作用。

任务分解

1. 了解配送中心的概念、功能
2. 了解配送中心的类型

素养园地

智慧配送中心在缓解交通压力、提高物流配送效率和配送质量等方面发挥了重要作用，物联网、人工智能等技术促进了智慧配送中心的快速发展，新时代的物流业人才必须具备创新理念和能力，推动智慧配送中心发展新模式，希望同学们在学习中有所知、有所悟。

知识准备

一、配送中心的概念和类型

（一）配送中心的概念

视频

配送中心概述

配送中心就是专业从事商品配送活动的物流场所和经济组织，是集加工、理货、送货等多种职能于一体的多功能、集约化的物流据点。

根据中华人民共和国国家标准《物流术语》（GB/T 18354—2021），配送中心被定义为：具有完善的配送基础设施及信息网络，可便捷地连接外部交通运输网络，并向末端客户提供短距离、小批量、多批次配送服务的专业化配送场所。配送中心应基本符合下列要求：（1）主要为特定客户或末端客户提供服务；（2）配送功能健全、辐射范围小；（3）多品种、小批量、多批次、短周期。

配送中心在以下几个方面发挥着重要的作用：（1）减少交易次数和流通环节；（2）产生规模效益；（3）减少客户库存、提高库存保证程度；（4）与多家厂商建立业务合作关系，能够迅速有效地反馈信息，控制商品质量。配送中心是现代电子商务活动中开展配送活动的物质技术基础。

（二）配送中心的类型

1. 按配送中心的经济功能分类

（1）供应型配送中心。

供应型配送中心是专门向某些客户供应商品、充当供应商角色的配送中心。其服务对象主要是生产企业和大型商业组织（超级市场或联营商店），配送中心所配送的商品以原材料、半成品为主，客观上起着供应商的作用。这些配送中心类似于客户的后勤部门，故属于供应型配送中心。那些接受客户委托、专门为生产企业配送零件部件以及专为大型商业组织供应商品的配送中心，均属于供应型配送中心。

（2）销售型配送中心。

以销售商品为主要目的、以开展配送为手段而组建的配送中心，称为销售型配送中心。在竞争日趋激烈的市场环境中，许多生产者和商品经营者为了扩大自己的市场份额，采取了种种降低流通成本和完善服务的方法，包括代替客户（或消费者）理货、加工和送货等，同时，组建了专门从事加工、拣货、配货、送货等活动的配送组织——配送中心。

（3）储存型配送中心。

这是一种有很强储存功能的配送中心。实践证明，大范围、远距离、高水平地开展配送活动客观上要求配送中心储存一定数量的商品。有一批大型配送中心是在发挥储存作用的基础上组织、开展配送活动的，这样的配送中心多起源于传统的仓库。

2. 按物流设施的归属分类

（1）自有型配送中心。

作为一种物流组织，配送中心是企业或企业集团的一个有机组成部分，原材料仓库和成品仓库在内的各种物流设施和设备归一家企业或企业集团所有。通常，这样的配送中心是不对外提供配送服务的。

（2）公共型配送中心。

这类配送中心是面向所有客户提供后勤服务的配送组织。只要支付服务费，任何个人或组织都可以使用这种配送中心。这种配送中心一般是由若干家生产企业共同投资、共同持股和共同管理的经营实体。在国外，也有个别的公共型配送中心是由私人（或某个企业）投资建立和独资拥有的。

（3）合作型配送中心。

这种配送中心是由几家企业合作兴建、共同管理的物流设施，多为区域性配送中心。合作型配送中心既可以是企业之间联合发展的，如中小型零售企业联合投资兴建，实行配送共同化；也可以是系统或地区规划建设的，可以达到本系统或本地区内企业共同配送的目的；还可以是多个企业、系统、地区联合共建的，可以形成辐射全社会的配送网络。

3. 按服务范围和服务对象分类

（1）城市配送中心。

城市配送中心是向城市范围内的众多客户提供配送服务的物流组织，城市客户密度大，客户与客户间的距离短，通过汽车进行配送业务，能够实现“门到门”服务。城市配送中心的服务对象大多为城市内的零售商、连锁店和生产制造企业。城市配送中心在降低城市交通拥堵、缓解城市环保压力、提高物流配送效率、提高物流配送质量、为城市发展提供新动能等方面具有重要意义。

（2）区域配送中心。

区域配送中心辐射能力强，活动范围大，可以跨市、跨省完成配送作业。区域配送中心有 3 个基本特征：其一，经营规模比较大，设施和设备齐全，并且数量较多、活动能力强。其二，配送的商品批量比较大而批次较少。其三，区域配送中心虽然也从事零星的配送活动，但其不是主要业务。很多区域配送中心常常向城市配送中心和大型企业配送商品。

4. 按运营主体的不同分类

（1）以制造商为主体的配送中心。

这种配送中心里的商品是由制造商自己生产制造的，这样可以降低流通费用，提高售后服务质量，及时地将预先配齐的成组元器件运送到规定的加工和装配工位。虽然以制造商为主体的配送中心按照现代化、自动化的配送中心设计比较容易，但不符合社会化的要求。

（2）以批发商为主体的配送中心。

以批发商为主体的配送中心一般是按部门或商品类别的不同，把各个制造厂的商品集中起来，然后以单一品种或搭配形式向消费地的零售商进行配送。这种配送中心的商品来自各个制造商，它所进行的一项重要的活动便是对商品进行汇总和再销售，而它的全部进货和出货都是社会配送，社会化程度高。

（3）以零售商为主体的配送中心。

零售商发展到一定规模后，就可以考虑建立自己的配送中心，为专业商品零售店、超级市场、百货商店、建材商场、粮油食品商店、宾馆饭店等服务，其社会化程度介于前两者之间。

（4）以仓储运输业者为主体的配送中心。

这种配送中心的运输配送能力十分强大，而且一般占据的位置十分优越，如港口、铁路和公路枢纽，可迅速将到达的商品配送给客户。它提供仓储货位给制造商或供应商，而配送中心内的商品仍属于制造商或供应商所有，配送中心只是提供仓储管理和运输配送服务。这种配送中心的现代化程度往往较高。

二、配送中心的功能

配送中心是专门从事货物配送活动的经济组织，也是集加工、理货等诸多功能于一体的物流据点。从理论上说，配送中心具备如下功能。

（一）集散功能

配送中心凭借其在物流网络中的枢纽地位和拥有的各种先进设施设备，能将分散在各地的生产厂商的商品集中到一起，经过分拣、配装后向众多客户发送。与此同时，配送中心也可以把各个客户所需的多种商品有效地组合配载，形成经济合理的货运批量。

（二）运输功能

配送中心需要自己拥有或租赁一定规模的运输工具。具有竞争优势的配送中心拥有覆盖全国的网络。配送中心首先应该负责为客户选择满足需要的运输方式，然后具体组织网络内部的运输作业，在规定的时间内将客户的商品运抵目的地。除了在交货点交货时需要客户配合，整个运输过程，包括最后的室内配送，都应由配送中心负责组织，以尽可能方便客户。

（三）储存功能

为了顺利而有序地完成向客户配送商品的任务，配送中心都要兴建现代化的仓库并配置一定数量的仓储设备，存储定量的商品。但客户需要的不是在配送中心储存商品，而是要通过仓储来保证市场销售活动的开展，同时尽可能降低库存占压的资金，减少储存成本。

（四）装卸搬运功能

这是为了加快商品在配送中心的流通速度而必须具备的功能。公共配送中心应该配备专业化的装卸搬运机具，以提高装卸搬运作业效率，减少配送作业对商品造成的伤害。

（五）分拣功能

作为物流节点的配送中心，其服务对象有的能达到数百家。由于经营特点和商品的物流方式不同，不同客户在订货或进货时，会对商品的种类、规格、数量等提出不同的要求。为了能有效地开展配送、适应市场需要，配送中心必须采取适当的方式、技术和设备对接收的商品进行分拣作业，同时向不同的客户配送多种商品。

（六）衔接功能

通过开展货物配送活动，配送中心把各种商品运送到广大客户手中，客观上起到了联系产销、平衡供求的衔接作用，架起了相互沟通的桥梁。

（七）流通加工功能

为了扩大经营范围和提高配送水平，许多配送中心都配备了各种加工设备，由此形成了一定的加工能力。配送中心按照客户的要求与合理配送的原则，将组织进来的商品加工成一定规格、尺寸和形状，既大大方便了客户，省去了不少烦琐的劳动，也有利于提高资源利用率和配送效率。

（八）物流信息处理功能

由于配送中心现在已经离不开计算机，因此将各个物流环节中的各种物流作业的信息进行实时采集、分析、传递，并向客户提供各种作业明细信息及咨询信息是相当重要的。

（九）需求预测功能

自有配送中心经常负责根据配送中心商品进货、出货信息来预测未来一段时间内的商品进出库量，进而预测市场对商品的需求。

任务二 智慧配送中心规划与设计

情境导入

物流效率的高低决定着企业的竞争力和利润增长情况。仓储是现代物流产业链中不可或缺的一环，高效合理的仓储可以帮助企业加快商品流通速度、降低成本、保障交易的顺利进行，并实现对资源的有效控制和管理。近年来，信息化、物联网、射频识别等技术在物流行业中的不断运用，让智慧物流开始在我国慢慢普及。如何运用先进物流技术，帮助物流企业以最小成本提供高质、高效的仓储服务，成为各大物流企业关注的重点。

任务分解

1. 理解配送中心规划与设计的原则和目标
2. 掌握配送中心规划与设计的步骤
3. 理解不同因素对配送中心选址的影响，掌握配送中心选址的程序

素养园地

智慧配送中心规划与设计需要考虑全面，物流人才必须具备系统观、全局观和较强的逻辑思维能力，结合高新技术，推动配送中心发展。

知识准备

配送中心的建设是一项大规模、高投资、长周期、大范围的系统性工程，是一种长

远的总体发展计划。对于这样一个复杂的系统性工程，规划与设计就是决定其成败的关键。

一、智慧配送中心设施

配送中心的设施分为内部设施和外部设施。配送中心的内部设施一般是由信息中心与仓库构成的。信息中心起着汇集信息并对配送中心进行管理的作用。仓库根据各部分不同的功能又可分为不同的作业区。配送中心外部设施主要有停车场和配送中心内道路等。下面主要介绍内部设施。

（一）信息中心

信息中心指挥和管理着整个配送中心，它是配送中心的中枢神经。它的功能是：对外负责收集和汇总各种信息，包括门店的销售、订货信息，以及与部分直接供应商联网的信息，并根据这些信息作出相应的决策；对内负责协调、组织各种活动，指挥调度各部门的人员，共同完成配送任务。信息中心一般是和办公室结合在一起的。

（二）收货区

在这个作业区内，工作人员须完成接收货物的任务和货物入库之前的准备工作，如卸货、检验等工作。由于货物在接货区停留的时间不是很长，并处于流动状态，因此收货区的面积相对来说都不算太大。收货区的主要设施有：验货用的电脑、验货场区和卸货工具。

（三）储存区（保管区）

在这个作业区里分类储存着验收后的货物。储存区一般分为暂时储存区和常规储存区。

由于货物需要在这个区域内停留一段时间，并要占据一定位置，因此相对而言，储存区所占的面积比较大。在储存区一般都建有专用的仓库，并配置各种设备。其中包括：各种货架、叉车等设施、设备。从位置上看，有的储存区与接货区连在一起，有的与接货区分开。

（四）理货区

理货区是工作人员进行拣货和配货作业的场所。理货区面积大小各异。一般来说，拣货和配货工作量大的配送中心，其理货区面积较大。如负责对便利店进行配送的配送中心，按便利店的特点、要求，不但要对货物进行拆零，还要完成向多家门店少批量、多批次进行配送，所以这样的配送中心的理货区的面积较大。

与其他作业区一样，在理货区内也配置着许多专用设备和设施。如果是以人工完成拣选任务的，一般有手推货车、货架等。如果采用自动拣选装置，其设施、设备包括货架、传送装置、自动分拣装置、升降机等。

（五）配装区

由于种种原因，有些分拣出来并配备好的货物不能立即发送，而是需要集中在某一场所等待统一发货，这种放置和处理待发货物的场所就是配装区。在配装区内，工作人员要根据每个门店的位置、货物数量进行分放、配车和选择单独装运还是混载同运。因为货物在配装区内停留时间不长，所以货位所占的面积不大，配装区的面积比储存区小得多。需要注意的是，有一些配送中心的配装区与发货区合在一起，称为分类区，因此配装作业常融合于其他相关的工序中。

此外，配装作业主要是分放货物、组配货物和安排车辆等，因此在这个作业区除了只有配装计算工具和小型装卸机械、运输工具，没有什么特殊的大型专用设备。

（六）发货区

发货区是工作人员将组配好的货物装车外运的作业区域。

（七）加工区

有些配送中心要对鲜活食品进行配送，因此配送中心在结构上除了设置一般性的作业区，还设有加工区。在这个区域内对收进的生鲜食品进行加工，如去除蔬菜老叶、清洗蔬菜等。

二、配送中心规划与设计的原则和目标

（一）配送中心规划与设计的原则

1. 系统最优原则

由于各种物流活动成本常常表现出相互冲突的特征，因此在进行配送中心规划时，企业应追求系统总成本最优，而不能是单项成本最优；不能只考虑某个部门、某项物流活动的效益，而应该追求配送系统整体效益。企业必须高度重视各作业环节之间紧密衔接、互相适应。

2. 满足使用要求原则

配送中心的总体规划设计要遵循适用的原则。适用就是总体设计要能满足各种类型的配送中心的共同使用要求。虽然各种类型的配送中心储存的商品和配送方式不同，但在使用上都有一个共同的要求，那就是既要方便收发货和养护管理工作的展开，又能保证商品进出迅速。

3. 价值工程原则

建造配送中心耗资巨大，因此企业必须对建设项目进行可行性研究，并多做技术性、经济性比较，以获得最大的经济效益和社会效益。例如，配送中心总体规划设计应布局紧凑，既能保证建筑物之间有必要的间距，又能节省用地，以减少建设投资；同时，总体规划设计要有利于各种设施、设备效能的充分发挥，保证各种设施设备的有效

利用，提高劳动效率和配送中心的经济效益。

4. 尽量实现工艺、设备、管理科学化的原则

近年来，配送中心均广泛采用计算机进行物流管理和信息管理，大大加速了商品的流转，提高了经济效益和现代化管理水平。同时，配送中心要合理地选择、组织、使用各种先进机械化、自动化物流设备，以充分发挥多功能、高效益的特点。

5. 适度超前的原则

配送中心是规模大、投资高、涉及面广的系统性工程，一旦建成很难变动，因此应具有适当的超前性。规划配送中心时，无论是建筑物、信息系统的设计，还是机械设备的选择，都要考虑有较强的应变能力和柔性化程度，以适应物流量增大、经营范围拓展的需要。

（二）配送中心规划与设计的目标

配送中心的规划与设计是基于物流合理化和满足市场需要而开展的，其限制因素主要包括预定的时间进程、预期可使用的人力资源、预期使用的年限、计划预算资金及来源、预定的设置地点及土地取得的可行性、预期投资效益的水平等。考虑上述因素，配送中心规划应达到的总体目标是：

1. 效益最大化

效益最大化是配送中心规划与建设的首要目标。经济效益最大化有两种实现的途径：一是物流服务价格的提高；二是物流服务成本的降低。二者有时存在冲突，因此配送中心在规划与设计的过程中应该根据自身的发展战略，对影响规划与设计的因素进行分析，合理选择规划方案。

2. 服务最优化

提供优质高效的物流服务是配送中心利润的源泉。规划建设的配送中心只有提供适时适量的配送服务、提高配送组织的反应速度，才能获得更多的客户，进而扩大市场占有率。

3. 规范作业、流程自动化

配送中心的规划必须强调作业流程、作业运作的标准化和程序化，使复杂的模式变成简单的、易于推广与考核的运作模式。

4. 管理法制化、经营市场化

规划建设的配送中心不仅要在法律制度上健全、规范，而且在具体经营时注重市场机制，即无论是企业自己组织物流配送，还是委托社会化物流配送企业承担物流配送任务，都要以“服务—成本”的最佳配合为目标。

5. 柔性化、智能化

配送中心规划要融入新的经营理念和高新科技。柔性化要求配送中心根据需求，多品种、少批量、多批次、短周期地实施作业。智能化是物流系统高层次的应用，是物流作业的运筹和决策。

三、配送中心规划与设计的步骤

配送中心的规划与设计可以分成5个主要阶段，包括筹划准备阶段、总体规划设计阶段、方案评估阶段、详细设计阶段、系统实施阶段（见图7-2）。

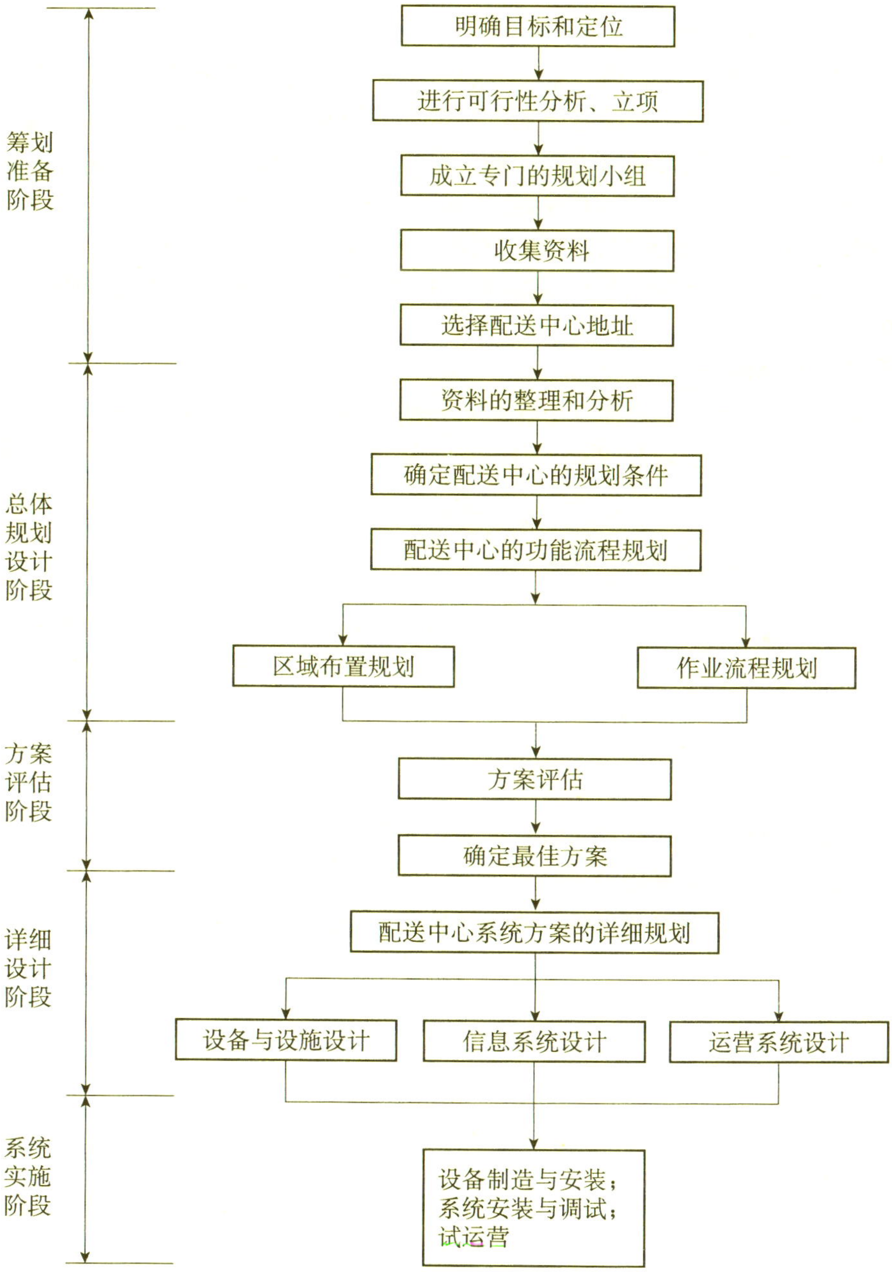

图7-2　配送中心规划与设计的步骤

（一）筹划准备阶段

配送中心规划设计的筹划准备阶段的工作主要包括对配送中心的可行性和必要性进行分析和论证、设立规划小组进行具体规划，进行基本规划的资料收集，确定配送中心的定位和目标，确定配送中心选址等。

（二）总体规划设计阶段

在配送中心的总体规划阶段，企业需要对配送中心的基础资料进行详细分析，确定配送中心的规划设计条件，在此基础上进行基本功能和流程的规划、区域布置规划和作业流程规划，根据规划制订项目进度计划、投资预算和进行经济效益分析等。配送中心总体规划阶段的主要任务包括：对收集到的基础资料进行分析、对配送中心业务能力进行规划、对配送中心的功能流程进行设计、对配送中心的平面布置进行设计、对信息系统规划进行设计、对运营设计进行设计、对进度计划进行设计、对建设成本进行概算。

（三）方案评估阶段

在基本设计阶段往往会产生几个比较可行的方案，企业应该根据各方案的特点，结合配送中心规划与设计的限制因素、目标进行综合评估，选择最为合理的一个方案后再进行详细设计。

（四）详细设计阶段

总体方案经过设计与评估之后，应该进行详细设计，本阶段主要是对配送中心作业场所的各项物流设备、运营系统与信息系统以及物流周边设施进行规划设计与布置。本阶段的主要任务包括：

（1）物流系统设备规格型号的设计。配送中心主要设计各项设备的详细规格型号和设施配置。

（2）设备面积与实际位置的设计。本阶段根据配送中心各区域规划图逐步进行分区的详细配置设计和区域内通道设计。

（3）运营系统与信息系统详细规划。本阶段完成配送中心各项作业流程和事务流程详细规划，实现合理化的物流作业；之后便可进行信息系统的功能和整体框架、设备和界面等的设计。

（4）周边设施的设计。本阶段具体工作包括配送中心发货接货站台、附近物流运输通道等的设计。

（五）系统实施阶段

为了保证系统的统一性以及系统目标与功能一致性，企业应该对参与设计的施工方所设计的内容从性能、操作、安全性、可靠性、可维护性等方面进行评价和审查，在确定承包工厂前应深入现场，对该厂生产环境、质量管理体系以及外协件管理体系等进行考察，如发现问题及时提出整改要求，在设备制造期间也需要现场了解，对质量和交货日期等进行检查。

四、配送中心的选址

视频

配送中心的分布与选址

（一）配送中心选址的原则

1. 适应性原则

选址须与经济发展特征、产品特征、需求分布、国家和地区经济发展的方针政策、国民经济和社会发展相适应。

2. 协调性原则

企业选址前要确立配送中心在物流网络大系统中的位置，选址要与整个系统相协调，同时设施设备要与物流作业生产力、技术水平等方面相一致。

3. 经济性原则

选址应当遵循总费用最低的经济性原则。

4. 战略性原则

选址应具有战略性。具体而言，一是要考虑全局，局部服从全局；二是要考虑长远，近期利益服从长远利益。

（二）配送中心选址所应考虑的因素

在配送中心的选址规划中，应对配送中心选址的影响因素进行综合分析。配送中心选址必然受到众多因素的影响，根据来源不同可分为外部因素及内部因素两大类。

1. 外部因素

自然环境因素：气象条件、地质条件、水文条件、地形条件等。

经营环境因素：客户分布、供应商分布、服务水平、物流费用等。

社会环境因素：公共设施状况、地区或城市规划、竞争对手等。

社会经济因素：产业布局、货物流向、人力资源、政策法规等。

2. 内部因素

内部因素包括企业发展战略、经营模式、产品特性、技术特点、企业资金等。

（三）配送中心选址的技巧

不同配送中心在选址时考虑的因素也不同，下面介绍经营不同商品的配送中心的选址技巧。

（1）果品蔬菜配送中心。此类配送中心应选择在进城干道附近，以免运输距离过长，商品损耗过大。

（2）冷藏品配送中心。此类配送中心常选择在屠宰厂、加工厂、养殖厂等附近。

（3）建筑材料配送中心。建筑材料配送中心通常物流量大、占地多，可能会有某些环境污染问题，因此应选择在城市边缘交通运输干线附近。

（4）燃料配送中心。石油、煤炭等燃料的配送中心应以安全为重。因为这样的配送中心一旦发生事故，危害性很大，因此适宜在城郊的独立地段选址。

（四）配送中心选址的步骤

1. 约束条件分析

配送中心选址的限制因素主要包括预定的时间进程、预期可使用的人力资源、预期使用的年限、计划预算资金及来源、预定的设置地点及土地取得的可行性、预期投资效益的水平等，企业必须在充分考虑上述因素后进行决策。

2. 收集整理资料

通过对历史资料的收集整理，企业可以获得关于物流系统现状的认识，确定配送中心服务对象的需求条件，并初步确定配送中心的选址原则。资料主要包括现行作业环境资料和未来规划需求资料。

现行作业环境资料包括：基本营运资料、商品资料、订单资料、物品特性资料、销售资料、作业流程、事务流程与使用单据、厂房设施资料、人力与作业工时资料、物料搬运资料、供货厂商资料、配送据点与分布等。

未来规划需求资料包括：营运策略与中长期发展计划、商品未来需求预测资料、品项数量的变动趋势、可能的预定厂址与面积、作业实施限制与范围、预算范围与经营模式、预期工作时数与人力、未来扩充的需求等。

3. 选定备选地址

企业根据配送中心选址的限制因素、配送中心选址原则等，选定几个比较符合规划与设计的地点。

4. 优化结果复查

直接应用定量模型得出的结果进行配送中心选址时，常常会发现理论与实际有出入。因此，企业要将其他非经济性因素考虑进去，如地形、环境、交通条件、劳动条件以及法律、行政法规等，看优化结果是否具有现实可行性。

5. 确定最终方案

如果复查发现优化结果具有可行性，企业即可将优化结果作为最终方案。如果优化结果没有通过复查，重新返回第 3 步，直至得到最终结果。

配送中心选址的步骤如图 7－3 所示。

（五）配送中心选址的方法

配送中心选址可分为多个配送中心的选址和单一配送中心的选址。多个配送中心的选址一般采用线性规划中的整数规划来求解。单一配送中心的选址是指在计划区域内设置唯一的配送中心，一般采用因素评分法、重心法、解析法等。

1. 因素评分法

因素评分法是指针对考虑因素设定分值范围，就此评分，最后将得分相加，取分值最高的地点作为配送中心的选址。表 7－1 给出了某选址问题中影响选址的因素及其分值范围。

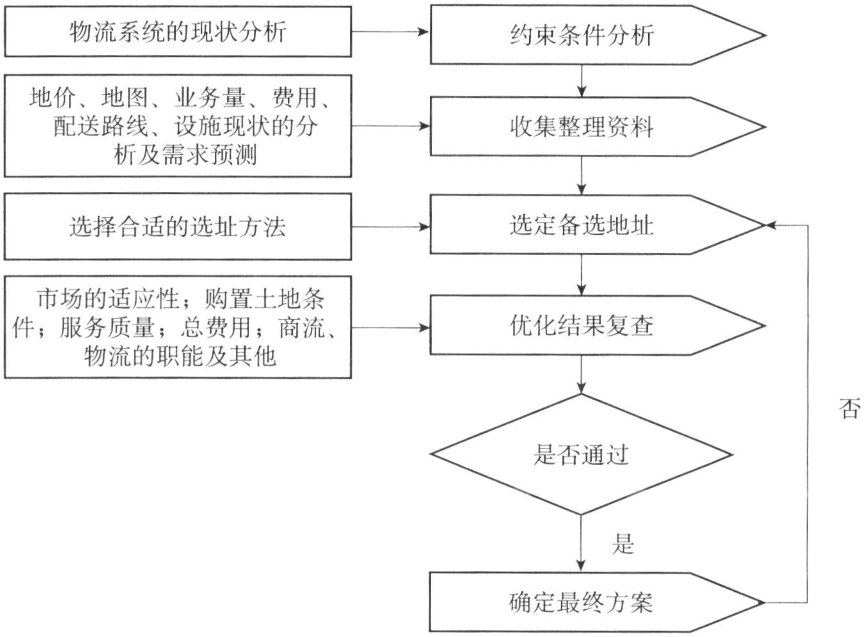

图 7－3　配送中心选址的步骤

表 7－1　影响选址的因素及其分值范围

考虑因素	分值范围
区域内货物需要量大小	0～400
周围的辅助服务设施	0～330
运输条件	0～200
配送服务的辐射区域范围	0～100
生活条件	0～100
出货	0～100
与客户距离	0～100
劳动力获取	0～30
劳动力成本	0～20
气候	0～50
供应商情况	0～200
进货	0～100
工会环境	0～50
税收	0～50
国家激励措施/法律	0～50
土地成本	0～50
公用事业费	0～10
适时管理要求	0～50

2. 重心法

重心法是将配送系统的资源点与需求点看成分布在某一平面范围内的物理系统，各资源点与需求点的物理量可分别看成物体的重量，将物体系统的重心作为配送中心的最佳位置。把客户对货物的需求量按一定比例换算成重锤的重量，用实验的方法确定重心位置，重心的位置即是配送中心的最佳位置。

如果以（x_i，y_i）表示各点的坐标，w_i表示各点的运量，c_i表示各点的运输费率，则重心的坐标为：

$$X_0=\frac{\sum_{i=1}^{n}c_iw_ix_i}{\sum_{i=1}^{n}c_iw_i}\qquad Y_0=\frac{\sum_{i=1}^{n}c_iw_iy_i}{\sum_{i=1}^{n}c_iw_i}$$

假设配送中心有三家主要客户 A、B、C，位置坐标是 A（5，20）、B（25，25）、C（20，5）。其中，配送中心到 A 的运输量为 100 单位，运费为 10 元/单位；到 B 的运输量为 200 单位，运费为 8 元/单位；到 C 的运输量为 150 单位，运费为 10 元/单位。利用重心法公式，得到配送中心选址在坐标为（18.3，16.5）的位置。

$$X_0=\frac{10\times100\times5+8\times200\times25+10\times150\times20}{10\times100+8\times200+10\times150}=18.3$$

$$Y_0=\frac{10\times100\times20+8\times200\times25+10\times150\times5}{10\times100+8\times200+10\times150}=16.5$$

3. 解析法

解析法就是用坐标和费用函数计算出从配送中心至客户费用最小的地点的方法。

设有 n 个用户，分布在不同坐标点（x，y）上，现假设配送中心 X 设置在坐标点（x_0，y_0）处（见图 7-4）。

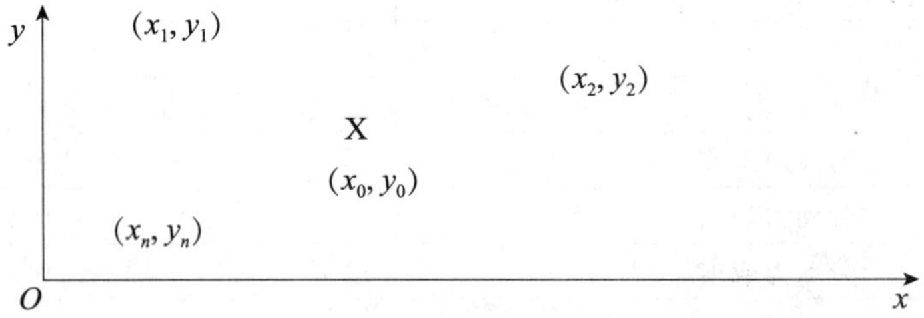

图 7-4 解析法

e_i为从配送中心地到客户 i 的运输费，则运输总额 H 为：

$$H=\sum_{i=1}^{n}e_i$$

a_i：配送中心到客户 i 的单位运输成本。

w_i：配送中心到客户 i 的运输量。

d_i：配送中心到客户 i 的直线距离。

$$d_i=\sqrt{(x_0-x_i)^2+(y_0-y_i)^2}$$

运输总额 H 为：

$$H=\sum_{i=1}^{n}d_iw_ia_i=\sum_{i=1}^{n}a_iw_i\{(x_0-x_i)^2+(y_0-y_i)^2\}^{\frac{1}{2}}$$

求得 H 为最小的配送中心的地点，即：

$$\frac{\mathrm{d}H}{\mathrm{d}x_0}=0 \qquad \frac{\mathrm{d}H}{\mathrm{d}y_0}=0$$

（x_0，y_0）即为适当选址坐标。

4. 不同方法的比较

表 7-2 是配送中心选址方法介绍，列出了不同方法的优缺点及适用范围。

表 7-2　配送中心选址方法介绍

方法	介绍	举例	优点	缺点	适用范围
解析方法	通过数学公式和逻辑推理，直接求解最优选址方案	重心法：通过计算配送需求的重心来确定最优位置	计算简单，结果直观，适合小规模问题	假设条件较多，难以处理复杂约束和现实中的非线性问题	适用于需求分布均匀、约束条件简单的场景
最优化规划法	通过建立数学模型（如线性规划、整数规划等），利用算法求最优解	线性规划：最小化运输成本，满足供需约束	能够处理复杂约束，结果精确，适合大规模问题	模型构建复杂，计算量大，对数据要求高	适用于有明确目标函数和约束条件的问题，如成本最小化或利润最大化
启发式算法	通过使用经验规则或近似算法，快速找到接近最优的解决方案	遗传算法：模拟生物进化过程，通过选择、交叉和变异来优化选址方案	计算效率高，可以处理大规模复杂问题，能够跳出局部最优	结果不一定是最优解，算法参数设置对结果影响较大	适用于复杂、非线性、多目标的选址问题
仿真方法	通过模拟实际系统的运行过程，评估不同选址方案的性能	蒙特卡洛仿真：随机模拟不同选址方案的运输成本和效率	能够处理不确定性和动态变化，结果贴近实际	计算量大，耗时长，需要大量数据和计算资源	适用于需要考虑随机因素和动态变化的复杂系统
综合因素评价法	通过多指标综合评价（如经济、环境、社会等因素），选择最优方案	层次分析法：通过构建层次结构模型，对各因素进行权重分析和综合评价	能够综合考虑多种因素，适合多目标决策	主观性强，权重确定依赖专家经验，可能存在偏差	适用于需要考虑多种定性或定量因素的复杂决策问题

五、配送中心的区域设置规划

（一）配送中心的区域功能规划

配送中心的功能区主要分为物流功能区和非物流功能区两大类，各功能大区包含各种功能小区，每个功能小区都有详细的分工和管理模式。物流功能区包含进货区、仓储区、流通加工区、拣货区、出货区、逆向物流作业区。非物流功能区包括办公管理区、辅助作业区，主要涵盖行政、后勤、辅助等工作，为配送中心正常运营提供帮助。配送中心的区域功能规划具体如图 7－5 所示。

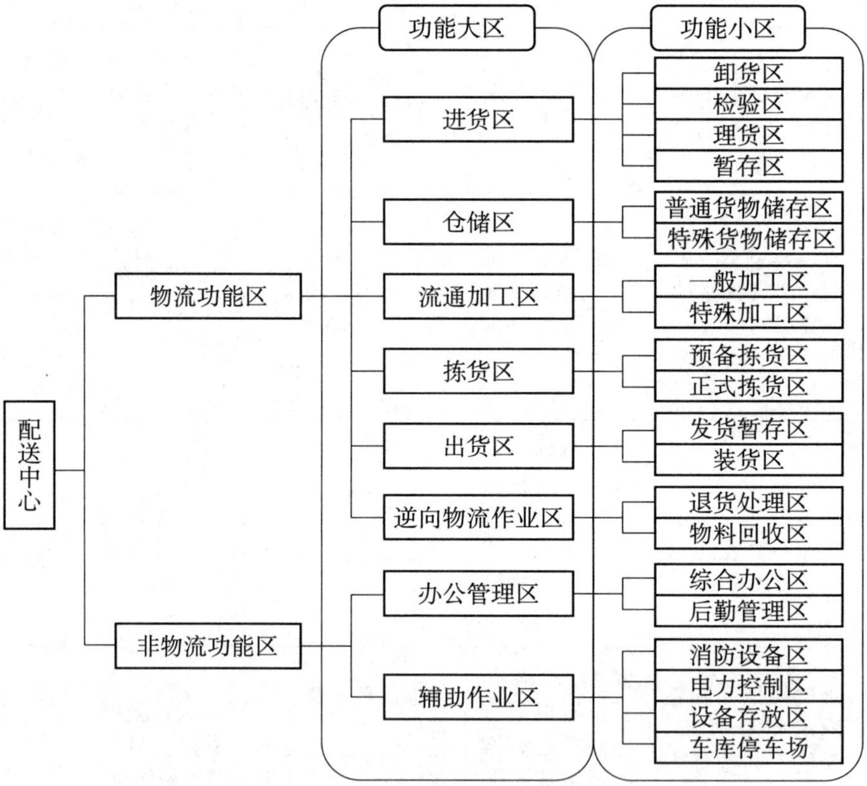

图 7－5　配送中心的区域功能规划

（二）配送中心的区域平面布置规划

配送中心的系统布置就是根据物流作业量和物流路线，确定各功能区域的面积和各功能区域的相对位置，最后得到配送中心的区域平面布置（见图 7－6）。

1. 基本布局类型

（1）U 型布局。U 型布局的特点是布局紧凑，有共用空间和设备。

（2）直线流出型布局。直线流出型布局的特点是货物单方向滚动，货流通畅，可以有更多入库门和出库门，方便大量操作。

图 7-6　平面布局初步设计

（3）多层布局。多层布局设计是为了节省空间。例如，某个处理挂衣的配送中心，由于衣服重量轻，可以使用挂衣索道，因此采用多层建设，以充分利用空间。

2. 区域布置方法

配送中心的区域布置方法有两种，即流程性布置法和活动相关性布置法。流程性布置法是指以物流移动路线作为布置的主要依据，适用于物流作业区域的布置，如图 7-6 所示。活动相关性布置法是指根据各区域的综合相关表进行区域布置，一般适用于整个厂区或辅助性区域的布置。

项目小结

本项目首先介绍了配送中心的概念、类型和功能；接着介绍了配送中心规划与设计的原则、目标等，对配送中心选址的技巧、配送中心规划与设计的步骤等做了详细介绍。通过本项目的学习，希望同学们能够加深对智慧配送中心的认识，为今后从事智慧配送中心规划与设计工作打下基础。

同步练习

一、判断题

1. 配送与送货的主要区别是送货更多体现传统物流，配送则更多地体现现代物流。（　　）

2. 共同配送是为了提高配送效率，由多家企业联合组织实施的配送活动。（　　）

3. 车辆配载时，货与货之间、货与车辆之间不用留空隙。（　　）

4. 配送中心与仓库没有区别。（　　）

5. 城市配送中心的辐射能力比区域配送中心强。（　　）

二、单选题

1. 下列哪一项不属于配送中心的主要功能？（　　）

A. 储存功能　　B. 分拣功能　　C. 计划功能　　D. 衔接功能

2. 不属于车辆配送的服务要点的有（　　）。

A. 时效性　　B. 经济性　　C. 可靠性　　D. 随意性

3. 配送中心规划时考虑将来适应物流量增大、经营范围扩展的需要，这遵循的是（　　）。

A. 价值工程原则　　B. 适度超前原则

C. 系统最优原则　　D. 满足使用要求原则

4. 企业在对配送中心的作业活动分类及整理的基础上，分析其（　　）和合理性，再建立改进的作业流程规划。

A. 重要性　　B. 必要性　　C. 经济性　　D. 适用性

5. 在确定配送路线优化目标的过程中，（　　）是配送中心重要的服务指标。

A. 效益　　B. 成本　　C. 路程　　D. 准确性

6. 在进行员工配备时，应根据配送中心的（　　）、面积、设备情况以及员工素质等来考虑。

A. 库存量　　B. 管理人员　　C. 作业量　　D. 基层人员

7. 在现代化配送中心的运作管理中，通过网络将企业本部与各工厂、物流配送中心、最前端的店铺连接起来，使订货信息通过信息系统传输到物流配送中心，这属于（　　）。

A. 订货发货合理化　　B. 商品检查合理化

C. 备货作业合理化　　D. 分拣作业合理化

8. 在改进配送中心作业时，企业应构筑最大发货效率的作业系统，积极推行机械化、自动化，最关键的是（　　）。

A. 订货作业　　B. 补货作业　　C. 分拣作业　　D. 储存作业

9. 配送中心（　　）是指适时、实时和即时地调配商品，不超前、不等待。

A. 准时制作业　　B. 及时化作业　　C. 管理式作业　　D. 管理及时化

10. 随着物流作业拆零的需求越来越强烈，在连锁超市、便利店的配送中心已广泛使用（　　）。

A. 手工拣货系统　　B. 半自动拣货系统

C. 全自动拣货系统　　D. 电子标签拣货系统

三、简答题

1. 配送中心具有哪些功能？

2. 简述配送中心规划与设计的原则。

3. 配送中心规划与设计的步骤包括哪些？

四、案例分析

康达公司是某市一家专业从事医药产品批发、零售的大型医药公司，其服务对象为该市及周边地区近千家医院、药品零售店。同时，康达公司拥有注册会员10余万人。康达公司经营范围覆盖全国600家医药厂商，近6 000种医药产品。

康达公司大胆创新，采用国际先进的配送方式进行销售，并为此建立了统一的客户订单处理和仓储配送系统，以达到快速准确处理客户订单、快速配送的服务目标。

对于各类订单，康达公司采用统一的订单处理流程，将来自各地的购买订单，集中到订单中心进行处理，并由公司配送中心统一进行发货。康达公司建有一个大型药品配送中心，是一座4层的建筑物，每层2 000平方米。在配送中心一层，分别设有收货平台和发货平台，以及订单处理中心、管理部等；二层以上为药品储存区。配送中心在一层设有发货组，在储存区分别有保管员及拣货人员。配送中心使用一部货运电梯完成各楼层间货物的转运、传递工作。

康达公司目前的订单处理流程是：生成客户订单以后，由订单中心统一进行处理，在订单系统中生成发货单。配送中心接收系统中的客户发货单后，在仓储系统中生成拣货单。拣货人员按照拣货单在各楼层进行拣货，拣货完成后，将拣货单及拣货后的药品，送到一楼的发货组，进行包装发货。拣货人员穿梭在各个楼层库位，平均每张订单的拣货时间为10～20分钟，工作量巨大。

由于康达公司销售规模的快速扩大，这种订单处理方式也暴露出了越来越多的缺点。拣货人员面对大量的客户订单，要一次次穿梭于各层的储存区。由于工作量大，出错的订单增加不少，这时电梯也成为一个制约拣货效率的瓶颈，拣货人员和发货组不得不靠加班来满足日益增长的订单量。

面对困境，康达公司的物流管理部门在经过多次考察分析以后，决定采取适应的改进措施，提高拣货效率，减少差错和工作量。

请思考：

1. 请说明订单拣货法和批量拣货法的具体操作方法。
2. 请比较上述两种拣货法的优缺点。

项目八
智慧配送商务管理

学习目标

※ 知识目标

1. 了解配送商务的概念和配送合同的概念
2. 理解配送成本的构成和配送成本控制内容
3. 了解配送作业绩效评价指标

※ 能力目标

1. 能够订立配送合同
2. 能够计算各种配送作业绩效评价指标
3. 学会配送作业绩效评价指标设定和评价

※ 素养目标

1. 具备专业知识和责任心，适应智慧物流的发展
2. 培养诚信品质，订立配送合同后有履约意识
3. 有脚踏实地、积极向上的工作态度

案例引入

企业要开展绩效考核工作，核心问题是使企业的战略目标得以顺利实现。要实现战略目标，人是其中最关键的因素。如何使人力资源发挥最大效能，调动人的积极性，使企业各级管理人员都有使命感，进而发挥创造力；使公司具有运行活力，进而对人力资源进行整合，使优者得其位、劣者有压力并形成向上动力；使战略目标在优化的人力资源作用下得以顺利实现等问题，正是绩效考核所要解决的本质问题。

通过深入调查，某公司发现在人力资源管理方面主要存在如下问题：

1. 现有的绩效考核体系不健全，考核后只是进行简单的评估，没有进行绩效反馈面谈，被考核者并不十分清楚自己需要改善的地方，因此，公司的绩效考核体系并没有真正做到改善员工绩效，实现员工与企业共同发展之目的。

2. 考核指标不够量化，以致上级主管经常凭个人主观印象打分，很多时候考核结果并不能反映被考核者的真实水平。

3. 考核指标的设计主要从本部门角度出发，没有全局观，以致出现部门之间横向沟通不畅，出了问题各部门谁都不愿意承担责任的现象。

4. 绩效考核没有与薪酬挂钩，员工对考核的意义认识不足，认为考核可有可无，考核没有发挥激励员工的作用。

解决方案：

通过组织跨部门的讨论，在认真调研、分析的基础上，顾问团队为该公司制定了如下绩效管理方案：

1. 重新构建出量化的绩效考核体系，完善绩效管理制度，建立科学的绩效评估机制和有效可行的反馈面谈机制，使绩效考核真正发挥作用，有效改善员工绩效。

2. 以公司的发展战略为基点，进行各部门绩效考核指标的完善，使各部门的考核既能促进员工和部门发展，又能助力企业发展。

3. 把绩效考核与薪酬管理联系起来，考核结果与员工薪酬挂钩，奖优罚劣，使考核真正发挥激励员工的作用。

新的绩效管理方案实施后，公司领导和各级员工都表示满意，员工工作积极性明显提高，公司销售收入不断上升。公司在区域市场上也取得了重大突破，全国其他区域市场占有率逐渐提升。

任务一　智慧配送商务管理概述

情境导入

随着市场竞争的日益激烈，某药品生产经销商为了提高竞争力，扩大市场份额，必须降低销售价格。为此，公司召开部门经理会议，研究降低成本的策略。由于公司生产成本已经降到不可再降的程度，成本的降低需靠物流配送部门来完成，因此，公司需要对配送成本进行合理分类。

任务分解

1. 了解配送商务的概念和内容
2. 掌握配送合同的主要内容及双方的权利和义务
3. 掌握降低配送成本的策略

素养园地

配送商务业务中，诚信、实事求是是非常可贵的品质。希望同学们有履约意识、诚信的品质和实事求是的态度，在未来工作中能够按照合同中的要求完成配送工作。

知识准备

一、配送商务的概念和内容

（一）配送商务的概念

配送商务是指配送经营人与需要商品配送的委托人之间的基于配送活动的经济联系，是双方基于配送商品交换的经济活动，两者的经济完全独立。

配送商务的组织与管理是指配送经营人对其配送商务工作的组织和管理。

配送商务的目的：最大限度地利用所拥有的配送资源，向社会提供最多的配送服务商品，在交换商品过程中获得最大的收益，实现商品生产成本的最小化，最终实现利润最大化。

配送商务的原则：高效率原则，最大限度利用企业资源的原则，充分利用有利的社会资源的原则，最低成本的原则。

（二）配送商务的内容

（1）配送经营决策和商品的市场定位。
（2）配送商品的市场宣传。
（3）交易机会搜寻和推销。
（4）交易磋商和配送合同的订立。
（5）配送成本核算和配送价格定位。
（6）配送合同履行的督促和履行合同中的沟通和协调。
（7）配送合同争议处理和商务风险的防范。
（8）客户关系维持和新市场开发。

二、配送合同

（一）配送合同的概念

配送合同是配送经营人与配送委托人之间确定配送服务的权利和义务的协议，或者说是配送经营人为收取费用，将配送委托人委托的配送物品，在约定的时间和地点交付给收货人而订立的合同。

（二）配送合同的性质

1. 无名合同

无名合同是相对于有名合同的，是指《中华人民共和国民法典》中没有赋予一定名称的合同，即有名合同以外的合同。由于人的经济活动具有复杂性，人们难以在有关法律上对可能发生的所有合同一一命名，因此对于有名合同之外的合同，只要原则上不违背国家立法精神，不违反社会公共利益，也承认其具有法律效力。无名合同的订立、履行、变更以及解除和合同纠纷，可参照与该合同最为类似或基本类似的有名合同规定处理。如果没有类似的有名合同可以参照，可根据关于合同的一般规定和民法基本原则处理。

2. 有偿合同

有偿合同又称有偿契约，是相对于无偿合同而言的。有偿合同是指当事人一方享有合同约定的权利，须向对方当事人支付相应对价的合同。买卖合同、租赁合同、保险合同等合同是典型的有偿合同。一般来说，双务合同都是有偿合同。配送服务是一种商品，配送服务经营人需要投入相应的物化成本和劳动才能实现商品的生产。

3. 诺成合同

诺成合同表示合同成立即可生效。当事人对配送服务关系达成一致意见时配送服务合同就成立，合同即生效。配送服务合同生效后，配送服务方需要为履行合同组织力量，安排人力、物力，甚至要投入较多资源，如购置设备、聘请人员。

4. 长期合同

配送服务活动具有长期性的特性，配送过程都需要持续一段时期，以便开展有计划、小批量、不间断的配送，实现配送的经济目的。配送合同一般是期限合同，确定一段时期的配送关系，或者是一定数量物品的配送，需要持续较长时间。

（三）配送合同的种类

1. 独立配送合同

由独立经营配送业务的配送企业或个人或兼营配送业务的组织与配送委托人订立的仅涉及配送服务的独立合同。该合同仅用于调整双方在配送服务过程中的权利和义务关系，以配送行为为合同标的。

2. 附属配送合同

附属配送合同是指在加工、贸易、运输、仓储或其他物资经营活动的合同中，附带地订立配送服务活动的权利和义务关系，配送服务活动没有独立订立合同。附属配送合同主要有仓储合同中附带配送协议、运输合同中附带配送协议、销售合同中附带配送协议、物流合同中附带配送协议、生产加工合同中附带配送协议等。

3. 其他配送合同

配送合同依据合同履行的期限还可分为定期配送合同和定量配送合同。定期配送合同是指双方决定在某一期间，由配送经营人完成配送委托人的某些配送业务而订立的合同。定量配送合同则是指配送经营人按照配送委托人的要求，配送一定量的物品，直到该数量的物品配送完毕合同终止的合同。按照配送委托人身份的不同，配送合同可分为批发配送合同、零售配送合同、工厂配送合同等；按照配送物的不同，配送合同可分为普通商品配送合同、食品配送合同、水果蔬菜配送合同、汽车配送合同、电器配送合同、原材料配送合同、零部件配送合同等；按照配送服务地理范围的不同，配送合同可分为市内配送合同、地区配送合同、全国配送合同、跨国配送合同、全球配送合同等。

（四）配送合同的订立

配送合同是合同双方对委托配送经协商达成一致意见的结果。

现阶段，我国的配送合同订立往往需要配送经营人首先提出要约，向客户提出配送的调整方案，指明配送业务对客户产生的利益和配送实施的方法，以便客户选择接受配送服务并订立合同。

（五）配送合同的主要内容

（1）合同当事人：明确合同双方，即甲方（委托方）和乙方（配送方）。

（2）标的：配送合同的标的就是将配送物品有计划地在确定时间和确定地点交付收货人。配送合同的标的是一种行为，因而配送合同是行为合同。

（3）配送方法：包含合同双方协商同意配送所要达到的标准，合同标的完整细致的表述。配送方法根据委托方的需要和配送方的能力协商确定。配送方法有定量配送、定时配送、定时定量配送、即时配送、多点配送等多种方法。合同中要明确时间及其间隔、发货地点或送达地点、数量等配送资料。配送方法还包括配送方对配送物品处理的行为约定，如配装、分类、装箱等。

（4）标的物：被配送的对象，可以是生产资料或是生活资料，必须是实物动产。配送物品的种类、品名、规格、数量、包装、体积、性质等决定了配送方法和难易程度，这些必须在合同中明确。

（5）当事人的权利与义务：明确双方的权利和义务，如甲方的支付义务和乙方的配送服务义务等。

（6）违约责任：约定任何一方违反合同约定时须向对方承担的责任。违约责任约定有违约方需要支付的违约金的数量，违约造成对方损失的赔偿责任及赔偿方法，违约方继续履行合同的条件等。

（7）补救措施：是违约责任的一种，但由于配送合同的未履行可能产生极其严重的后果，为避免损失的扩大，双方合同中约定发生一些可能产生严重后果的违约补救方法，如紧急送货、就地采购等措施的采用条件和责任承担等。

（8）配送费和价格调整：收取配送费是配送方订立配送合同的目的。合同中需要明确配送费的计费标准和计费方法，或者总费用，以及费用支付的方法。由于有些配送合同持续时间长，在合同期间因为成本要素价格发生变化，如劳动力价格、保险费、运输费等变化，为了使配送方不亏损，或者委托方也能分享成本降低的利益，允许对配送价格进行适当调整，可以在合同中订立价格调整条件和调整幅度的约定处说明。

（9）合同期限和合同延续条款：必须在合同中明确合同的起止时间，起止时间用明确的日期表示。由于配送关系建立后，有时会保持很长时间，这就会出现合同不断延续的情况。为了使延续合同不会发生较大的变化，简化延续合同的订立程序，往往在合同中确定延续合同的订立方法和基本条件要求，如提出续约的时间、没有异议时自然续约等。

（10）合同解除的条件：规定合同可以解除的情况和条件。

（11）不可抗力和免责：说明不可抗力情况下的责任免除和处理方式。

（12）其他约定事项：任何双方认为需要特别约定的其他事项。

（13）争议处理：规定在合同履行过程中出现争议时的解决方式和程序。

（14）合同签署：签署合同的地点、时间以及双方的签字盖章等。

这些条款共同构成了配送合同的基本框架，确保合同的全面性和可执行性。

（六）配送合同双方的权利和义务

（1）配送委托人保证配送物适宜配送。

（2）配送经营人采取合适的方法履行配送的义务。

（3）配送经营人提供配送单证。

（4）收货人收受货物。

（5）配送经营人向配送委托人提供存货信息和配送报表。

（6）配送经营人接受配送物品并承担仓储和保管义务。

（7）配送经营人返还配送剩余物品，配送委托人处理残料。

三、配送成本

（一）配送成本的概念和构成

配送成本是指配送物品在空间移位（含静止）过程中所消耗的各种劳动和物化劳动的货币表现。

1. 按费用支出形式分类

按费用支出形式分类，配送成本一般分为本企业支付的配送成本和支付给外企业的配送成本两部分。每大项又详细分为材料费、人工费、差旅费、维修费等。

2. 按配送活动的构成分类

以配送活动的构成为依据，配送成本分为配送活动成本、信息处理成本和配送管理成本三部分。

（二）配送成本的影响因素

1. 时间

配送时间延长的后果是占用了配送中心的资源，增加了仓储中心的成本，而这种成本往往表现为机会成本，最终使配送中心不能提供其他配送服务以获得收入。

2. 距离

距离是构成配送运输成本的主要内容，距离越远，运输成本就越高。在造成运输工具及人工成本增量投入的同时，时间成本也会受到影响。

3. 配送物品的数量、重量

配送物品数量和重量的增加会使配送作业量增大。但在一定的范围内，由于规模效应，大批量的作业往往使配送效率提高、成本降低。因此，配送的数量和重量是委托人获得价格折扣的理由。

4. 配送物品种类及作业过程

不同种类的配送物品配送难度不同，对配送作业的要求不同，承担的责任也不一样，因而会对配送成本产生较大的影响。例如，待配送物品在配送前已具有防护包装，其配送成本显然要比还需要进行配装作业的配送成本低。

5. 外部成本

企业在进行配送作业时或许要使用外部资源，导致成本增加。比如，某地的起吊设备租赁市场具有垄断性，配送企业需要租用起吊设备时就会增加成本。

（三）配送成本的控制途径

配送成本控制的目的是实现在配送成本与配送服务这对产生效益背反的关系中寻求平衡，在一定约束条件下对配送成本进行优化，同时尽可能提高客户服务满意度，增加企业市场竞争力，获取更高的利润。

配送成本控制要实现对配送成本的优化，首先必须找出导致配送成本不合理的原因。常见的导致配送成本不合理的原因如表 8-1 所示。

表 8-1 常见的导致配送成本不合理的原因

不合理原因	具体说明
组织不合理	配送是通过大规模的资源组织来降低成本的，如果资源量不够，就不能达到降低配送成本的目的
配送设备落后	配送中心设备落后会造成效率低下，企业信誉降低，产生货物分拣错误等
库存决策不合理	容易造成货品积压或缺货损失
配送路线选择不当	没有充分考虑客户的位置，导致配送的运输成本过高
配送价格不合理	配送价格高于客户自己的进货价格
经营观念不合理	企业唯利是图，有以抢占客户利益为利润点的行为
配送成本管理不到位	对配送成本不重视或监管不力，导致企业长期产生高额配送成本

（四）降低配送成本的策略

1. 混合策略

混合策略是指配送业务一部分由企业自身完成，另一部分则外包给第三方物流公司。这种策略的基本思想是：尽管采用纯策略（配送活动要么全部由企业自身完成，要么完全外包给第三方物流）易形成一定的规模经济，并使管理简化，但由于配送物品品种多变、规格不一、销量不等，采用纯策略的配送方式超出一定程度不仅不能取得规模效益，反而会造成规模不经济。而采用混合策略，合理安排企业自身完成的配送和外包给第三方物流完成的配送，能使配送成本最小化。

2. 差异化策略

差异化策略的指导思想是：鉴于配送物品特性不同，所提供的客户服务标准也会存在一定差异。当企业拥有多种产品线时，对所有产品都按统一的客户服务标准进行配送并不是最经济的做法，而应按产品的特点、销售情况来设置不同的库存、不同的运输方式及不同的储存地点。忽视产品的差异性会增加不必要的配送成本。

3. 合并策略

合并策略包含两个层次：一是配送方法上的合并，二是共同配送。

（1）配送方法上的合并。

企业在安排车辆完成配送任务时，充分利用车辆的容积和载重量，做到满装满载，这是降低成本的重要途径。由于配送物品品种繁多，不仅包装形态、储运性能不一，在车辆的容积和载重量方面也往往有不同的要求。一辆车上若只装载重货，则有可能已经达到车辆的最大载重量，但容积却有空余；只装载轻泡货，车辆容积已经达到极限，但载重量还有所富裕。这两种情况实际上都造成了浪费。若对这两种货物进行搭配装载，不仅有效利用了车辆有效容积，还实现了满装满载的要求，从而使配送成本达到最低。

（2）共同配送。

共同配送是一种产权层次上的共享，也称集中协作配送。这种配送有两种情况。一是中小型生产、零售企业之间分工合作实行共同配送，即在同一行业或同一地区的中小型生产、零售企业单独进行配送时运输量少、效率低的情况下进行联合配送。这样不仅可减少企业的配送费用，配送能力互补，而且有利于缓和城市交通拥挤，提高配送车辆的利用率。二是几个中小型配送中心之间的联合配送。针对某一地区的客户，由于各配送中心所配物资数量少、车辆利用率低，几个配送中心将客户所需物资集中起来，实施共同配送。

4. 延迟策略

延迟策略的基本思想就是对产品的外观及其生产、组装、配送应尽可能推迟到接到客户订单后再确定，一旦接到订单就要快速反应，因此，信息的迅速传递是采用延迟策略的基础。一般说来，实施延迟策略的企业应具备以下几个基本条件。

（1）产品特征：模块化程度高，产品价值密度大，有特定的外形，产品特征易于表述，定制后可改变产品的容积或重量。

（2）生产技术特征：模块化产品设计，设备智能化程度高，定制工艺与基本工艺差别不大。

（3）市场特征：产品生命周期短，销售波动性大，价格竞争激烈，市场变化大，产品的提前期较短。

5. 标准化策略

标准化策略就是尽量减少因品种多变而导致的附加配送成本，要尽可能多地采用标准零部件、模块化产品。例如，服装制造商按统一规格生产服装，直到客户购买时才按客户的身材调整尺寸。标准化策略要求厂家从产品设计开始就要站在客户的立场去考虑怎样节省配送成本，而不要等到产品生产出来后才考虑采用什么技巧降低配送成本。

（五）各环节配送成本的控制

配送成本控制是根据成本预测、成本决算和成本预算所提供的实际数据，对配送活动过程中所发生的各种资源的耗费与相应降低成本措施的执行进行指导、监督和调节，以保证目标成本和成本预算任务的实现。配送是多环节物流活动的集成，配送成本的控制需要对各环节成本实施分项控制。

1. 运费的控制

运费是配送方向委托方提供运输劳务所产生的费用，占配送费用的比重较大。运费控制的控制点主要在于运输时间、运输的准确性和可靠性及运输批量水平等方面。控制方法有对车辆配载进行合理组织，基于智慧物流系统对配送路线进行优化，提高配送效率，同时通过运输透明化监控运输过程的安全性，降低运输过程的差错事故及保障车辆安全等。

2. 分拣费用的控制

分拣费用是货物在分拣过程中所支出费用的总和。控制方法有合理选择分拣设备、防止机械设备无效作业、合理规划分拣方式和分拣作业过程。例如，运输途中有时需要转运，采取标准化包装可以提高分拣效率，降低分拣成本。

3. 包装费用的控制

包装起着保护产品、方便储运、促进销售的作用。包装费用的控制点是包装的标准化率和运输包装的材料耗费。控制方法有包装材料的成本核算和成本分析、包装尺寸的标准化、包装作业的机械化、对散装物流的组织等。

4. 流通加工费用的控制

产品进入流通领域后，按照客户的要求进行一定的加工活动，由此而产生的费用就是流通加工费用。控制方法有确定合理的流通加工方式、加强流通加工的生产管理、降低流通加工中耗用的水电和能耗费等。

任务二　智慧配送绩效评价

情境导入

开展绩效评估能正确判断配送中心的实际经营水平，提高经营能力和管理水平，从而增加配送中心的整体效益。配送中心的绩效评估是运用数量统计和运筹学的方法，采用特定的指标体系，对照统一的评估标准，按照一定的程序，通过定量、定性分析，对配送中心在一定经营期间的经营效益和经营者的业绩，作出客观、公平和准确的综合判断。

任务分解

1. 了解配送作业绩效评价指标
2. 能够计算各种配送作业绩效作业指标
3. 学会配送作业绩效评价指标设定和评价

素养园地

智慧配送绩效评价指标中设计了配送人员所要完成的工作量，是一种约束，更是一种激励。希望同学们养成脚踏实地、积极向上的工作态度。

知识准备

一、配送作业绩效评价的概念和作用

（一）配送作业绩效评价的概念

绩效是组织期望的结果，是组织为实现目标而展现在不同层次上的有效输出，它包括个人绩效和组织绩效两个方面。

绩效评价是指运用科学的评价方法，采用特定的评价指标体系和评价标准，按照一定的评价程序，通过定量与定性分析，对特定组织或人员在一定期间的业绩、行为和发展潜力作出客观、公正和准确的判断。开展绩效评价能正确判断企业实际经营水平，发现运营方面的不足并予以改正，提高经营能力和管理水平，调动各部门与人员的积极性，控制成本，提高效率，提供更优质产品和服务，从而增加企业整体效益。

配送企业的绩效评价与一般传统企业管理绩效评价相比，有其自身的特点。现行一般企业绩效评价对象大多限于单个企业及其内部职能部门或者员工个人，评价内容主要为部门和岗位工作完成情况，数据来源于财务结果，侧重事后分析。配送企业绩效评价

内容则更为广泛，除了要反映岗位任务完成情况，还要能对业务流程作出评价，全方位反映配送整体运作情况，着重反映客户需求的落实，并且尽可能提供实时分析功能。配送作业绩效评价是配送企业绩效管理的重要环节，它为配送企业如何改进绩效管理提供具体依据。

（二）配送作业绩效评价的作用

（1）提供管理决策依据。配送作业绩效评价配送企业整体运行效果，了解配送企业在同行业竞争中的优劣地位，为拟定和调整企业战略、目标、计划、投入预算等提供决策依据。

（2）促进企业绩效持续改进。配送作业绩效评价配送企业内部流程作业和外部客户服务绩效，及时发现存在的问题，持续改进流程安排和作业方式、方法和条件；评价和反馈员工的业绩和行为，帮助员工提高工作绩效。

（3）用于责任考核与激励。配送作业绩效评价员工和团队对企业的贡献，为企业实施奖惩、调整薪酬、变动职务等提供客观依据；激发员工潜能，提高工作满意度，增强团队凝聚力，促进形成以绩效为导向的企业文化。

（4）用于其他人力资源安排。开展配送作业绩效评价能够发现员工和团队培训和教育需要，修订员工职业生涯规划，作出招聘选择和工作分配决策，为人力资源规划提供有用信息。

二、配送作业绩效评价的流程

（一）明确企业战略目标

配送企业应在明确发展战略的前提下，识别影响战略实施的关键因素，确定企业具体经营目标。

（二）制定绩效评价指标体系

配送企业应将经营目标进行分解，据以确定各部门主要评价活动和关键评价点绩效指标，最终分解落实到每个岗位，形成员工行为与结果共同构成的岗位绩效指标体系。

（三）绩效计划、实施与监控

配送企业要制定绩效工作方案，确定评价原则、评价方法、评价周期，安排工作进程、评价时间表和评价小组人员分工。员工对自己的绩效目标作出承诺。在绩效实施期间，管理人员要对员工的工作过程进行指导和监督，对发现的问题及时予以解决，并根据需要对绩效计划进行调整。

（四）绩效数据收集、评价与分析

绩效实施过程中和周期结束后，配送企业应收集、核实和整理评价所需基础资料和数据，依据预先评价方案与标准统计计分，对照绩效目标形成综合评价结论，并对结果

的形成原因进行讨论、分析和总结，撰写评价报告。

（五）绩效反馈与持续改进

通过绩效反馈面谈，员工了解管理人员期望和本人实际绩效之间的差距，得到指导和帮助。双方对绩效评价结果和改进点达成共识后，共同商定调整下一轮绩效评价周期、绩效目标和改进点。

（六）绩效评价结果运用

根据绩效评价结果，配送企业有针对性地开展员工教育与培训，据以决定对员工的奖惩、薪酬调整和相应人事变动等。

三、配送作业绩效评价指标概述

（一）配送作业绩效评价指标的概念

配送作业绩效评价指标是反映配送流程作业环节及其整体作业效率与效果，衡量配送作业管理水平高低的尺度，是配送企业对内加强流程作业管理，对外提高客户服务水平的重要工具。

关键业绩指标（Key Performance Indication，KPI）是衡量流程绩效的一种目标式量化管理指标，是把企业的战略目标分解为可运作、可测量目标的工具，是企业绩效管理系统的基础和关键。

配送作业绩效评价指标涉及配送作业管理的方方面面，配送企业普遍根据“二八原理”甄选出少数的 KPI 进行评价。运用 KPI 的优点是数量有限，标准鲜明，易于评估应用。

（二）配送作业绩效评价指标建立流程

1. 确定企业级 KPI

企业应在明确战略目标的基础上，找出业务重点，也就是企业价值评估的重点，然后找出这些关键业务领域的 KPI。

2. KPI 细化分解

确定了企业级 KPI 后，企业应分析绩效驱动因素（技术、组织、人），确定实现企业目标的部门分解目标。各部门主管再将 KPI 进一步细化分解为各岗位的 KPI，作为员工考核要素和依据。

3. 绩效特征分析

绩效特征分析可以使用图标标出各指标要素的绩效特征，按评价的需要程度分档，如可以按照必须评价、非常需要评价、需要评价、需要评价程度低、几乎不需要评价五档对上述指标要素进行评估，根据少而精的原则按照权重的不同进行选择。

4. 理论验证

企业应依据绩效评价的基本原理与原则，对所设计的绩效评价要素指标进行验证，保证其能有效、可靠反映评价对象绩效特征和评价目的要求。

5. 进行要素调查以确定指标

企业应根据初步确定的要素，灵活运用多种方法进行要素调查，最后确定绩效评价指标体系，确保指标体系更加准确、完善、可靠。

6. 指标修订

为了使确定好的指标更合理，企业还应对其进行修订。修订分为两种。一种是考核前修订。考核前修订可以使用专家调查法，即将所确定的考核指标提交领导、专家会议及咨询顾问，征求意见，修改、补充、完善绩效考核指标体系。另一种是考核后修订，即根据考核结果及考核结果应用之后的效果等情况进行修订，使考核指标体系更加理想和完善。

（三）配送作业绩效评价指标

按配送作业环节和工作内容描述，常用的配送作业绩效评价量化指标主要有以下几方面：

1. 进出货作业环节

进货作业主要包括从车辆上将货物卸下、搬运、堆垛、核对数量和质量、接受签单及将有关信息书面化等一系列工作。在进出货作业环节，管理人员需要考虑作业人员工作量、装卸设备及站台泊位利用率、进出货时间集中度控制等方面问题。作业效率指标通常有人员效率、空间利用率。

（1）人员效率。

每人每小时处理进货量＝考核期总进货量/(进货人员数×每日进货时间×工作天数)

每人每小时处理出货量＝考核期总出货量/(出货人员数×每日出货时间×工作天数)

进货时间率＝每日进货时间/每日工作时数

出货时间率＝每日出货时间/每日工作时数

（2）空间利用率。

站台使用率＝进出货车次装卸货停留总时间/(站台泊位数×工作天数×每天工作时数)

站台高峰率＝高峰车数/站台泊位数

2. 存货管理环节

配送企业存货管理主要是将货物短期妥善保管，充分利用仓库空间，加强库存控制，既要防止存货过多而占用资源和资金，又要及时补货，降低缺货率，并且定期或不定期做好盘点，为日后准确、及时出货做准备。存货管理绩效量化指标包括以下几类。

（1）空间设施利用率。

储存区面积率＝储存区面积/配送中心建筑面积

储位容积使用率＝存货总体积/储位总容积

单位面积保管量＝平均库存量/可保管面积

平均每品项所占储位数＝料架储位数/总品项数

（2）库存周转率。

库存周转率＝出货量/平均库存量＝营业额/平均库存金额

库存周转率是考核配送企业库存控制水平和经营绩效的重要指标，该指标越高，表明库存积压占用资金越少，企业利润随周转率提高而增加。

（3）存货管理费率。

存货管理费率＝库存管理费用/平均库存量

一般库存管理费用包括仓库租金，保险费，货物变质、破损等损耗费，货物换季过时减值损失等。企业想要降低存货管理费率，需要针对上述费用项逐一检查分析，寻找改进途径，尽可能少量、多频次补货，提高库存的周转速度。

（4）呆废货品率。

呆废货品率＝呆废货品件数/平均库存量

＝呆废货品金额/平均库存金额

该指标用于测定补货策略、库存控制水平和储存现场管理水平。

（5）货品采购成本率。

货品采购成本率＝货品采购成本/营业额

此为采购成本合理性指标，考察销售型企业的供应商选择、采购谈判、采购策略等绩效水平，可以采用公开招标的方式选择最佳供应商，通过签订长期供货合同、集中采购获得数量折扣以降低采购价格。

（6）货品采购储存总费用。

货品采购储存总费用＝采购作业费用＋库存管理费用

该指标衡量采购与库存策略的合理性，降低该总费用需要计算经济订货批量和最佳订货周期，一般来说高单价货品宜少量多次订购，低单价货品宜大批量少次订购。

（7）补货作业质量指标。

补货数量误差率＝补货误差量/补货量

补货次品率＝补货不合格率/补货量

补货延迟率＝延迟补货数量/补货量

该类指标表示所选择供应商的货物质量、供货可靠性，它与订单缺货率相关联。

（8）盘点误差率。

盘点数量误差率＝盘点误差量/盘点总量

盘点品项误差率＝盘点误差品项数/盘点实际品项数

3. 订单处理作业环节

从接到客户订单开始到着手准备货物之间的作业阶段，包括订单资料确认、存货查询、单据处理等，主要评价指标有订单分析指标、订单延迟率、紧急订单响应率、订单缺货率。

（1）订单分析指标。

日均受理订单数=考核期总订单数量/工作天数

每单平均订货数量=出货量/订单数量

日均商品单价=营业额/订单数量

此类指标提示每天订单及其特性变化，用以拟订客户管理策略及业务员发展计划。

（2）订单延迟率。

订单延迟率=延迟交货订单数/订单数量

订单货件延迟率=延迟交货量/出货量

此两项指标都用来衡量交货延迟状况，改善指标可从以下几方面着手：找出配送作业流程的瓶颈加以解决，改善作业环节间的协调性和均衡性；动态、准确掌握库存情况，及时补货；合理安排配送时间；降低订单货件延迟率，重点保证向订货量大的重要客户及时交货。

（3）紧急订单响应率。

紧急订单响应率=未超过12小时出货的订单/订单数量

此指标反映配送企业的订单快速处理能力和紧急插单业务处理能力，需要事先制定快速作业处理流程与操作规程。

（4）订单缺货率。

订单缺货率=接单缺货数/出货量

如果缺货率过高，企业应当重新审视目前的库存控制策略，有无调整订货点、订货批量基准的必要，督查是否及时录入进出货物情况，动态关注存货情况，掌握采购、补货时机，督促供应商准时送货。

4. 拣货作业环节

拣货作业是企业依据客户订货要求或配送作业计划，准确、迅速地将货物从其货位或其他区域拣取出来的过程，一般属于劳动密集型作业，耗费成本较多，拣货时间、拣货策略及拣货精确度对出货时间与出货质量影响较大。拣货作业绩效评价指标可以评价拣货作业效率、拣货成本、拣货作业质量。

（1）拣货作业效率。

人均每小时拣货品项数=订单总品项数/(拣货人员数×每天拣货时数×工作天数)

人均每小时拣货件数=订单累计总件数/(拣取人员数×每日拣货时数×工作天数)

批量拣货时间=每日拣货时数×工作天数/拣货分批次数

（2）拣货成本。

每订单投入拣货成本=拣货投入成本/订单数量

每件货品拣货成本=拣货投入成本/拣货单位累计件数

单位材积投入拣货成本=拣货投入成本/出货品材积数

（3）拣货作业质量。

拣误率=拣取错误笔数/订单总笔数

5. 送货作业环节

送货作业是将货物送达客户的活动，是配送作业绩效的最终体现。如何选择适合的配送人员、适合的送货车辆、最佳行车路径，合理规划送货时间，实现最大配载效率，控制成本费用及减少交货延迟发生率等，都是管理人员应该考虑的问题。送货作业绩效评价量化指标评价资源利用效率、外车比例、送货成本、送货延误率、送货短缺率。

（1）资源利用效率。

人均送货量＝送货量/配送人员数

平均每辆车送货量＝送货量/（自车数量＋外车数量）

车辆作业率＝送货总次数/（自车数量＋外车数量）×工作天数

平均每车次送货吨公里数＝送货总距离×送货总量/送货总车次

空驶率＝空车行驶距离/送货总距离

以上指标均考察送货资源的利用效率。配置合适资源数量、合理配载和调度车辆，可改善该类指标值。

（2）外车比例。

外车比例＝外车数量/（自车数量＋外车数量）

该指标评价外车数量比例是否适合企业配送业务特点。若企业配送货物中季节性或节假日货物比例高，旺淡季出货量差别大，外车比例应相对高，以此应付业务量变动和降低平日养车成本；反之，宜降低外车比例，选择自用车以提高送货效率和成本。

（3）送货成本。

送货成本比率＝（自车送货成本＋外车送货成本）/送货总费用

每公里送货成本＝（自车送货成本＋外车送货成本）/送货总距离

每材积送货成本＝（自车送货成本＋外车送货成本）/出货品材积数

每车次送货成本＝（自车送货成本＋外车送货成本）/送货总车次

（4）送货延误率。

送货延误率＝送货延误车次/送货总车次

送货延误原因很多，可能是车辆设备或路况不佳、交通意外、供应交货延误、缺货等原因造成的，要全面分析，有针对性地采取对策。

（5）送货短缺率。

送货短缺率＝出货品短缺数/出货量

出货品短缺会影响客户满意度，增加再次送货成本。需要注重每位员工每次作业质量，做好出货每一作业环节的复核。

四、配送作业绩效评价指标体系

（一）配送作业绩效评价指标体系的构成

目前人们尚未制定统一的配送作业绩效衡量标准，不同企业选用的配送作业绩效评价指标体系可能会存在差异，但也不外乎是对作业环节进行局部绩效衡量与对配送作业活动一体化效果进行综合衡量。一般而言，配送作业绩效评价指标体系包含配送作业质量、配送作业成本、配送作业效率、配送作业安全、客户服务效果等方面内容。

1. 配送作业质量

配送作业最直接的目的是将货物保质、保量、按时、准确地送达客户，因此衡量配送作业质量的指标包括货物送达客户时的货物完好率、货物误差率、准时送货率、单证正确率、送货准确率、无误交货率等。

2. 配送作业成本

配送作业成本直接影响配送服务价格和企业利润，主要包括运输成本、装卸成本、储存成本、流通加工成本及操作失误赔偿等。评价配送作业成本的指标可以是配送费用占货物价值比率、平均配送费用、单位货物运输成本、平均装卸成本、平均流通加工成本等。

3. 配送作业效率

配送作业效率主要衡量的是配送人员的劳动生产率、设施设备的利用率和运转效率、配送作业管理水平。评价配送作业效率的指标可以是订单响应时间、收发货时间、车辆利用率、车辆实载率、运力利用率、总运力贡献率、平均配送速率、单位时间配送量、进出货时间占比等。

4. 配送作业安全

配送作业的安全性一般从货物安全和人员安全两方面进行评价，包括火灾、盗窃、湿损、锈损、鼠咬、虫蛀等事件发生次数及其预防措施的合规性，危险品装卸储运作业的操作规范情况，配送作业过程中的工伤、事故频率、安全行车间隔里程等方面的指标。

5. 客户服务效果

客户服务效果指的是客户与市场对上述配送作业质量的反馈。衡量客户服务效果的指标包括客户抱怨率、客户意见处理率、市场占有率、客户忠诚度、新增客户量等。

（二）配送作业绩效评价指标的选择原则

评价指标体系是否合理有效，是绩效评价工作成败的关键，因此需要参照下列原则，慎重选择评价指标。

1. 战略目标一致性和系统性

绩效管理是战略目标实施的有效工具，评价指标应围绕战略目标层层传递和分解，下一层级指标服务于上一层级指标，企业每个部门、每个岗位、每个员工都被赋予战略责任，承担各自的职责。

2. 与评价目的高度相关

要求确定的评价指标必须符合评价的目的，反映被评对象的本质特征和需要。针对特定评价目的，一组指标间避免存在包含、交叉的相互关系，但多目标评价允许这些关系存在。

3. 控制指标数量，突出重点

评价不一定要面面俱到，抓住 KPI 足以将员工行为引向企业战略目标。过多的考评指标会增加管理难度和成本，降低员工满意度；过少又可能无法反映评价对象的关键绩效水平。

4. 个体绩效、流程绩效与整体绩效并重

员工个体绩效是支持后两者绩效的基础，是企业绩效考评和改进的落脚点。工作流程绩效不仅是相关个体绩效的总和，更反映个体、团队与部门之间、人力资源与各项企业资源之间的合作协调情况，是企业整体绩效的过程保证，应具有实时分析与评价的特性。

5. 突出绩效的市场驱动特性

企业要采用能反映自身与客户之间关系的绩效评价指标，要将外部市场需求转化分解为内部作业指标要求。

6. 员工素质、行为和业绩并重

员工绩效是所有企业绩效的基础。企业通常从德、能、勤、绩四方面来衡量，考察员工对企业文化、企业秩序和企业效益和发展等方面的贡献，各方面指标间应有恰当的比例安排。

7. SMART 原则

SMART 原则中的 5 个字母分别指具体的（Specific）、可衡量的（Measurable）、可达的（Attainable）、现实的（Realistic）、有时限的（Time-based）。绩效指标应当明确，易理解、易沟通；应当可衡量且尽可能量化，易采集；应当是根植于企业土壤的个性化指标；目标值设置要务实，过高、过低都将起不到激励作用；应当有适当长度的考核期，需要根据企业发展动态调整，以保持适用性。

（三）绩效评价方法的选择

实践中，常用的绩效评价方法很多，主要用于对人员的考核，也用于对企业的评价。绩效评价方法包括相对评价法、绝对评价法、描述法等。

1. 相对评价法

相对评价法包括序列比较法、相对比较法、强制/硬性分布法三种方法。

（1）序列比较法。

序列比较法是按员工工作成绩的好坏进行排序考核的一种方法。在考核之前，首先要确定考核的模块，但是不确定要达到的工作标准。将相同职务的所有员工在同一考核模块中进行比较，根据他们的工作状况排列顺序，工作较好的排名在前，工作较差的排名在后。最后，将每位员工几个模块的排序数字相加，就是该员工的考核结果。总数越小，绩效考核成绩越好。

（2）相对比较法。

相对比较法是对员工进行两两比较，任何两名员工都要进行一次比较。两名员工比较之后，相对较好的员工计 1 分，相对较差的员工计 0 分。所有的员工相互比较完毕后，将每个人的得分相加，总分越高，绩效考核成绩越好。

（3）强制/硬性分布法。

强制/硬性分布法属于强制比例法的一种，管理人员根据员工的业绩，将员工归到类似正态分布的有限数量的类型中，如把最好的 10%的员工归为优秀，20%的员工归为良好，40%的员工归为中等，20%的员工归为较差，余下 10%的员工放在最低等级的类别中。

2. 绝对评价法

绝对评价法包括目标管理法、关键绩效指标法、等级评估法、平衡计分卡四种方法。

（1）目标管理法。

目标管理法是通过将企业的整体目标逐级分解直至个人目标，最后根据员工完成工作目标的情况来进行考核的一种绩效考核方式。在开始工作之前，管理人员和员工应该对需要完成的工作内容、时间期限、考核标准达成一致。在时间期限结束时，管理人员根据员工的工作状况及原先制定的考核标准来进行考核。作业标准法、标杆对比法均属此类。

（2）关键绩效指标法。

关键绩效指标法是以企业年度目标为依据，通过对员工工作绩效特征的分析，确定反映企业、部门和员工个人一定期限内综合业绩的关键性量化指标，并以此为基础进行绩效考核。

（3）等级评估法。

等级评估法是指根据工作分析，将被考核岗位的工作内容划分为相互独立的几个模块，在每个模块中用明确的语言描述完成该模块工作需要达到的工作标准。标准分为几个等级，如优、良、合格、不合格等，管理人员根据员工的实际工作表现，对每个模块的完成情况进行评估。总成绩便为该员工的考核成绩。

（4）平衡计分卡。

平衡计分卡从企业的财务情况、客户、内部业务过程、学习和成长四个角度进行评价，并根据战略的要求给予各指标不同的权重，实现对企业的综合测评，从而使得管理人员能整体把握和控制企业，最终实现企业的战略目标。

3. 描述法

描述法包括全视角考核法、重要事件法、叙述法三种方法。

（1）全视角考核法。

全视角考核法又称 360 度考核法，即上级、同事、下属、本人和客户对被考核人员进行多维度的评价，综合不同评价者的意见，得出一个全面的评价结论。

（2）重要事件法。

管理人员在平时注意收集、保存对员工最有利和最不利工作行为或事件的书面记录，这些事件或行为会对部门的整体工作绩效产生积极或消极的影响。考核时，管理人员根据这些书面记录进行整理和分析，最终形成考核结果。

（3）叙述法。

评价者写一篇简短的记叙性文字来描述被考核人员的业绩，这种方法倾向于考核被考核人员工作中的突出行为，而不是日常业绩。

4. 其他方法

其他考核方法还有工作计划考核法、综合分析判断法、情景模拟法、主观考核法及客观考核法等。

（四）配送作业绩效评价方法的选择原则

企业在选择配送作业绩效评价方法时，应当根据本企业实际情况，考虑该评价方法的实施成本、实用性和评价对象的工作性质等因素，此外，还应遵循以下选择原则。

1. 参与原则

企业通常强调员工对集体的归属和服从，此观念在绩效评估中易表现为对个体评估不重视、为领导意志服务。因此，评估方法要强调管理人员和员工共同参与，尊重双方意见，有效调动工作积极性和主动性。

2. 客观性原则

绩效评估容易受到评价双方亲疏关系、等级关系及主观偏见的影响，因此评估方法应该尽可能体现客观性原则才能使绩效评估真正发挥作用。

3. 易操作原则

为方便管理，企业应尽量选择简便易操作的评估方法。当然，具备一定管理基础并希望通过绩效评估提高管理规范性的企业也可以采取较复杂的评估方法。

4. 多评价主体原则

企业要选择有多个评价主体进行评价的评价方法，避免领导意志左右评价结果，以保证评价的客观性和准确性。

5. 结果便于区分原则

一些企业平均主义思想严重，常常导致评估结果趋中。选择能使评估结果区分度较大的评估方法才能使绩效评估结果有所区别。

项目小结

本项目首先介绍了配送商务的概念，配送合同的订立、主要内容，配送成本等；接着对智慧配送绩效评价的概念、配送作业绩效评价指标建立流程等做了详细介绍。通过本项目的学习，希望同学们能够加深对配送商务、配送作业绩效评价的认识，为今后参与配送商务、配送企业管理等工作打下坚实基础。

同步练习

一、判断题

1. 配送合同具有有名合同、有偿合同、诺成合同的性质。( )

2. 绩效是组织期望的结果，它包括个人绩效和组织绩效两个方面。( )

3. SMART 中的 5 个字母分别指具体的（Specific)、可衡量的（Measurable)、可达的（Attainable)、现实的（Realistic)、有时限的（Time-based)。( )

4. 配送合同的标的就是将配送物品有计划地在确定时间和确定地点交付收货人。( )

5. 配送成本是指配送物品在时间变化过程中所消耗的各种劳动和物化劳动的货币表现。( )

二、单选题

1. 配送合同不属于（ ）。

A. 诺成合同　　B. 无名合同　　C. 有偿合同　　D. 有名合同

2. 关于绩效评价，叙述正确的是（ ）。

A. 是按一定评价程序进行的定性分析

B. 仅针对员工的工作业绩进行评价

C. 企业绩效评价工作周期是一年

D. 能调动各部门与人员的积极性

3. 关于配送作业绩效评价指标，描述有误的是（ ）。

A. 是配送企业加强内部流程作业管理的工具

B. 是配送企业提高对外服务水平的管理工具

C. 对于特定配送企业，该指标体系是稳定不变的

D. 是考核双方共同商榷、沟通的结果

4. 送货准确率属于（ ）方面的指标。

A. 配送作业效率　　B. 配送作业安全

C. 客户服务效果　　D. 配送作业质量

5. 企业岗位绩效指标从根本上应服务于（ ）。

A. 员工利益　　B. 主管利益　　C. 客户利益　　D. 企业战略

6. 关于绩效实施，不正确的说法是（ ）。

A. 员工不用对自己的绩效目标做出承诺

B. 主管要对员工工作过程进行指导和监督

C. 对发现的问题及时予以解决

D. 根据需要对绩效计划进行调整

7. 与一般传统企业管理绩效评价相比，配送企业绩效评价（ ）。

A. 数据来源于财务结果，更侧重事后分析

B. 反映岗位任务完成情况，而与业务流程无关

C. 能全方位反映企业整体运作情况

D. 不着重反映客户需求的落实，尽可能提供实时分析功能

8. 配送作业评价指标体系一般可包括配送作业质量、配送作业成本、客户服务效果、配送作业安全、(　　) 等方面。

A. 配送作业效率　　B. 配送作业水平

C. 企业服务效果　　D. 货物正确率

9. 绩效评价对企业的持续改进功能体现在（　　）。

A. 改进流程　　B. 改进工作设备

C. 改进员工待遇　　D. 改进管理人员行为

10. 配送作业绩效评价指标的选择应当考虑（　　）。

A. 与战略目标一致　　B. 与评价目的不相关

C. 数量越多越好　　D. 突出绩效的价值驱动性

三、简答题

1. 简述配送作业绩效评价指标体系的构成。
2. 简述配送作业绩效评价的流程。
3. 解释 KPI 的意思。
4. 降低配送成本的策略有哪些?

四、案例分析

吉列公司是一家大型食品配送企业，在美国、加拿大、巴西、阿根廷等多个国家和地区开展业务，公司在很多地区设有配送中心。配送中心会使用大量先进的物流设施设备、信息化技术、建立合理的绩效评价制度，来提高业务效率，提升客户满意度。

1. 仓储立体化

配送中心采用高层立体货架和拆零商品拣选货架相结合的仓储系统，大大地提高了仓库的空间利用率。在整托盘（或整箱）商品存货区，下两层为配货区，存放整箱出货、周转快的商品，上三层为储存区；在拆零商品配货区，拆零货架上放置了 2 500 多种已打开运输包装纸箱的商品，供拆零商品拣选用；上部货架作为拆零商品的储存区。

2. 装卸搬运机械化

配送中心采用前移式蓄电池叉车、电动搬运车、电动拣选车和托盘，实现装卸搬运作业机械化。

3. 拆零商品配货电子化

配送中心采用无线通信的电脑终端，开发了条形码技术，从收货验货、入库到拆零、配货，全面实现条形码化、无纸化。

4. 建立自动补货系统

公司与客户建立了自动补货系统，通过信息的共享和流程的简化，提高整体供货系统的效率，削减整体成本、库存与有形的资产投资，使客户得以选择高品质、高新鲜度的食品。

5. 建立业绩考核制度

每一年，各个配送中心的工作人员的业绩考核采用 12 项绩效指标测评方式。这些指标分别是：装运准确性、库存准确性、库存周转率、订单周转时间、供应率、配送中心效率、配送中心储存密度及订单执行绩效等。公司为每个指标设置年度个人奖和集体奖。在颁奖时，每个获奖个人或单位必须向其他人讲授自己是怎样经过一年来的努力而获得成功的。这样一来，每个配送中心的配送管理水平都得到了提高。

请思考：

1. 吉列公司的配送中心是如何提升整体业务效率的？
2. 吉列公司各网点绩效评价涉及哪些指标？该指标体系是否合理？

参考文献

［1］施先亮．智慧物流与现代供应链［M］．北京：机械工业出版社，2020.

［2］李建斌，王莹莹．智慧仓储管理［M］．北京：高等教育出版社，2023.

［3］田源．仓储管理［M］．3版．北京：机械工业出版社，2015.

［4］徐杰，田源．采购与仓储管理［M］．北京：清华大学出版社，北京交通大学出版社，2004.

［5］乔志强，程宪春．现代企业物流管理实用教程［M］．北京：北京大学出版社，2010.

［6］何庆斌．仓储与配送管理［M］．2版．上海：复旦大学出版社，2015.

［7］现代物流管理课题组．物流库存管理：实操版［M］．广州：广东经济出版社，2007.

［8］薛威．仓储作业管理［M］．4版．北京：高等教育出版社，2022.

［9］田源，周建勤．物流运作实务［M］．北京：北京交通大学出版社，2004.

［10］李育蔚．仓储物流精细化管理全案［M］．北京：人民邮电出版社，2015.

［11］魏国辰．物流机械设备运用与管理［M］．3版．北京：中国财富出版社，2014.

［12］曾海珠．仓储作业与管理［M］．哈尔滨：哈尔滨工业大学出版社，2017.

［13］郑克俊．仓储与配送管理［M］．4版．北京：科学出版社，2018.

［14］张远昌．仓储管理与库存控制［M］．北京：中国纺织出版社，2004.

［15］赵涛．仓储经营管理［M］．北京：北京工业大学出版社，2004.

［16］梁军，李志勇．仓储管理实务［M］．3版．北京：高等教育出版社，2014.

［17］蒋祖星．物流设施与设备［M］．4版．北京：机械工业出版社，2016.

［18］邓传红．配送实务［M］．北京：中国人民大学出版社，2015.

［19］李雪松，张理．现代物流作业管理［M］．北京：北京大学出版社，2004.

［20］宋文官．仓储与配送管理实务［M］．2版．北京：高等教育出版社，2014.

［21］刘联辉．配送实务［M］．2版．北京：中国物资出版社，2009.

［22］王登清．仓储与配送管理实务［M］．北京：北京大学出版社，2009.

［23］柳荣．智能仓储物流、配送精细化管理实务［M］．北京：人民邮电出版社，2020.